New Leadership

Redaktion: Birgit Schreder-Wallinger, Schreder schreibt

Illustrationen: Fabian Veit/Covergestaltung: Peter Bicheler - Erfolgreiche Kommunikation, München

Ich wünschte mir, wir müssten darüber nicht mehr sprechen. Leider ist die Zeit dafür noch nicht reif. Daher möchte ich ausdrücklich erwähnen, dass in meinem Buch sämtliche Personenbezeichnungen gleichermaßen für alle Geschlechter (m/w/d) gelten. Aus Gründen der Lesbarkeit wird allerdings auf die Verwendung der jeweiligen Sprachformen verzichtet und nur die männliche Form verwendet.

Oliver Titzmann

# New Leadership

## Menschen führen heißt Menschen stärken

Oliver Titzmann
Geschäftsleitung
O. Titzmann Beteiligung-UG
Köln, Deutschland

ISBN 978-3-662-66063-8     ISBN 978-3-662-66064-5  (eBook)
https://doi.org/10.1007/978-3-662-66064-5

Die Deutsche Nationalbibliothek verzeichnet diese Publikation in der Deutschen Nationalbibliografie; detaillierte bibliografische Daten sind im Internet über http://dnb.d-nb.de abrufbar.

© Der/die Herausgeber bzw. der/die Autor(en), exklusiv lizenziert an Springer-Verlag GmbH, DE, ein Teil von Springer Nature 2022, korrigierte Publikation 2023

Das Werk einschließlich aller seiner Teile ist urheberrechtlich geschützt. Jede Verwertung, die nicht ausdrücklich vom Urheberrechtsgesetz zugelassen ist, bedarf der vorherigen Zustimmung des Verlags. Das gilt insbesondere für Vervielfältigungen, Bearbeitungen, Übersetzungen, Mikroverfilmungen und die Einspeicherung und Verarbeitung in elektronischen Systemen.

Die Wiedergabe von allgemein beschreibenden Bezeichnungen, Marken, Unternehmensnamen etc. in diesem Werk bedeutet nicht, dass diese frei durch jedermann benutzt werden dürfen. Die Berechtigung zur Benutzung unterliegt, auch ohne gesonderten Hinweis hierzu, den Regeln des Markenrechts. Die Rechte des jeweiligen Zeicheninhabers sind zu beachten.

Der Verlag, die Autoren und die Herausgeber gehen davon aus, dass die Angaben und Informationen in diesem Werk zum Zeitpunkt der Veröffentlichung vollständig und korrekt sind. Weder der Verlag, noch die Autoren oder die Herausgeber übernehmen, ausdrücklich oder implizit, Gewähr für den Inhalt des Werkes, etwaige Fehler oder Äußerungen. Der Verlag bleibt im Hinblick auf geografische Zuordnungen und Gebietsbezeichnungen in veröffentlichten Karten und Institutionsadressen neutral.

Planung/Lektorat: Marion Kraemer

Springer ist ein Imprint der eingetragenen Gesellschaft Springer-Verlag GmbH, DE und ist ein Teil von Springer Nature.
Die Anschrift der Gesellschaft ist: Heidelberger Platz 3, 14197 Berlin, Germany

# Vorwort von Elke Berninger-Schäfer

Dieses Lese-Reflexions- und Arbeitsbuch besticht durch seinen Mix an fundierter Information, Anleitungen zur Reflexion, konkreten Tipps und einer Fülle von Beispielen und eingestreuten Geschichten. Dadurch weckt es die Fantasie, hält den Spannungsbogen aufrecht und beschenkt die Leser*innen mit einer leichten und eleganten Sprache.

Es startet mit einer sehr persönlichen Geschichte des Autors. Eine authentische Erzählung über eine beinahe gescheiterte Expedition, die lebendige Bilder malt, Neugierde weckt und ein Gefühl der Verbundenheit mit dem Autor entstehen lässt. Das ganze Buch ist durchzogen von kurz erzählten Geschichten, die bewegen, Interesse wecken, veranschaulichen, überraschen und erfreuen – und nicht zuletzt, eine Brücke von der Theorie zur Alltagsrealität der Führung bauen.

Das Buch regt zum Nachdenken an, bietet konkret umsetzbare Tipps, gibt praktische Reflexionsanregungen und vertieft mit vielen Beispielsgeschichten, sodass es Spaß macht, all dies zu lesen. Durch die vielen, konkreten Anleitungen zur Selbstreflexion entsteht an manchen Stellen der Eindruck, dass Herr Titzmann durch ein Seminar führt.

Führung wird aus verschiedenen Perspektiven betrachtet. Die unterschiedlichen Blickwinkel gehen mit einem Plädoyer für eine Führungskraft einher, die nicht nur visionär strategisch und entscheidungsstark vorgeht, sondern auch als Coach die Selbstwirksamkeit ihrer Mitarbeiter*innen unterstützt und in einer dienenden Haltung den anderen eine Bühne und Rahmenbedingungen bereitet, in der sie ihre Motivation und ihr Potenzial in größtmöglicher Autonomie entfalten können.

Kulturstiftung in Organisationen geschieht durch den Dialog mit sich selbst und anderen, den dadurch gelebten Werten und dem gestalterischen Handeln. Das hierfür hilfreiche Mindset ist die Basis, die aber wirkungslos bleibt, wenn sie nicht in Handlung umgesetzt werden kann, so wie Wissen ohne Tun nichts bewirkt.

Oliver Titzmann streicht dabei die Bedeutung der Selbstführung heraus und liefert konkretes Material und Anweisungen zur Reflexion. Die Interaktion mit den Leser*innen wird dadurch weiter gestärkt. Er bezeichnet Selbstreflexion und Führung als ein untrennbares Paar, welches zum Loslassen von Leistungsdruck führen kann und die nötige Kompetenz, mit Herausforderungen und Krisen umzugehen, entwickelt. Hierzu braucht es den Mut, sich mit sich selbst auseinanderzusetzen und Neues auszuprobieren. Dabei wird Coaching als unverzichtbares Format zur Reflexionsunterstützung und Selfcare-Maßnahme für Führungskräfte herausgestellt, denn Selbstentwicklung und Organisationsentwicklung gehen Hand in Hand.

Der menschliche Organismus ist auf Energie- und Ressourcenoptimierung ausgelegt und schafft Redundanzen durch Musterbildung. Er ist jedoch eingebettet in sich ständig auf unvorhersehbare, nichtlineare Art vollziehende, kontextuelle Veränderungen. Oliver Titzmann verfolgt die Spur, wie räumliche Arrangements und der Umgang mit der Zeit sinnhafte Veränderungsprozesse ermöglichen können. Ein kleiner Exkurs in die Genetik führt zu einer pragmatischen Schlussfolgerung, das eigene Potenzial zu nutzen, um authentisch führen zu können, denn Führung braucht viele Talente und inspirierende Vorbilder, die zu eigenen Führungsvisionen anregen.

Eine besondere Bedeutung kommt der Kommunikation und Kooperation zu. Führungskräfte sollten psychologische Sicherheit erhöhen, die mit Vertrauensbildung einhergeht, Offenheit ermöglicht und eine Kultur des Schweigens verhindern. Nur dann können neue Ideen und wertvolle Feedbacks eingebracht werden. Sie sollten die Selbstwirksamkeit ihrer Mitarbeiter*innen stärken, gepaart mit einem leistungsförderlichen Umfeld und Bescheid wissen über die Mechanismen der intrinsischen und extrinsischen Motivation.

Die Rolle von Stress- und Bindungshormone werden genauso aufgeführt wie zentrale Steuerungsinstanzen im Gehirn. Somit wird immer wieder ein Bezug hergestellt zu physiologischen und neurowissenschaftlichen Erkenntnissen.

In diesem Buch werden alte Zöpfe abgeschnitten. Führungsmodelle, die in früheren Zeiten Erfolgsgaranten waren, sind es nicht mehr. Mit ihnen wird aufgeräumt bzw. es wird gezeigt, wie diese angepasst werden müssen, damit sich sowohl die Einzelnen als auch die Organisation bestmöglich weiterentwickeln. Eine Anpassung, die nicht zwingend ein revolutionäres Vorgehen verlangt, sondern eine evolutionäres. Die Möglichkeit, Entscheidungen zu treffen, Ermächtigung, Selbstorganisation, Selbstbestimmung, Kompetenz, soziale Eingebundenheit, Flexibilität und Schnelligkeit sind die Zutaten, die erfolgreiche Systeme auszeichnen.

Oliver Titzmann zeichnet sehr differenziert und einfühlsam verschiedene Führungsbilder, ohne in einem Schwarz-Weiß-Denken verhaftet zu sein, Dogmatismus ist ihm fremd. Man merkt in jeder Zeile, hier weiß jemand, wovon er spricht. Die theoretische Fundierung geht mit praktischem Knowhow und einem großen Erfahrungsschatz einher. Inhaltliche Exkurse werden mit spannenden Beispielen aus den unterschiedlichsten Bereichen und nachvollziehbaren Daten unterlegt. Das macht die Lektüre dieses Buches sehr abwechslungsreich und sorgt für Sogwirkung. Aus der Hand legen ist dann nicht mehr leicht möglich, also Vorsicht: Suchtcharakter!

Viel Freude mit dieser kurzweiligen, sachlich fundierten, sprachlich sehr ansprechenden, spannenden und hilfreichen Lektüre.

Prof. Dr. Elke Berninger-Schäfer
Diplom Psychologin und Psychotherapeutin
Gründerin und Inhaberin des Karlsruher Instituts
für Coaching, Führung und Gesundheit

---

Die Originalversion des Buchs wurde revidiert. Ein Erratum ist verfügbar unter
https://doi.org/10.1007/978-3-662-66064-5_13

# Danksagung

Hiermit möchte ich mich sehr herzlich bei all den Menschen bedanken, die mich in diesem Vorhaben begleitet haben! Allen voran Elke Berninger-Schäfer und meinen großartigen Interviewpartnern Bodo Janssen und Florian Michajlezko, die dieses Buch um inspirierende Gedanken erweitert haben.

Dank gilt weiterhin meiner Mutter, die es mir erlaubt hat, mein Leben als Abenteuer zu begreifen und mir den Optimismus verlieh, dass alles erreichbar sein kann. Ebenfalls Dank an die wunderbare Barbara Adams, die mich stets großherzig und mit Hingabe in dieser herausfordernden Zeit unterstützte.

Nicht zuletzt danke ich den außergewöhnlichen Führungskräften Betsy Baker, Christof Nikolaus Schröder, Andreas Adam und Kerstin Stolzenberg, in denen ich inspirierende Vorbilder finden konnte.

Abschließend danke ich Gwendolyn Huber für ihre Empathie und Reflexionsfähigkeit über Tausende von Kilometer hinweg während der Expedition von Canada nach Alaska im Jahre 2001.

Köln
2022

# Einleitung: Führung neu denken

**Auf dem Alaska Highway**
Drei Jahre hatten wir dafür gearbeitet. Wir hatten Sponsoren gefunden, die Expeditionsroute bis ins letzte Detail geplant, drei Stunden Kraft- und zwei Stunden Ausdauertraining täglich in Kauf genommen, um die 2650 km lange Strecke zu Fuß zurücklegen zu können. Und jetzt aufgeben? Die Vision von einer großartigen Expedition begraben? Sich jetzt eingestehen, dass mein Körper Limits hat und diese einfordert?

Als ehemaliger Leistungsschwimmer und Sportler hatte ich gelernt, dass Erfolg dadurch entsteht, Limits durch Ausdauer, Beharrlichkeit und Kraft zu überwinden. Ich hatte erfahren, dass ich dann aufs Podest kam, wenn ich Leistung brachte und besser war. Es lag an mir: an meiner Fitness, an der Präzision meiner Technik und dem Willen, meine Limits zu überwinden.

Auf dieser Expedition schien das erstmalig nicht zu funktionieren. Es begann mit entzündeten Zehennägeln. Durch das Ziehen unserer Rikschas – wir hatten uns dazu verpflichtet, unsere 80 bis 100 kg Gepäck durch eigene Kraft über den ALCAN, den Alaska Highway, zu bewegen – entstand eine enorme Belastung auf den Zehen, was bereits nach kurzer Zeit zu einer Entzündung dieser führte. Natürlich versuchte ich anfänglich diese „Kleinigkeit" durch eine andere Gehtechnik und mentale Stärke zu kompensieren. „Wegen einer lumpigen Entzündung gebe ich nicht auf, da stehe ich drüber", so versuchte ich die Schmerzen und die Beeinträchtigung vor mir selbst kleinzureden. Doch weit gefehlt. Mein Körper hatte andere Pläne. Da die Belastung anhielt, verschlimmerte sich die Entzündung – und nicht nur das, sie wanderte weiter zum Sprunggelenk, ein paar Tage darauf zum Knie und über die Hüfte letzten Endes zum Herzen. Als mir der Arzt im Krankenhaus das Ausmaß meiner Infektion attestierte und zwei Wochen strikte Ruhe und jede Menge Antibiotikum und Entzündungshemmer verschrieb, war ich natürlich sehr, sehr enttäuscht. Obwohl es offensichtlich war: Meine Fußnägel bluteten, mein Sprunggelenk war auf den Umfang meines Unterschenkels angeschwollen, das Knie schmerzte – mein rechtes Bein war eigentlich nicht mehr belastbar. Trotzdem: Ich hatte mein Studium für ein Semester unterbrochen, viel Geld investiert und es hingen große Erwartungen an diesem Projekt – unsere Sponsoren, der Verein, den wir unterstützten, um Schulen in Nepal zu bauen – sie alle, vor allem aber ich selbst, wollten, dass diese Expedition ein Erfolg wurde.

**Die Niederlage**
Sie wissen bestimmt, dass die ursprüngliche Bedeutung des Wortes „Enttäuschung" eigentlich eine positive ist. Man werde aus einer Täuschung befreit, so die Definition. Auf dieser Expedition wurde mir diese Bedeutung zuteil. Bis zu diesem Zeitpunkt war ich davon überzeugt gewesen, dass die Expedition nur dann als Erfolg zu verbuchen war, wenn ich es aus eigener Kraft zu Fuß von Dawson Creek nach Fairbanks schaffen würde. Alles andere wäre eine Niederlage. Als ich im Krankenhaus von Dawson Creek saß, mir durch die Nadel Antibiotikum verabreicht wurde und ich auf meinen dick eingebundenen Fuß starrte, dämmerte es mir erstmalig, dass sich diese Niederlage nicht mehr abwenden ließ. Es war so weit: Ich musste den Tatsachen ins Gesicht sehen. Ich werde nicht zu Fuß in Alaska ankommen.

Als ich bereit war, diese Tatsache anzunehmen, fing ich an zu verstehen, dass wir die Expedition zum Erfolg führen konnten, auch wenn ich nicht mehr lief. Mein Mitläufer war doch noch fit! Er war in der Lage, es zu schaffen – und ich konnte ihn dabei unterstützen! Ich begann, mich auf meine neue Rolle zu konzentrieren. Wie konnte ich meine Rikscha umbauen, sodass ich sie mit einem Fahrrad transportieren konnte? Was benötigte ich, um für weitere Belastungen vorbereitet zu sein? Nach meiner zweiwöchigen Genesungspause legten wir die restlichen 2000 km zurück – mein Mitläufer zu Fuß und ich auf dem Fahrrad, unser Gepäck im Schlepptau. Gemeinsam kamen wir nach 100 Tagen in Fairbanks an. Wir hatten unser Ziel erreicht!

**Die Erkenntnis**
„Wandel geschieht in der Begegnung mit dir selbst." Als Bodo Janssen diesen Satz in unserem Interview für dieses Buch erwähnte, musste ich sofort an diese Tage der Expedition denken. Wäre ich damals nicht durch meine körperlichen Limits dazu gezwungen worden, meinen Blick auf das

Ganze zu verändern, hätte ich eine der wichtigsten Lektionen in meinem Leben womöglich nie erlernt: Die wirklich großartigen Dinge im Leben entstehen nicht durch Einzelleistungen, sondern in der Gemeinschaft mit anderen, im Team. Wenn ich daran festhalte, alles selbst tun zu wollen, werde ich Limits erfahren, die ich nicht überwinden kann. Wenn hingegen in einer Gemeinschaft jeder Einzelne das tut, was er am besten kann und dafür auch noch optimale Rahmenbedingungen vorfindet, dann können wir gemeinsam die individuellen Limits aufheben. Dann können wir das Unerreichbare möglich machen! Dann können wir die Welt verändern!

**Zurück im Arbeitsalltag**
Diese so einschneidende „Enttäuschung" leitete wohl eine Trendwende in meinem Leben ein. Rückblickend war sie aber nur der Anfang eines Wandels. Zu stark war meine Prägung der individuellen Leistungserbringung. Zu sehr verinnerlicht hatte ich die Überzeugung, alles aus eigener Kraft schaffen zu müssen. Immer wieder brauchte ich größere und kleinere „Enttäuschungen", die mich daran erinnerten, dass der Schlüssel zum Erfolg nicht nur im ICH, sondern im WIR lag. Dass die zentrale Frage nicht war, wie ich NOCH MEHR geben könne, sondern WELCHER Beitrag von mir den größten Nutzen für das große Ganze stiften konnte. Und so lernte ich bereits in jungen Jahren, dass meine Rolle als Führungskraft nicht jene sein konnte, alles besser zu wissen, besser zu entscheiden und besser zu können. Meine Rolle musste es sein, die bessere Arbeitsumgebung für meine Mitarbeiter zu schaffen, damit diese ihre Talente und Fähigkeiten einbringen konnten und wollten. So kann ich den größten Nutzen für das große Ganze stiften. Meine Erfahrungen auf dieser Expedition waren für dieses Bewusstsein äußerst maßgeblich.

Einige Zeit später halfen sie mir erneut – bei meinem Engagement für Start-ups: Obwohl ich in meiner Laufbahn immer wieder gute Ideen hatte und insgeheim auch den Wunsch hegte, einmal ein Start-up zu gründen, musste ich lernen, dass das nicht mein Weg war. Gute Ideen gibt es viele, ob sie zum Erfolg werden, darüber entscheiden die Menschen, die bereit sind, in diese Ideen zu investieren oder sie zu großartigen Produkten oder Services zu machen. Sowohl Investoren als auch Mitstreiter hinter diesen Ideen zu versammeln, sie zu inspirieren und sie auf dem Weg zum Erfolg zu begleiten, darin lag mein wahrer Mehrwert.

**Kamel, Löwe oder Kind?**
Sich seiner Rolle immer wieder neu bewusst zu werden und sich zu fragen, wie wir damit den größtmöglichen Nutzen für das große Ganze schaffen

können, dazu möchte auch ich Sie mit diesem Buch einladen. Ein Bild, das mir in diesem Prozess immer wieder hilfreich war, malte Nietzsche in seinem berühmten Stück „Also sprach Zarathustra" [1]: „Drei Verwandlungen nenne ich euch des Geistes: wie der Geist zum Kameele wird, und zum Löwen das Kameel, und zum Kinde zuletzt der Löwe." Nietzsche spricht dabei vom Wandel des Menschen zu seinem wahren Ich. Er startet mit dem Kamel, das für den demütigen Geist steht. Transportiert man dieses Bild auf die Führungskraft, beschreibt es die Führungskraft als Lastenträger, als jemand, der bereit war und ist, einen Mehraufwand an Verantwortung und Arbeitslast auf sich zu nehmen. Ein Lastenträger kann seinen Dienst bis zu einem bestimmten Ausmaß an Traglast erfüllen – was ihm aber zu jeder Zeit fehlt, ist Freude, Kreativität, das Schöpferische. Einen Schritt weiter, wenngleich auch noch nicht verbunden mit seiner schöpferischen Kraft, ist Nietzsches Löwe. Er vertritt die selbstbestimmte Führungskraft, die mit Selbstbewusstsein und Souveränität sein Team durch die Herausforderungen des Arbeitsalltags führt. Wie es der Natur eines Löwen entspricht, kontrolliert und verteidigt diese Führungskraft ihr Territorium – unter Umständen so autoritär, dass er anderen ihre Autonomie raubt. Erst nach der dritten Verwandlung, vom Löwen zum Kind, wird der Mensch zum wirklich Schaffenden. Mit Neugierde und Unvoreingenommenheit nähert es sich den Dingen, pure Freude, kreatives Gestalten und ein gesunder Nährboden für Erfolg sind die Ergebnisse seines Tuns. Nietzsches Kind schafft für mich jenen Kontext, den auch Führungskräfte bereitstellen sollten, damit Mitarbeiter und Kollegen ihre Fähigkeiten, Leidenschaften und Talente einbringen können und möchten.

Ich musste sie überwinden, jene Rollen, die meinem Ego und bewussten oder unbewussten Wertvorstellungen mehr dienten als dem wirklichen Erfolg. Und ich muss es immer noch – täglich. Und das ist gut so. Denn wir dürfen nie vergessen, dass Führung weder Macht noch Status ist, dafür aber ein Privileg, das wir uns jeden Tag aufs Neue verdienen müssen. Eine Aufgabe, die ich als unglaublich erfüllend wahrnehme.

**Was dieses Buch für Sie tun kann**

Es wäre mir ein Anliegen, dass Sie dieses Buch als ein Angebot betrachten. Bedienen Sie sich daran! Einige meiner Tipps setzen Sie mit Sicherheit bereits um, andere können vielleicht eine gerade brennende Herausforderung lösen und wieder andere behalten Sie erstmal im Hinterkopf. Fühlen Sie sich frei, mein Angebot anzupassen – Sie sind der Experte für Ihre jeweilige Situation und bringen die Erfahrung mit, die Wirksamkeit meiner Inputs für Sie einzuschätzen.

Ich habe mein Buch stufenweise aufgebaut. Im ersten Teil fordere ich Sie dazu auf, sich Ihrem Selbstverständnis als Führungskraft zu stellen. Im zweiten geht es darum, diese Vorstellung in Ihrer täglichen Arbeit mit Ihren Mitarbeitern und Kollegen umzusetzen. Nachfolgend finden Sie eine Handvoll zentraler Fragen, die in den beiden Abschnitten behandelt werden:

- Teil 1: In welcher Rolle sind Sie als Führungskraft angetreten? Wie möchten Sie als Führungskraft wirken? Warum sollte man Ihnen als Führungskraft überhaupt folgen und wie können Sie Veränderung bei sich selbst erzeugen?
- Teil 2: Wie können Sie Ihre Mitarbeiter motivieren? Wie einen Kontext schaffen, der Leistung fördert? Wie Strukturen etablieren, die Mitarbeiter motivieren und wirksam werden lassen? Wie eine gemeinsame Zielorientierung herstellen? Wie erfolgreich delegieren?
- Den Abschluss des Buches macht ein erneuter Blick auf Sie als Führungskraft. Wie schaffen Sie es, als Führungskraft in dieser schnelllebigen Zeit am Ball zu bleiben? Was könnte Ihnen dabei helfen? Wo schlummern Gefahren?

# Literatur

[1] Nietzsche, Friedrich (1883): Also sprach Zarathustra. Ein Buch für Alle und Keinen. Aufgerufen am 17.05.2022, https://www.nietzschesource.org/#eKGWB/

# Inhaltsverzeichnis

**Teil I  New Leadership 1: Konsequenzen für unser Selbstverständnis als Führungskräfte**

**1  Die Rolle der Führungskraft** ... 3
  1.1  Humanist oder Kapitalist ... 4
  1.2  Staging – Mitarbeitern eine Bühne bieten ... 6
  1.3  What Makes a Great Manager? ... 7
  Weiterführende Literatur und Anmerkungen ... 18

**2  Welche Führungspersönlichkeit möchte ich sein?** ... 21
  2.1  Führung als bewusste Entscheidung ... 22
  2.2  Die Führungsvision ... 23
  2.3  Transformationale Führung ... 25
  2.4  Humble Leadership ... 28
  2.5  Echte Selbstreflexion – der erste große Schritt ... 30
  Weiterführende Literatur und Anmerkungen ... 34

**3  Warum sollte man mir als Führungspersönlichkeit folgen?** ... 37
  3.1  Die Führungskraft als Recruiting-Faktor ... 38
  3.2  Wie werde ich zu einer Führungspersönlichkeit, der man gern folgt? ... 41
  3.3  Drei zentrale Fragen an moderne Führungskräfte ... 42
  Weiterführende Literatur und Anmerkungen ... 46

| | | |
|---|---|---|
| **4** | **Wie erzeuge ich Verhaltensänderung bei mir selbst? Ein Interview mit Bodo Janssen** | **47** |
| | Weiterführende Literatur und Anmerkungen | 53 |

**Teil II   New Leadership 2: Konsequenzen für unser Verhalten als Führungskräfte**

| | | |
|---|---|---|
| **5** | **Wie motiviere ich meine Mitarbeiter zur Veränderung?** | **57** |
| 5.1 | Die Biologie der Veränderung | 57 |
| 5.2 | Individuelle und organisationale Veränderungskompetenz | 59 |
| 5.3 | Veränderung braucht strukturelle Rahmenbedingungen | 63 |
| | 5.3.1   Zeiträume für Veränderung schaffen | 66 |
| | 5.3.2   Gedankliche Räume für Veränderung schaffen | 67 |
| 5.4 | Eine veränderungsbreite Haltung unterstützen | 69 |
| 5.5 | Veränderungen begleiten | 72 |
| | Weiterführende Literatur und Anmerkungen | 76 |
| **6** | **Wie schaffe ich einen Kontext, der Leistung fördert?** | **79** |
| 6.1 | Psychologische Sicherheit gewährleisten | 80 |
| 6.2 | Selbstwirksamkeit ermöglichen | 83 |
| 6.3 | Aktives Zutun fördern | 85 |
| 6.4 | Experimentelles Vorgehen anregen | 88 |
| | Weiterführende Literatur und Anmerkungen | 90 |
| **7** | **Wie halte ich die Motivation meiner Mitarbeiter hoch?** | **93** |
| 7.1 | Motivation nach Frederick Taylor | 94 |
| 7.2 | Externe Anreize scheitern – fast immer | 97 |
| 7.3 | Motivation neu gedacht: Das Gehirn belohnen! | 101 |
| | Weiterführende Literatur und Anmerkungen | 105 |
| **8** | **Wie erreichen wir zusammen Ziele?** | **107** |
| 8.1 | Kann mein Ziel auch dein Ziel sein? | 108 |
| 8.2 | Kooperationskiller: Ziele | 110 |
| | 8.2.1   Ziele, die aus Sicht der Mitarbeiter sinnlos sind | 110 |
| | 8.2.2   Ziele, die zum Nachteil der Mitarbeiter sind | 111 |
| | 8.2.3   Ziele, die Mitarbeiter zu Erfüllungsgehilfen degradieren | 114 |
| | Weiterführende Literatur und Anmerkungen | 117 |

| | | |
|---|---|---|
| **9** | **Welche Struktur braucht optimale Zusammenarbeit?** | 119 |
| | 9.1 Das Joe Mode-Paradigma | 120 |
| | 9.2 Kognitive Dissonanzen | 121 |
| | 9.3 Holokratie: ein Modell, um Veränderungsimpulse zu verarbeiten | 124 |
| | 9.4 Adaptive Strukturen – die Grundlage für eine Kultur der Veränderung | 126 |
| | Weiterführende Literatur und Anmerkungen | 128 |
| **10** | **Wie delegiere ich richtig und an wen?** | 131 |
| | 10.1 Delegation in Zeiten von Selbstorganisation | 133 |
| | 10.2 Die 7 Ebenen der Delegation | 136 |
| | 10.3 Richtig delegieren – intrinsisch belohnen | 137 |
| | Weiterführende Literatur und Anmerkungen | 142 |

**Teil III  New Leadership auch in Zukunft? So kann's weitergehen**

| | | |
|---|---|---|
| **11** | **Was bringt mich als Führungskraft weiter?** | 147 |
| | 11.1 Zweifel und Demotivation unter Führungskräften | 148 |
| | 11.2 Strukturelle Voraussetzungen für wirksame Führung | 150 |
| | 11.3 Individuelle Möglichkeiten, um Führungsleistung zu steigern | 152 |
| | Weiterführende Literatur und Anmerkungen | 157 |
| **12** | **Alles wird gut. Ein Gespräch über die Zukunft mit Gründer Florian Michajlezko** | 159 |
| | Weiterführende Literatur und Anmerkungen | 165 |

**Erratum zu: New Leadership**  E1

**Epilog: Braucht uns die Zukunft noch?**  167

**Literatur Epilog**  171

# Über den Autor

**Oliver Titzmann** arbeitet als Berater, Dozent und Coach mit Führungskräften aller Ebenen im internationalen Umfeld zusammen. Er berät und coacht Kunden in Veränderungsprojekten, in Fragen der Führung und der persönlichen Entwicklung. Unter den Kunden finden sich namhafte, etablierte Konzerne, KMUs sowie Neugründungen aus der dynamischen Start-up-Szene. Oliver Titzmann leitet das Center of Change Management im Management Institute St. Gallen, wo er auch eine Lehrtätigkeit ausübt. Außerdem ist er Start-up-Gründer und Investor im Rahmen der Oliver Titzmann Beteiligungsgesellschaft (haftungsbeschränkt).

Eine moderne und bessere Arbeitswelt – dafür brennt Oliver Titzmann. Er glaubt daran, dass wir unsere Ressourcen – insbesondere die Ressource Mensch – wesentlich wirksamer einsetzen und damit zu mehr Gerechtigkeit, Nachhaltigkeit und Fortschritt beitragen können. Führungskräfte spielen für ihn dabei die zentrale Rolle. Sie sind es, die Veränderung vorantreiben, Rahmenbedingungen schaffen und Mitarbeiter unterstützen können, ihre Potenziale zu entdecken. Er ist überzeugt: Die Motivation und Befähigung von unseren Führungskräften wird über die Entwicklung vieler Unternehmen und damit auch über die Qualität unseres Wirtschaftsstandortes entscheiden.

# Abbildungsverzeichnis

| | | |
|---|---|---|
| Abb. 1.1 | Managerial Grid nach Robert R. Blake und Jane Mouton. (Quelle: Eigene Darstellung (angelehnt an Blake, Robert. Mouton, Jane (1964) The Managerial Grid: The Key to Leadership Excellence. Gulf Publishing, Houston.)) | 16 |
| Abb. 2.1 | Das Johari-Fenster. (Quelle: Eigene Darstellung (angelehnt an Luft, Joseph (1969) Of Human Interaction: The Johari Model, Mayfield Publishing Co.)) | 33 |
| Abb. 5.1 | Aus VUCA wird BANI | 61 |
| Abb. 5.2 | Die neurologische Gewohnheitsschleife nach James Clear. (Quelle: Eigene Darstellung (angelehnt an Clear, James (2020) Die 1 % Methode. Minimale Veränderung, maximale Wirkung. Goldmann, München)) | 71 |
| Abb. 5.3 | Die Veränderungskurve nach Elisabeth Kübler Ross | 75 |
| Abb. 6.1 | Psychologische Sicherheit und die Leistungsstandards. (Quelle: Eigene Darstellung, (angelehnt an Edmondson, Amy C (2020) Die angstfreie Organisation. Vahlen Verlag, München. S. 16.)) | 84 |
| Abb. 9.1 | Umgang mit Veränderungsimpulsen in der Holokratie | 125 |
| Abb. 10.1 | Das Delegation Board nach Jurgen Appelo. (Quelle: Eigene Darstellung, (angelehnt an Appelo, Jurgen (2018) Managing for Happiness. Vahlen Verlag, München. S. 68.)) | 135 |
| Abb. 11.1 | Der inverse Kommunikationstrichter | 148 |
| Abb. 11.2 | Die Box-Atmung | 156 |

# Teil I

# New Leadership 1: Konsequenzen für unser Selbstverständnis als Führungskräfte

**Führung beginnt bei uns selbst**
„Wandel beginnt in der Begegnung mit mir selbst", sagte mir Bodo Janssen in einem Inter-view. Der Unternehmer hat auf persönlicher Ebene, als Führungskraft, und auf organisationaler Ebene, mit seiner Hotelkette Upstaalsboom, einen bemerkenswerten Wandel hingelegt. Weil er die Prämisse, dass Veränderung immer bei einem selbst beginnt, bei sich selbst erlebt hat, ermöglicht er jedem seiner Mitarbeiter die gezielte Arbeit an seiner Persönlichkeit.

Um unsere inneren Bilder, unsere unbewussten Ängste und Glaubenssätze, unsere Verhaltensmuster und Emotionen kommen als Führungskräfte allesamt nicht herum. Sie lassen sich weder durch optimierte Strukturen auslöschen noch durch Digitalisierungsmaßnahme unterkriegen oder durch ambitioniertes Bemühen aus dem Weg räumen. Führung beginnt lange bevor wir Ziele vereinbaren oder Arbeit delegieren. Führung beginnt in uns selbst, in unserer Haltung, in unserem Menschenbild und in unserer Bereitschaft, jeden Tag aufs Neue zu lernen.

**Sonst noch Wünsche?**
Das lässt sich leichter auf ein weißes Blatt Papier schreiben, als es in der ungemeinen Hektik Ihres Führungsalltages umzusetzen ist. Da haben Sie vollkommen recht! Aus diesem Grund waren mir beim Schreiben dieses ersten Buchteiles auch zwei Dinge besonders wichtig:

1. Ich möchte Sie an Ihren immensen Wert für Ihre Organisation erinnern. Als Füh-rungskräfte sind wir viel mehr als Strategiekapitäne oder Produktivitätssteuermänner. Wir sind eine der maßgeblichsten Recruitingfaktoren und einflussreiche Kulturge-stalter. Wir sind Enabler oder Sargnagel für die Innovation und Kreativität in unseren Unter-nehmen. Wir sind gutes oder schlechtes Vorbild - aber immer ein Vorbild. Und letzten Endes sind wir – und darin liegt womöglich unsere größte Verantwortung - ermutigender oder destruktiver Begleiter für Menschen auf einem Teil ihres Le-bensweges. Diese Aufgaben können wir allesamt nicht mit beim Vorbeigehen wahr-nehmen. Sie erfordern Training und Rahmenbedingungen – und für beides müssen wir sorgen.
2. Wie das konkret aussehen kann, dafür habe ich mich an den Erkennt-nissen und Er-fahrungsschätzen anderer großartiger Führungskräfte und Vordenker bedient. Ihre Impulse und Anregungen sollen Sie dabei unter-stützen, trotz Ihrer immensen opera-tiven Arbeitslast Zeit für sich und Ihre Weiterentwicklung zu finden - und den Wert dieser Zeit auch zu spüren!

**Führung gilt es sich jeden Tag aufs Neue zu verdienen**
Vergessen Sie bei aller Herausforderung nicht: Wir sitzen alle im gleichen Boot. Wir alle kämpfen gegen unser eigenes Ego, gegen ungünstige Rahmenbedingungen und für bessere Ergebnisse und eine wirkungsvollere Zusammenarbeit. Lassen Sie uns miteinander in Dialog gehen, um diesen Herausforderungen entgegentreten zu können. Lassen Sie uns darüber staunen, wieviel wir doch voneinander lernen können. Ich habe für den ersten Teil dieses Buches Bodo Janssen interviewt. Er hat mich tief in seine Erkenntnisse blicken und mich an wertvollen Erfahrungen teilhaben lassen. Seine, meine und die Erkenntnisse vieler anderer großartiger Führungskräfte gebe ich hier an Sie weiter. Bedienen Sie sich daran und erfreuen Sie sich an der Verantwortung, zu der Sie sich entschieden haben.

# 1

# Die Rolle der Führungskraft

*Der Erfolg eines Unternehmens entsteht durch dessen Mitarbeiter. Die Wirksamkeit dieser sicherzustellen, das ist die zentrale Aufgabe von uns Führungskräften.*

**Führungskräfte müssen Überflieger sein!**
Wenn wir über unsere Rolle als Führungskraft nachdenken, sind wir gut damit beraten, einmal nachzufragen, was die von uns Geführten, also unsere Mitarbeiter und Kollegen, eigentlich von uns in dieser Rolle erwarten. Weniger im Sinne von „Wünsch dir was" und auch nicht unter dem Damoklesschwert „War for Talents". Vor dem Hintergrund allerdings, dass Führen immer noch jemanden braucht, den wir führen dürfen und dass sich dieser jemand freiwillig zum Nachfolgen bekennen muss, ist diese Perspektive – so glaube ich – nicht nur angebracht, sie wird auch immer wichtiger.

Was also erwarten Mitarbeiter von ihren Vorgesetzten? Der Personaldienstleister Hays hat nachgefragt. Die „Führungskraft als Coach", diese Anforderung steht für 48 % der Befragten an erster Stelle. Ihr folgen die Rollen als „Entscheider im operativen Tagesgeschäft", als „Personalentwickler" und als „Strategischer Partner". Die Führungskraft als „Protagonist zur Gestaltung der Work-Life-Balance" oder die Führungskraft als „Change Agent" liegen mit 23 % relativ abgeschlagen an den letzten Rängen – sie erreichen nicht einmal die Hälfte der erstgereihten Anforderung [1].

---

Die Originalversion dieses Kapitels wurde revidiert. Ein Erratum ist verfügbar unter https://doi.org/10.1007/978-3-662-66064-5_13

Also doch der Ausnahmemensch! Der Überflieger, der die Bedürfnisse seiner Mitarbeiter erahnt, bevor sie ihnen selbst bewusst werden, der für eine unvorhersehbare Zukunft optimale strategische Entscheidungen trifft, immer Zeit hat und den Arbeitsalltag aller Beteiligten mit Humor und einer unglaublichen Ausstrahlung bereichert. Chapeau! Der erste Blick auf die Studienzahlen mag wohl dazu verleiten, den Blick genervt abzuwenden, um sich wieder dem sogenannten wahren Leben, in dem Überflieger äußerst selten sind, zuzuwenden.

Es lohnt sich aber ein zweiter Blick! Betrachtet man die Zahlen genauer, lässt sich eine Tendenz erkennen, die uns als Führungskräfte einen wichtigen Hinweis mitgeben soll: Mitarbeiter möchten wirksam sein. Dazu brauchen sie uns Führungskräfte: Als Coach, der sie zu Lösungen führt, als Entscheider, der Rahmenbedingungen schafft und als Personalentwickler, der ihnen hilft, ihr ganzes Potenzial zu entfalten. Dieser Hinweis ist gar nicht so divers, wie er auf den ersten Blick aussieht. Er braucht sie gar nicht als den Ausnahmemenschen. Vielmehr richtet er unseren Blick auf das, worauf es beim Führen ankommt: auf den Menschen. Über ihn sollten wir nachdenken. Ihn sollten wir in den Fokus unserer Bemühungen stellen. Ihm müssen wir als Führungskräfte dienen.

## 1.1 Humanist oder Kapitalist

Moment einmal! Als Führungskräfte dienen wir doch primär dem ureigenen Zweck einer (großteils nicht gemeinnützigen) Organisation. Und dieser ist es nun einmal, Umsatz zu generieren und Gewinne zu erwirtschaften! Dass wir dafür unsere Mitarbeiter brauchen, ist selbstredend. Aber müssen wir ihnen deshalb gleich dienen? Wir dienen doch unserer Organisation?

Der Weg zum wirtschaftlichen Erfolg einer Organisation führt über den Menschen. Das war zu Zeiten Frederick Taylors so und gilt auch heute [2]. „The key to an organizations growth has always been and will always be the workforce", schlussfolgert das Gallup Institut in einer aktuellen Arbeitsmarktstudie [3]. Teilen wir diese Ansicht, ergibt sich daraus unweigerlich ein klarer Fokus unserer Führungsarbeit. Es sind nicht die Tasks und Pläne, die wir als Führungskräfte zu managen haben. Es sind die Menschen, denen wir zu dienen haben, damit sie ihre Kompetenzen, Leidenschaften und Talente für das Unternehmen einbringen können und das auch tun möchten! Es sind die Rahmenbedingungen, die wir für Menschen zu schaffen haben, damit sie sich selbstbewusst und motiviert den Herausforderungen stellen, weil sie davon überzeugt sind, dass sie diese bewältigen können. Es ist diese Selbstwirksamkeit unserer Mitarbeiter, die wir als Führungskraft im Fokus haben müssen! Ist sie gewährleistet, werden wir das in den Unternehmenszahlen unmissverständlich bemerken!

Vielleicht bleibt das Unbehagen. Dem Mitarbeiter dienen? Diese Frage wird auch in meinen Seminaren immer wieder lebendig diskutiert. Herrscht auch meist Konsens darüber, dass der charismatische Manager ein Relikt der Vergangenheit darstellt, erzeugt die Aufforderung, dem Mitarbeiter zu dienen, doch noch heftige Kontroversen. Sicherlich kennen Sie diese Diskussionen, in denen die Bedeutung des Dienens in ein „Alles-Rechtmachen" abdriftet und das Ressentiment gegen dieses Führungsverständnis befeuert. Sollte Ihr innerer Monolog gerade dasselbe tun, dann erinnern Sie sich an die eingangs vorgestellten Zahlen: Nur 23 % der Arbeitnehmer wünschen sich, dass ihre Führungskraft die Rolle des „Protagonisten zur Gestaltung der Work-Life-Balance" erfüllt [1]. Menschen wollen gar nicht „Alles-Rechtgemacht" bekommen. Menschen wollen Autonomie, Kompetenz und Purpose [4]. Die Befürchtung also, dass Mitarbeiter ihre Arbeit nur mehr um ihre persönlichen Bedürfnisse herumbauen würden und von der Führungskraft dafür Unterstützung erwarten, ist eine Angstvorstellung, die empirisch nicht belegt werden kann.

**Vom Arbeitgeber- zum Arbeitnehmermarkt**
Mitverantwortlich für diesen Drall in den Diskussionen ist sicherlich auch die angespannte Situation am Arbeitsmarkt. Sie präsentiert sich den Unternehmen als akuter Fach- und Arbeitskräftemangel. Viele Organisationen suchen händeringend nach qualifiziertem Personal – Kosten von bis zu 50.000 EUR für die Besetzung einer Führungsposition sind weit verbreitet [5]. Wenig verwunderlich also, dass das Binden von Mitarbeitern bzw. Gewinnen neuer Mitarbeiter mittlerweile die Top 2 HR-Themen für Entscheider darstellen – Tendenz steigend [4]. Sie stellen andere, viel diskutierte Herausforderungen wie „Agile Organisationen einführen" oder „Krisenmanagement betreiben" in den Schatten und degradieren sie beinahe zu Luxusproblemen.

Diese Situation veranlasst Menschen zum Teil zurecht dazu, die Karte der Engpassressource zu spielen und eigenen Interessen stärker zu vertreten – selbst dann, wenn sie dem Unternehmen nicht zuträglich sind. Wie häufig dieses Phänomen auftritt und wie damit umgegangen wird, ist eine Frage der Unternehmenskultur. Auch hier spielen wir als Führungskräfte eine zentrale Rolle: Unterstützen wir das Bild einer Führungskraft, die die Freiheiten ihrer Position für ihre Zwecke nutzt? Oder verstehen wir uns in unserer Rolle vorwiegend als Dienender? Als jemand, der im Dienst des Unternehmens Mitarbeiter befähigen, entwickeln – ihnen eine Bühne bieten will?

## 1.2 Staging – Mitarbeitern eine Bühne bieten

„Staging" ist für mich der Begriff, der genau das ausdrückt, was dem-Mitarbeiter-dienen heißen muss: ihm eine Bühne zu bieten. Eine Bühne wofür? Eine Bühne

- damit Mitarbeiter ihre Fähigkeiten und Talente zielgerichtet einsetzen und erfolgreich entwickeln können,
- für Selbstwirksamkeit und Erfolg,
- für eigenmotivierte Höchstleistung,
- um damit als Vorbild und Leuchtturm für andere wirken zu können.

Gelingt uns das als Führungskraft, dann schließt sich der Kreis – dann können wir unseren zentralen Führungsaufgaben gerecht werden:

- Wenn Wertschöpfung unser Ziel ist, dann brauchen wir die Fähigkeiten, die Talente, die Selbstwirksamkeit und die eigenmotivierte Höchstleistung unserer Mitarbeiter.
- Wenn der Mensch als Ressource immer mehr zum Bottleneck für wirtschaftlichen Erfolg wird, dann werden das Schaffen einer attraktiven Arbeitsumgebung und -kultur und das Gewinnen von Mitarbeitern zu zentralen Führungsaufgaben.

Letztere Aufgaben müssen wir heute in einem völlig anderen Kontext wahrnehmen als noch vor 20 Jahren: Im Zeitalter der Digitalisierung bzw. von Social Media können sich Unternehmen nicht länger hinter strategisch wohlklingenden Mission Statements und Wertebekundungen verstecken. Wie attraktiv ein Arbeitgeber wahrgenommen wird, entscheidet sich in den Social-Media-Portalen. Dort wird authentisch und ungeschönt Meinungsbildung betrieben. Dort entscheiden potenzielle Arbeitnehmer, ob sie einen Arbeitgeber für attraktiv und zukunftsfähig erachten. 54 % der neu gewonnenen Mitarbeiter werden heute schon von bestehenden Mitarbeitern angeworben [6]. Dass diese Art der Mitarbeitergewinnung bis hin zum Peer Recruiting an Bedeutung gewinnen wird, davon ist auszugehen.

Nicht zu unterschätzen ist in diesem Kontext auch die Flexibilität und Bereitschaft für einen Jobwechsel vor allem jüngerer Arbeitnehmergenerationen. Der Volksmund „Lehrjahre sind keine Herrenjahre" ist für viele junge Arbeitnehmer nicht mehr zeitgemäß. Im Gegenteil: Sie wissen um die günstige Situation am Arbeitsplatz und ihre Fähigkeiten und sie sind gewillt, diese bestmöglich einzusetzen, auch wenn das mit einem Arbeitsplatzwechsel einher geht. So halten 51 % der Arbeitnehmer ihre Augen und Ohren offen und beobachten permanent vakante Stellen, selbst wenn sie nicht aktiv auf Jobsuche sind [6].

## 1.3 What Makes a Great Manager?

Lassen Sie mich kurz zusammenfassen: Als moderne Führungskräfte sind wir gut damit beraten

- Rahmenbedingungen zu schaffen, innerhalb derer Menschen freiwillig und gern ihre Talente und Fähigkeiten einbringen,
- Mitarbeitern und Kollegen eine Bühne zu bieten, in der eigenmotivierte Höchstleistung möglich und auch sichtbar ist
- und uns darüber bewusst zu sein, dass wir mit einer attraktiven Arbeitsumgebung und Arbeitskultur die wirkungsvollsten Recruiting-Werkzeuge unserer Organisation in Händen halten.

So weit, so gut. Gänzlich hilfreich für unser täglich Tun als Führungskraft sind diese Punkte aber noch nicht – finden Sie nicht auch? Hier fehlt noch etwas Tiefe.

Dasselbe Bedürfnis hatten wohl auch die Manager von Google als sie in ihre Google re:Work Initiative starteten. In der mehrjährigen, großangelegten Studie, genannt „Projekt Oxygen", wollten sie ursprünglich die Frage beantwortet haben, ob Führungskräfte weiterhin wichtig wären. Die Antwort fiel eindeutig aus: „Research shows that managers matter. They can have a significant impact on business outcomes and employee engagement [7]." Die Eindeutigkeit dieses Ergebnisses schickte die Googler erneut aufs Feld. So wurde aus der ursprünglichen Frage „Do managers matter?" die Frage nach den wesentlichen Kompetenzen erfolgreicher Führungskräfte: „What makes a great manager?" Die Verantwortlichen befragten Mitarbeiter, untersuchten Performance Ratings und konnten zehn Verhaltensweisen identifizieren, die allen besonders erfolgreichen Führungskräften gemein waren. Nachfolgend finden Sie diese Verhaltensweisen [8]. Ich finde, sie bieten uns jene Tiefe, die wir brauchen, um unser Führungsverhalten zu ändern. Als zusätzliche Hilfestellung habe ich die Ergebnisse der Studie mit persönlichen Erfahrungen und Tipps ergänzt – damit sollte es uns allen möglich sein, heute noch das eine oder andere anzugehen.

1. *A great manager is a good coach.* Die Ergebnisse der Google-Studie decken sich hier mit deutschsprachigen Studien: Über 50 % wünschen sich eine Führungskraft als Coach [9]. Ein Wunsch, dem wir als Führungskraft nicht ganz einfach nachkommen können. Im klassischen Verständnis eines Coaches liegt seine zentrale Aufgabe darin, den Mitarbeiter vom Problem zur Lösung zu führen. Damit ist nicht gemeint, ihm die Lösung auf den Tisch zu legen. Vielmehr versteht sich ein Coach als Begleiter, der mit der Überzeugung, dass der Mitarbeiter auch die Lösung selbst mitbringt, versucht zu unterstützen, Impulse zu geben und für einen Dialog zur Verfügung zu stehen. Das kostet Zeit, erfordert Ressourcen und kann uns als Führungskraft permanent in einen Zielkonflikt drängen, der zwischen dem raschen Liefern von Ergebnissen und dem zeitaufwendigen, bedingt steuerbaren Empowerment von Mitarbeitern pendelt. Ein für alle Mal gelöst werden kann dieser Konflikt nicht – es bleibt wohl oder übel beim ständigen Ausbalancieren dieser beiden Kräfte.

> **Praxistipp: Was wir als Führungskraft tun können**
> - Skills in der Moderation und Gesprächsführung – lassen Sie uns diese permanent weiterentwickeln!
> - Kenntnisse und Fertigkeiten in der Anwendung neuer Instrumente – holen wir uns hier auch Inspiration bei unseren Mitarbeitern!
> - die Offenheit Neues ausprobieren – und dabei die Fähigkeit weiterzuentwickeln, Dinge zu bewerten, zu etablieren oder auch zu verwerfen!

2. *A great manager empowers teams and does not micromanage.* Mit der Corona-Pandemie wurde diese Kompetenz von einem Tag auf den anderen auf den Prüfstand gestellt: die gesamte Belegschaft im Homeoffice und Führungskräfte, die plötzlich darauf vertrauen mussten, dass die Mitarbeiter auch leistungsbereit waren. Wir alle kennen die Geschichten von Teams, die in dieser Zeit über sich hinauswuchsen, aber auch jene, in denen Führungskräfte panisch und Mitarbeiter lethargisch wurden. Viel zu oft vergessen wir als Führungskräfte, dass wir Experten eingestellt haben! Wir investieren häufig sogar sehr viel Geld darin, sie zu finden, sie ins Unternehmen zu integrieren und dann auch zu behalten. Warum in aller Welt tun wir das, wenn wir ihnen dann wieder sagen, wie und was sie zu tun haben? Selbstverständlich braucht es auch Mitarbeiter, die bereit sind, Verantwortung zu übernehmen. In den meisten Fällen allerdings scheitert es an den Führungskräften. Dem Großteil der

Führungskräfte (über 70 %!) fällt es noch immer schwer, Verantwortung und damit auch Macht abzugeben [10].

> **Praxistipp: Was wir als Führungskraft tun können**
> - Schaffen wir eine Arbeitsumgebung, die Autonomie möglich macht. Führen wir beispielsweise offene Ziele-Dialoge, in denen unsere Mitarbeiter als Experten über die Ziele bestimmen. Anstelle selbst über Ziele zu bestimmen, kann es unsere Aufgabe sein, darüber zu entscheiden, ob diese Ziele in den strategischen Kontext passen.
> - Einigen wir uns mit unseren Mitarbeitern auf gemeinsame Ziele, aber überlassen wir ihnen das Wie.
> - Achten wir beim Delegieren darauf, dass wir Selbstwirksamkeit unserer Mitarbeiter möglich machen. Fragen wir uns: Bringt der Mitarbeiter das Knowhow und die Kompetenzen mit, die Verantwortung für diese Aufgabe zu übernehmen? Versteht er den Sinn und Zweck dieser? Was braucht er, um sich im Zweifel auszuprobieren?
> - Stehen wir als Sparring-Partner zur Verfügung: Zeigen wir uns offen für Fragen und Diskussionen und übernehmen wir die Verantwortung dafür, optimale Rahmenbedingungen zu schaffen.

3. *A great manager creates an inclusive team environment and shows concern for success and wellbeing.* Fallen wir als Führungskräfte in alte Muster und tendieren wir dazu, unseren Mitarbeitern die Bereitschaft abzusprechen, ihr Bestes zu geben, dann sollten wir uns hin und wieder an Douglas McGregor erinnern [11]: Er präsentierte bereits in den 1960er-Jahren das Menschenbild Y, das davon ausgeht, dass der Mensch von Natur aus motiviert und leistungsbereit ist. Auf seinem Menschenbild fußt ein Großteil der modernen Motivationsforschung. Demnach ist es nicht so, dass wir Leistungsunwilligkeit oder Bequemlichkeit unserer Mitarbeiter unterstützen, wenn wir Rücksicht auf ihre Bedürfnisse nehmen. Im Gegenteil: Wir forcieren ihre intrinsische Motivation, indem wir Selbstwirksamkeit möglich machen und erhalten Loyalität obendrein.

> **Praxistipp: Was wir als Führungskraft tun können**
> - Zeigen wir wirkliches Interesse am Wohlbefinden und der Gesundheit unserer Mitarbeiter.
> - Berücksichtigen wir die persönlichen Lebenssituationen unserer Mitarbeiter bei der Delegation von Aufgaben. Ein Mitarbeiter mit drei Kleinkindern im Homeoffice kann nicht noch mehr Höchstleistung erbringen! Er ist ja schon Höchstleister!

> - Sorgen wir für Meinungsvielfalt, unterstützen wir kontroverse Diskussionen und sorgen wir so für Multiperspektiven. Wir wissen heute nicht mehr, aus welcher Ecke morgen die nächste bahnbrechende Idee kommt! Vergessen wir dabei aber trotzdem nicht, einen gemeinsamen Konsens zu erarbeiten. Lassen wir das Team reifen!

4. *A great manager is productive and result-oriented.* Diesem Punkt können wir wohl als Führungskraft getrost zustimmen. Produktivität und Ergebnisorientierung sehe ich als kleinsten gemeinsamen Nenner, den jede Führungskraft – egal ob traditioneller oder moderner Gesinnung – für sich beanspruchen sollte.

5. *A great manager is a good communicator – listens and shares information.* Aus systemtheoretischer Sicht besteht eine Organisation aus Kommunikation – aus einem System von Information, Mitteilung und Verstehen. In diesem System kommt dem Menschen die wesentliche Aufgabe zu, diese Information zu verstehen und weiterzutragen. Gelingt diese Aufgabe, gibt es die Organisation. Gelingt sie nicht, hört die Organisation auf zu existieren. „Denn was nicht in die Kommunikation kommt, gibt es in der Organisation nicht [12]." Wirkt dieser systemtheoretische Blick auf Organisationen womöglich abstrakt, hilft er doch zu verstehen, wie wichtig Kommunikationskompetenz für uns Führungskräfte ist. Hier ist kein Platz für einen Workaround: Als Führungskräfte müssen wir die Skills der Kommunikation beherrschen.

> **Praxistipp: Was wir als Führungskraft tun können**
> - Üben wir konstruktive Gesprächsführung, experimentieren wir mit sprachlichen Interventionen, schulen wir unsere Fähigkeit zu- und hinzuhören und sind wir uns dessen bewusst, dass jegliche Kommunikation eine Wirkung hat. Bringen wir sie deshalb zielgerichtet zum Einsatz. Das heißt: Achten wir darauf, dass sie unserem Gegenüber zum Nutzen ist.
> - Bitten wir Kollegen, unser Kommunikationsverhalten gegenseitig zu reflektieren. Lernen wir voneinander! Brechen wir hier Barrieren und tauschen wir uns nicht nur mit hierarchisch gleichgestellten Kollegen, sondern auch mit Mitarbeitern und Vorgesetzten aus.
> - Achten wir auf unsere Gesprächspartner und verstehen wir ihre Reaktionen als Feedback für unser Kommunikationsverhalten. Fragen wir nach, verifizieren wir Reaktionen, wenden wir Gelerntes an und reflektieren wir unser Verhalten erneut.

6. *A great manager supports career development and discusses performance.* Unterstützen wir unsere Mitarbeiter persönlich und in ihrem beruflichen Werdegang!

> **Praxistipp: Was wir als Führungskraft tun können**
> - Bewusstes Delegieren von Aufgaben, das Selbstwirksamkeit und Wachstum ermöglicht,
> - Bereitstellen von Freiräumen, in denen Neues ausprobiert werden kann inklusive einer entsprechenden Begleitung,
> - Anbieten von Job-Rotations innerhalb des eigenen Unternehmens, aber auch darüber hinaus – zum Beispiel durch Praktika oder Projektarbeiten in Partnerunternehmen oder Konkurrenten. (Ja, Sie haben richtig gelesen. Ich empfehle Führungskräften auch, ihre Mitarbeiter zu Konkurrenten gehen zu lassen – wenn es der Karriere des Mitarbeiters dienlich ist.)
> - Konsequente Begleitung und Förderung der Weiterentwicklung meiner Mitarbeiter. Stellen wir die Entwicklung unserer Mitarbeiter und nicht deren unmittelbaren Nutzen für das Unternehmen in den Fokus unserer Unterstützung und staunen wir darüber, wie anziehend zufriedene, hochqualifizierte Mitarbeiter für ihresgleichen sind.

7. *A great manager has a clear vision and strategy for the team.* Auch die großen Unternehmensvisionen brauchen eine Übersetzung für das Team. Das meint zum einen ein Festmachen dessen, wie wir als Team zur Unternehmensvision beitragen können als auch ein gemeinsames Verständnis zur Zusammenarbeit, zum Umgang miteinander und zu Spielregeln und Leitplanken im Team. Das Rollenverständnis der Führungskraft bzw. die Erwartungen an die Führungskraft sind ein wesentlicher Teil davon.

> **Praxistipp: Was wir als Führungskraft tun können**
> - Nehmen wir uns Zeit für Visions- und Strategiearbeit gemeinsam mit dem Team und starten wir einen vertrauensvollen und offenen Dialog, der auch einen Impact auf die Unternehmenskultur haben wird.
> - Machen wir unsere Team- oder Führungsvision sichtbar, strapazieren wir sie, diskutieren wir ihre Wirkung und ihre Konsequenzen immer wieder im Team.
> - Kalibrieren wir uns an unserer eigenen Vision. Etablieren wir ein Format, das in regelmäßigen Abständen unserer Vision und unserer Strategie dient.

8. *A great manager has key technical skills to help advise the team.* Aus meiner Sicht zahlt dieser Punkt auf Googles Natur als Tech-Unternehmen ein. In ausgewählten Branchen – und die IT-Branche zählt sicherlich zu diesen – kann spezifisches, inhaltliches Expertenwissen noch immer sehr förderlich für Führungskräfte sein. Meiner Erfahrung nach wird diese Anforderung auch zumeist gut erfüllt. Defizite sind meist in der Übernahme klassischer (Mitarbeiter-)Führungsaufgaben zu erkennen, denn auch ein fachlicher Experte hat neben seiner Rolle als fachliche Führungskraft jene eines Leaders zu erfüllen.

> **Praxistipp: Was wir als Führungskraft tun können**
> - Wenn wir als Fachexperten eine Leadership-Rolle übernehmen, sollten wir darauf achten, unser Verhalten als Leader bewusst zu reflektieren und unsere Kompetenzen gezielt weiterzuentwickeln. Holen wir uns dazu Unterstützung von Mentoren oder Coaches und bemühen wir uns um eine professionelle Führungskräfte-Aus- und Weiterbildung.
> - Erstellen wir eine Führungsvision. Machen wir uns gezielt Gedanken darüber, wie wir als Führungskraft wirken möchten und halten wir unsere Vision fest. Auf inhaltlicher Seite gehen uns diese visionären Ideen bestimmt leicht von der Hand – auf Seite des Leaderships womöglich weniger. Ein guter Grund, bewusst daran zu arbeiten. (Dieser Nordstern ist wichtig – allerdings adaptiv! Orientieren Sie sich daran, aber seien Sie auch mutig, ihn anzupassen, wenn sich die Rahmenbedingungen ändern. Mehr zum Thema Vision lesen Sie auch in Abschn. 2.2.)

9. *A great manager collaborates across Google.* Als Führungskräfte ist es unsere Aufgabe, im Unternehmen Sprecher für unser Team zu sein – nicht nur um Interessen zu vertreten, sondern auch um Erfolge zu kommunizieren und Sichtbarkeit zu generieren.

> **Praxistipp: Was wir als Führungskraft tun können**
> - Sorgen wir dafür, dass Erfolge unseres Teams bekannt werden! Während es Misserfolge allein an die Oberfläche schaffen, braucht es für Erfolge Ambassadoren!
> - Setzen wir uns für team- und abteilungsübergreifende Projekte ein. Sie schaffen Sichtbarkeit und eine optimale Lernumgebung.
> - So brechen wir Silos auf, schaffen wir Durchlässigkeit und sorgen gleichzeitig für eine transparente Unternehmenskultur.

10. *A great manager is a strong decision maker.* Ausstehende Entscheidungen zählen zu den größten Hemmnissen von Leistungsfähigkeit. Als Führungskräfte muss es uns ein Anliegen sein, Arbeitsbedingungen zu schaffen, die unsere Mitarbeiter maximal leistungs- und entscheidungsfähig machen. Sind unsere Mitarbeiter nicht in der Lage, Entscheidungen allein zu treffen, ist es unsere Aufgabe, mit ihnen gemeinsam nach passenden Lösungen zu suchen oder sie im Zweifel zu treffen. Verabsäumen wir diese Pflicht, schmälern wir die Leistungsfähigkeit unserer Mitarbeiter entscheidend.

> **Praxistipp: Was wir als Führungskraft tun können**
> - Entscheidungslisten unterstützen Konsequenz und Transparenz. Lassen wir nicht zu, dass Entscheidungen offen bleiben und Mitarbeiter aufgehalten werden, weil wir darauf vergessen oder uns davor scheuen, Entscheidungen zu treffen. Die agile Welt bietet hier gute Anregungen – zum Beispiel das Impediment Chart aus Scrum oder die im sogenannten Regelwerk zusammengefassten Vereinbarungen für die Arbeit mit einem Kanban Board.
> - Können Entscheidungen nicht getroffen werden, sollten wir unserem Team helfen, nach dem zu suchen, was wir trotzdem tun können. Schaffen wir mithilfe des Einsatzes von Hypothesen oder Experimenten gemeinsam Lösungsszenarien, fragen wir nach dem, was wir eigenverantwortlich vorantreiben können oder holen wir uns zusätzliche Expertise, um hier weiterzukommen.

> **DEEP DIVE: Führungszeit**
> Was verstehen Sie unter Führungszeit? Denken Sie dabei an jenen Anteil Ihrer Arbeitszeit, den Sie explizit für Führungsaufgaben verwenden? Also an den Dialog mit Ihren Mitarbeitern, an die Moderation von Konflikten oder das Beobachten, Reflektieren und Steuern der Zusammenarbeit in Ihrem Team? Wie viel Zeit investieren Sie täglich in diese Aufgaben?
> Durchschnittlich investieren wir Führungskräfte nur wenige Minuten in die persönliche Betreuung und Weiterentwicklung ihrer Mitarbeiter. In mehr als der Hälfte unserer Zeit sind wir mit operativen Managementaufgaben und dem Erledigen von Fach- und Sachaufgaben beschäftigt [13]. Ist das bei Ihnen auch so?
>
> **Auch Selbstführung ist Führungszeit**
> Wie auch immer dieses Verhältnis bei uns allen aussehen mag, wirklich interessant finde ich es, dass bei all diesen Arbeitszeiterhebungen die für mich maßgeblichste Führungsaufgabe unberücksichtigt bleibt: nämlich die Selbstführung! Wie viel Zeit verbringen wir als Führungskraft mit dem Reflektieren

unseres eigenen Führungsverhaltens? Arbeiten wir an einer persönlichen Führungsvision? Und richten wir uns immer wieder danach aus?

Natürlich sind wir als Führungskräfte angehalten, einen aufmerksamen Blick auf unsere Mitarbeiter zu richten. Selbstverständlich braucht es die Zeit, die Zusammenarbeit im Team zu reflektieren und die Rahmenbedingungen dafür zu schaffen. Schenken wir bei alledem uns selbst und unserem Verhalten jedoch keinen Raum und keine Zeit, werden wir all diese Aufgaben nicht in der Qualität ausüben können, zu der wir in der Lage wären. Deshalb: Führungszeit muss auch Selbstreflexion bedeuten! Und diese braucht Stille – eine Tatsache, an die mich auch Bodo Janssen in unserem Interview wieder erinnerte (das Interview finden Sie in Kap. 4).

Das wäre schön, denken jetzt vielleicht einige von Ihnen. Nur in den seltensten Fällen finden Führungskräfte Rahmenbedingungen vor, die ihnen Raum und Zeit zum Nachdenken geben. Dazu möchte ich Ihnen eine ermutigende Geschichte erzählen.

Als ich mit meinen Teilnehmern in einem meiner Change-Management-Seminare das Thema Führungszeit diskutierte, meldete sich plötzlich ein Teilnehmer zu Wort: „Ich war schon einmal in einem Seminar von Ihnen", sagte er. „Damals haben Sie mich dazu aufgefordert, mir einen Slot für ‚Führungszeit' in meinen Kalender zu setzen. Und für diesen zu kämpfen! Ich war damals nicht sehr hoffnungsvoll, Ihren Tipp auch wirklich umsetzen zu können, aber probierte es trotzdem. Ersteres war es die einfachere Aufgabe – zwar hielt ich auch das Setzen eines regelmäßigen, zusätzlichen Termins in meinem übervollen Kalender anfangs für unmöglich, doch schon bald erinnerten mich violett markierte Zeitslots von 30 min dreimal wöchentlich an meine Pflicht, Führungszeit in Anspruch zu nehmen. Das war aber nur die halbe Miete. Diese Zeit zu verteidigen, das war wirklich herausfordernd! Es schien, als würden sämtliche wichtige Termine an diesen violetten Slots scheitern. Nicht nur einmal wurde ich vorsichtig aufgefordert, diesen Termin gelegentlich wohl auch ausfallen lassen zu können. Auch die Frage, ob es sich dabei nicht um einen privaten Termin handle, kam mehrmals. Ich habe es durchgezogen! Und heute, ein Jahr nach diesem Seminar? Heute hat selbst der Vorstand violett markierte Termine in seinem Kalender. Die Wirkung meiner Führungszeit dürfte wohl nach außen sichtbar gewesen sein".

**Selbstführung können wir nicht delegieren!**

Als Führungskräfte ist es unsere Pflicht, uns Führungszeit – also diesen Raum zum Denken und Reflektieren – zu verschaffen. Führung ist Höchstleistung und kann weder ausschließlich intuitiv noch im Vorbeigehen wahrgenommen werden. Führung müssen wir trainieren! So wie ein Fußballteam sein eigenes Spielverhalten analysiert und daraus lernt, müssen auch wir immer wieder den Blick auf uns selbst richten, uns selbst reflektieren und kalibrieren. Den dafür notwendigen Raum werden wir in den seltensten Fällen haben – wir müssen ihn uns nehmen – und verteidigen! Fangen Sie am besten heute damit an. Setzen Sie sich fixe Termine für Führungszeit in Ihrem Kalender!

# 1 Die Rolle der Führungskraft

**LEADERSHIP TIP TO TAKE AWAY: Selbstreflexion mit dem Managerial Grid nach Robert R. Blake und Jane Mouton [14]**

Wir haben es in diesem Kapitel bereits angesprochen: Häufig bewegen wir uns als Führungskräfte in dem Spannungsfeld zwischen Sach- und Menschenorientierung. Zeigen wir unseren Mitarbeitern die klare Kante, weil wir die Systemumstellung jetzt einfach durchführen müssen? Oder verschieben wir Ziele oder adaptieren wir Kennzahlen, weil es den Mitarbeitern momentan gerade nicht möglich ist, diese Leistung zu erbringen?

So wie für Sportler beispielsweise die Kombination aus Grundlagen- und High-Intensity-Training zum besten Gesamtergebnis führt, müssen auch wir Führungskräfte in der Lage sein, beides zu tun. Eine Post-Merger-Integration erfordert andere Schwerpunkte als eine weltweite Pandemie, in der alle Mitarbeiter unvorbereitet ins Homeoffice geschickt werden. Ein Gefühl dafür zu entwickeln, ob die Herausforderung mehr Sach- oder Menschenorientierung erfordert, kann und soll trainiert werden. Bewusstes Training ist vor allem deshalb wichtig, weil jeder von uns in seinem Führungsverhalten zu einer der beiden Orientierungen tendiert. Der Managerial Grid von Robert R. Blake und Jane Mouton ist ein sehr bewährtes und aus meiner Sicht nach wie vor brauchbares Tool zur Selbstreflexion und Erkenntnis darüber, ob wir unbewusst zur Sach- oder Menschenzentrierung neigen.

*Vorgehen:*

1. Nehmen Sie sich den Raster (= Grid) zu Hilfe. Auf der X-Achse befindet sich die Aufgaben- bzw. Sachorientierung (sach-rational), auf der Y-Achse die Mitarbeiter- bzw. Menschenorientierung (sozio-emotional). Stellen Sie sich nun konkrete Führungssituationen aus Ihrem Führungsalltag vor und beantworten Sie die Reflexionsfragen. (Mit dem QR-Code gelangen Sie zu den Fragen.)
2. Ermitteln Sie Ihren Score für Menschen- und Sachorientierung. (Mit dem QR-Code gelangen Sie zur Anleitung.)
3. Tragen Sie Ihre beiden Werte in der Matrix ein: Ziehen Sie dafür eine horizontale Linie auf der Höhe des ermittelten Wertes für Menschenorientierung (Haben Sie zum Beispiel den Wert 5,5, ziehen Sie ausgehend vom Punkt 5,5 auf der y-Achse einen horizontalen Strich nach rechts). Für die Sachorientierung ziehen Sie einen vertikalen Strich – ausgehend vom ermittelten Wert für Sachorientierung auf der x-Achse (In Abb. 1.1 ist der ermittelte Wert für die Sachorientierung 7).
4. In welchem der vier Quadrate befindet sich Ihr Schnittpunkt? Er gibt Hinweis auf Ihren Führungsstil.

> *Auswertung:*
> Aus der Kombination von Sach- und Mitarbeiterorientierung ergeben sich laut Blake und Mouton bestimmte Verhaltensmuster, die einem bestimmten Führungsstil zugeschrieben werden können. Die nachfolgend dargestellten Stile sind extreme Ausprägungen. Sind sie wohl auch kaum in ihrer Reinform zu finden, zeigen Führungskräfte, die sich in den jeweiligen Quadranten wiederfinden, die diesem Stil zugeschriebenen Verhaltensmuster häufiger [15].
> - *Typ 9,9 – Team Management.* Mitarbeiter arbeiten engagiert an den gemeinsamen Zielen. Die Beziehung zwischen Mitarbeitern und Führungskraft ist durch Vertrauen und Respekt gekennzeichnet.
> - *Typ 9,1 – Authority-Compliance-Management.* Leistung wird durch starre Vorgaben und enge Kontrolle erreicht. Klassischerweise wird diese Art der Führung bei Akkordarbeiten eingesetzt. Es besteht ein eindeutiger Fokus auf Arbeitsergebnisse, die Bedürfnisse der Mitarbeiter treten ganz klar in den Hintergrund.

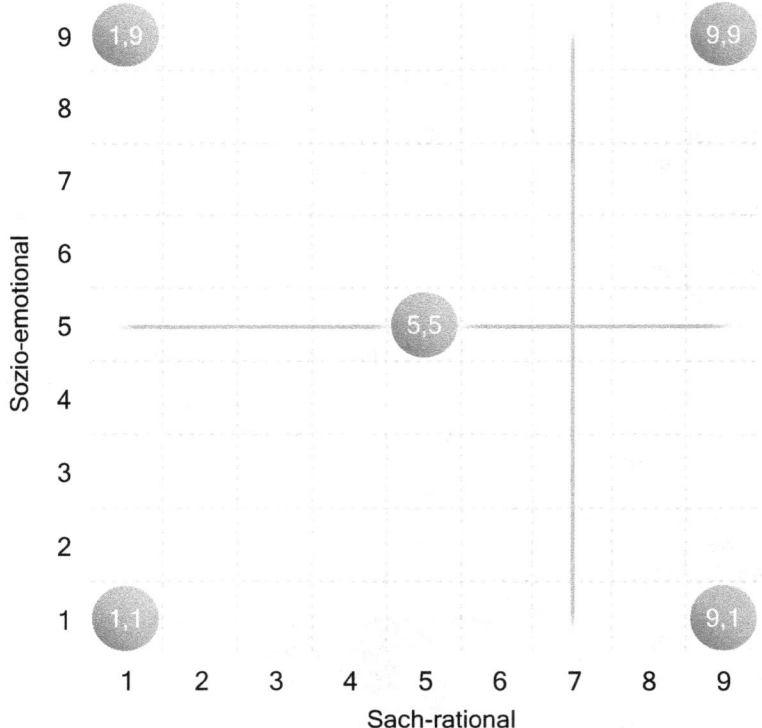

**Abb. 1.1** Managerial Grid nach Robert R. Blake und Jane Mouton (Quelle: Eigene Darstellung (angelehnt an Blake, Robert. Mouton, Jane (1964) The Managerial Grid: The Key to Leadership Excellence. Gulf Publishing, Houston.))

- *Typ 1,1 – Impoverished Management.* Minimale Einflussnahme durch die Führungskraft: Es wird weder auf die Sach- noch die Mitarbeiterebene bewusst gesteuert. Eine Ausprägung dieses Führungsstils ist eine minimale Arbeitsleistung.
- *Typ 1,9 – Country Club Management.* Im Zentrum dieses Führungsstils liegt die gute Beziehung zu den Mitarbeitern bzw. das angenehme Betriebsklima – zumeist auf Kosten einer intensiven Auseinandersetzung mit den Zielen. Häufige Ausprägungen dieses Stils sind ein geringes Arbeitstempo und mittelmäßige Arbeitsergebnisse.

Als Ergänzung zu diesen vier Führungsstilen findet sich in der Mitte des Rasters der *5/5-Führungsstil: Middle of the Road.* Wie es der Name verrät, versucht die Führungskraft mit dieser Kompromisslösung beide Orientierungen auszubalancieren. Ein grundsätzlich guter Weg, der häufig zu motivierten Mitarbeitern führt – Höchstleistung aber außen vorlässt.

Anmerkung: Die Praxis zeigt, dass eine Umsetzung des hier favorisierten Modells (Typ 9,9) nicht immer möglich ist. Sehr häufig stehen konträr arbeitende, etablierte Unternehmenskulturen im Weg. In anderen Fällen ist der wirtschaftliche Druck extrem hoch. Anstatt einem Führungsstil nachzueifern, kann die eigene Positionierung als Ausgangspunkt für eine Weiterentwicklung verstanden werden. Fragen Sie sich: Welche Vor- und Nachteile ergeben sich durch meine Art zu führen? Auf sachlicher Ebene? Auf menschlicher Ebene? Wie würde es sich auswirken, wenn ich sach- oder menschenorientierter wäre? Was kann ich tun, um das zu erreichen? Was würde ich verändern?

**Summary**

„The key to an organizations growth has always been and will always be the workforce [3]." Dieses Fazit einer aktuellen Arbeitsmarktstudie sollte uns als Führungskräfte einmal mehr dazu veranlassen, genau zu- und hinzuhören, was Mitarbeiter von uns brauchen. Nicht nur, weil wir nur eine Führungskraft sein können, wenn uns Mitarbeiter folgen – und dafür brauchen wir die Freiwilligkeit dieser – sondern auch, weil wir die Herausforderungen unserer gegenwärtigen und zukünftigen Welt nur bewältigen können, wenn jeder Einzelne seine Fähigkeiten einbringen kann und auch einbringen möchte. Diese Wirksamkeit sicherzustellen und die intrinsische Motivation unserer Mitarbeiter und Kollegen zu unterstützen, sollte uns als Führungskraft ein zentrales Anliegen sein – weniger um moralischen Ansprüchen zu genügen, sondern um unserer Bestimmung, für wirtschaftlichen Erfolg unserer Organisation zu sorgen, nachkommen zu können.

# Weiterführende Literatur und Anmerkungen

1. Hays AG Hrsg. (2022) HR-Report 2022. Organisationen unter Druck. Zu wenig Zeit, Geld, Personal – wie die Pandemie den Kampf um knappe Ressourcen beeinflusst. S. 23, https://www.hays.de/documents/10192/118775/Hays_Studie-HR-Report-2022.pdf. Aufgerufen am 04.05.2022.
2. Frederick W. Taylor gilt als der Begründer des Scientific Management. Diese Managementtheorie gründet auf der Idee, dass Arbeit ausschließlich wissenschaftlich zu organisieren sei, um Produktivitätssteigerung und damit mehr Wohlstand für alle Beteiligten zu erreichen. Diesem Ansatz zugrunde lag ein Menschenbild, das dem Menschen keinerlei intrinsische Motivation zugestand.
3. Gallup Inc. Hrsg (2017) State of the American Workplace. S. 7, https://www.gallup.com/file/workplace/238085/Gallup_State_of_the_American_Workplace_Report.pdf. Aufgerufen am 04.05.2022.
4. Hays AG Hrsg. (2022) HR-Report 2022. Organisationen unter Druck. Zu wenig Zeit, Geld, Personal – wie die Pandemie den Kampf um knappe Ressourcen beeinflusst. S. 22, https://www.hays.de/documents/10192/118775/Hays_Studie-HR-Report-2022.pdf. Aufgerufen am 04.05.2022.
5. New Work SE (2018) Forsa-Umfrage: Personalsuche zieht sich deutlich in die Länge. https://www.new-work.se/de/newsroom/pressemitteilungen/forsa-umfrage-personalsuche-zieht-sich-deutlich-in-die-laenge. Aufgerufen am 04.05.2022.
6. Hays AG Hrsg. (2022) HR-Report 2022. Organisationen unter Druck. Zu wenig Zeit, Geld, Personal – wie die Pandemie den Kampf um knappe Ressourcen beeinflusst. S. 24, https://www.hays.de/documents/10192/118775/Hays_Studie-HR-Report-2022.pdf. Aufgerufen am 04.05.2022.
7. Re:Work. Introduction. https://rework.withgoogle.com/guides/managers-identify-what-makes-a-great-manager/steps/introduction/. Aufgerufen am 06.05.2022.
8. Re:Work. Learn about Google's manager research. https://rework.withgoogle.com/guides/managers-identify-what-makes-a-great-manager/steps/introduction/. Aufgerufen am 06.05.2022.
9. Hays AG Hrsg. (2022) HR-Report 2022. Organisationen unter Druck. Zu wenig Zeit, Geld, Personal – wie die Pandemie den Kampf um knappe Ressourcen beeinflusst. S. 28, https://www.hays.de/documents/10192/118775/Hays_Studie-HR-Report-2022.pdf. Aufgerufen am 04.05.2022.
10. Hays AG Hrsg. (2022) HR-Report 2022. Organisationen unter Druck. Zu wenig Zeit, Geld, Personal – wie die Pandemie den Kampf um knappe Ressourcen beeinflusst. S. 20, https://www.hays.de/documents/10192/118775/Hays_Studie-HR-Report-2022.pdf. Aufgerufen am 04.05.2022.
11. Douglas McGregor war Professor für Management am MIT. Viele seiner Theorien waren grundlegend für moderne Managementansätze. Eine dieser

Theorien ist seine Theorie X und Y, die das Verhältnis des Menschen zur Arbeit in ein revolutionär neues Licht rückte.
12. Simon, Fritz B. (2009) Einführung in die systemische Organisationstheorie. 2. Auflage. Carl-Auer Verlag, Heidelberg. S. 41.
13. Penning Consulting & Forsa (2018) Führungsbarometer Teil 4: Führung. https://www.presseportal.de/download/document/497992-180627-f-hrungsbarometer-f-hrung.pdf. Aufgerufen am 11.05.2022.
14. Robert R. Blake und Jane Mouton waren zwei amerikanische Wirtschaftswissenschaftler. Gemeinsam entwickelten sie den Managerial Grid, ein Modell, das Sach- und Menschenorientierung in der Führung zusammenbringt und zur Illustration und Reflexion des eigenen Führungsverhaltens herangezogen werden kann.
15. Hecker, Stefanie (2011) Führung im Raster des Managerial Grid. In: Training Aktuell. April 11. S. 19–21. https://k-f-p.de/wp-content/uploads/2015/03/Konfliktmanagement-Buch.pdf. Aufgerufen am 10.05.2022.

# 2

# Welche Führungspersönlichkeit möchte ich sein?

*Als Führungskräfte brauchen wir eine klare Vorstellung von der Führungskraft, die wir gern sein möchten. Haben wir diese nicht, untergraben wir nicht nur unseren inneren Antrieb und unsere Motivation, wir lassen auch jede Menge Potenzial auf der Strecke.*

**Zur Führungskraft geboren?**
„Die Lotterie des Lebens." So titelte *Die Zeit* im Frühjahr 2022 ihre Coverstory, in der die Autoren die neuesten Erkenntnisse aus der sozialwissenschaftlichen Genetik vorstellten [1]. Als zentral für diese Disziplin wurden dabei die sogenannten GWAS (Genomweite Assoziationsstudien) vorgestellt. „Dabei suchen Forscher das Erbgut nach Genvarianten ab, die je nach Ausprägung einer bestimmten Eigenschaft häufiger oder seltener zu finden sind." Was der Laie damit beantwortet haben möchte, ist die Frage, ob ausgewählte Eigenschaften genetischen Ursprungs seien und wir so mit einer gewissen Grundausstattung an den Start des Lebens gehen oder ob es uns doch freistehe, alles aus uns zu machen, wenn wir nur entsprechend förderten und trainierten.

In der jüngsten Vergangenheit versprachen GWAS immer wieder bahnbrechende Erkenntnisse: Einmal glaubte man das „Sucht-Gen" und ein anderes Mal das „Aggressions-Gen" gefunden zu haben. Mittlerweile dämmert die Erkenntnis: Die meisten menschlichen Eigenschaften sind polygen, das heißt, ihr Auftreten ist durch das Zusammenwirken vieler Hunderter oder Tausender Gene bestimmt. Dennoch schlussfolgern die Wissenschaftler: Welche Kombinationen auch immer für unsere Eigenschaften verantwortlich sind, unser Erbgut bestimmt unser Leben mehr als bisher angenommen [1].

## 2.1 Führung als bewusste Entscheidung

Was bedeuten die Erkenntnisse der modernen Genforschung für das Thema Führen? Ist es uns damit in die Wiege gelegt, ob wir es zur Führungskraft schaffen? Und wenn ja, wissen unsere Gene bereits, welche Führungskraft wir werden?

Wie bei so vielen Erkenntnissen besteht auch hier die Gefahr, auf einer Seite des Pferdes runterzufallen. Grundsätzlich teile ich die Meinung, dass die eigene Prädisposition eine Rolle bei der Entwicklung der individuellen Leadership-Stile hat und auch haben darf! Wenn wir aufgrund unserer zugewandten und offenen Art gut darin sind, sehr persönliche Beziehungen aufzubauen, dann sollten wir dieses Potenzial nutzen. Wenn es uns leicht von der Hand geht, ermutigende, visionäre Worte zu finden, dann sollten wir regelmäßig vor unser Team treten und mit ihnen gemeinsam nach den Sternen greifen. Liegt unsere Stärke in unserer Strukturiertheit und Konsequenz, dann sollten wir uns diese Fähigkeit zunutze machen, um in krisendynamischen Zeiten für Ruhe zu sorgen. Zu welchen Fähigkeiten auch immer uns unser Genpool befähigt, wir sollten unsere Talente nutzen. Wir sollten unsere Rolle als Führungskraft mit unserer Persönlichkeit ausfüllen. Denn kaum etwas verleiht uns als Führungskraft so viel Souveränität wie Authentizität.

Auf der anderen Seite (des Pferdes) bin ich davon überzeugt, dass Führung eine bewusste Entscheidung ist, die ich jeden Tag neu treffe. Damit einher geht auch die Art und Weise meiner Führung: Ob ich meinem Mitarbeiter in genau diesem Moment aufmerksam zuhöre oder mich vom Bling der eingehenden Nachricht ablenken lasse. Ob ich es meinem Gegenüber ermögliche, den Gedanken zu Ende zu denken und ihn zu artikulieren – auch dann, wenn es dauert – oder ob ich meine Interpretation oder Lösungsvorschläge herausbelle. Ob ich die Verantwortung wirklich abgebe oder eine Hintertür offenlasse. Ob ich mir bei Misserfolgen des Teams eine wertende Bemerkung nicht verkneifen kann oder ermutigende Worte finde und das Lernpotenzial sehe und darüber spreche. All diese kleinen Entscheidungen geben jeden Tag aufs Neue eine Antwort auf die Frage, welche Führungskraft ich sein möchte.

Das ist anstrengend! Da haben Sie vollkommen recht. Diese Entscheidungen in jeder Situation erneut zu treffen, das kostet Energie. Und nicht nur das – häufig misslingt eine bewusste Entscheidung auch: Wir handeln unreflektiert, impulsiv und in einer Art und Weise, die weniger der Situation als unserem Ego, unserer Ungeduld oder unserem Autoritätsanspruch dienlich ist. Das tut niemandem gut, auch uns als Führungskräfte nicht. Im Gegenteil, es führt zu Unzufriedenheit, Zweifel und Belastung in unserem Berufsstand: Laut einer Studie der Bertelsmann Stiftung empfindet rund ein Viertel der Führungskräfte ihre Führungsverantwortung als Belastung – den eigenen Ansprüchen nicht gerecht zu werden, ist einer der maßgebenden belastenden Faktoren [2].

Die Vollblut-Führungskraft, die ihre Rolle intuitiv und mit Leichtigkeit wahrnimmt, bleibt also eine Randerscheinung. Für den Großteil von uns bleibt Führung eine bewusste Entscheidung. Eine Entscheidung für ein Mehr an Arbeit und Verantwortung. Ein Zusatzaufwand, der sich für die Organisation bezahlt machen muss – und für uns selbst. Beides ist möglich, wenn wir es visionär und selbstreflektiert angehen. Legen wir los!

## 2.2 Die Führungsvision

Welche Führungskraft möchten Sie sein? Eine gute? Das ist zu wenig! Denken Sie an große Führungspersönlichkeiten! Wer beeindruckt Sie? Wer inspiriert Sie?

Suchen Sie sich ein Vorbild! Vorbilder spornen uns an, sie motivieren uns, verschaffen uns in herausfordernden Zeiten Orientierung. Denken Sie an Barack Obama, an Kofi Annan oder jemand anderen, den Sie bewundern. Für mich persönlich war die Gelegenheit, Kofi Annan live zu erleben, sehr prägend. Voller Bewunderung denke ich heute noch an diese Diskussion, in der sich Annan als aufmerksamer Zuhörer präsentierte, der wirkliches Interesse hatte, die Argumente der anderen zu verstehen. Erst danach artikulierte er wortgewandt und wohlüberlegt seinen Punkt. Mit diesem Verhalten gelang es ihm nicht nur in dieser einen Diskussion, Parteien zueinander zu bringen und einen fruchtbaren Dialog zu forcieren, sondern auch in vielen anderen Diskussionen während seiner Zeit als UN-Generalsekretär. Annans Kompetenz ist mir nach wie vor ein leuchtender Nordstern, an dem ich mich immer wieder reflektiere und auszurichten versuche.

**Wir brauchen Vorbilder!**
Ich bin davon überzeugt: Als Führungskraft brauchen wir Vorbilder! Sie allein reichen allerdings nicht aus. Sie können unsere Inspiration, vielleicht auch unser Benchmark sein. Was wir darüber hinaus brauchen, sind unsere eigenen Ideen – unsere eigenen Visionen, die sich vielleicht an diesen Vorbildern orientieren. Wir brauchen nicht nur das Bild einer Person, die wir bewundern, wir brauchen auch unser eigenes. Ein Bild davon, wie wir als Führungskraft sein wollen. Unsere persönliche Vision! Haben wir diese

nicht, werden wir hauptsächlich reagieren und nicht proaktiv agieren. Das gilt vor allem dann, wenn es herausfordernd wird – und damit wird diese dynamische Welt nicht lange auf sich warten lassen. Fehlt uns diese Ausrichtung, werden wir in herausfordernden Zeiten in gewohnte Muster fallen. Davor bewahren kann uns kein Vorbild, dafür brauchen wir eine Vision. Einen Nordstern, der uns zu jeder Zeit mit unserem Ziel verankert und uns nicht auf die Probleme, sondern nach vorne blicken lässt.

Wie Visionen erarbeitet werden, das kennen Sie aus Ihren Organisationen. Sie wissen um die Bedeutung, nach den Sternen zu greifen und um die Notwendigkeit, den Charakter, die Stärken und Schwächen, die Kultur und Geschichte des Unternehmens mitzudenken. Ähnliches gilt für die Erstellung einer persönlichen Vision: Ihre Vision soll Sie anspornen und Sie herausfordern. So wie Sie Ihre Vision ermutigen soll, nach den Sternen zu greifen, so wichtig ist es auch, den Blick auf das Bestehende, das eigene Selbst, zu richten. Im Interview mit Bodo Janssen erklärte mir dieser, dass dieser Prozess viel Mut erfordere. Es sei nicht immer einfach, aber sehr wichtig, immer wieder auch unseren Schatten ins Gesicht zu sehen. Denn genauso entscheidend wie das Bild dessen, wer wir sein möchten, ist das Bild dessen, wer wir sind [3]. Am Ende des Tages hilft uns kein Luftschloss, sondern nur eine Vision, die wir in machbare Schritte zerlegen, um sich ihr zu nähern bzw. eine Vision, die wir mit unserer Persönlichkeit ausfüllen können. Erfüllt sie diese Voraussetzungen nicht, bleibt sie nichts als ein Traum, der seine Wirkung verfehlt.

**Hilfreiche Konzepte für Ihre Vision**
In Ihrer Vision geht es also darum, die eigene Führungsidee zu konkretisieren. Wie möchte ich als Führungskraft wahrgenommen werden? Wofür möchte ich stehen? Was sind absolute No-Gos? Welches Menschenbild liegt meinem Führungsstil zugrunde? Womit glaube ich, Mitarbeiter motivieren und zur Leistungsbereitschaft anregen zu können? Was möchte ich keinesfalls tun? Etablierte Führungsansätze können hier Unterstützung sein. Sie beruhen auf jahrelangen Forschungen und Beobachtungen und können als renommierte Quelle bei der Erstellung der eigenen Führungsvision dienen. Sie helfen uns zu verstehen, warum welches Verhalten zur jeweiligen Reaktion führen kann, bieten Identifikation und in einigen Fällen sogar konkrete Ideen, wie der jeweilige Führungsstil in der Praxis umgesetzt werden kann.

Nachfolgend möchte ich Ihnen zwei Führungskonzepte vorstellen, die ich für unsere dynamische Welt permanenter Veränderung als besonders hilfreich erachte. Sie basieren auf einem Menschenbild, das dem Menschen grundsätzliche Motivation und Leistungsbereitschaft einräumt und sie verstehen die Führungskräfte als Gestalter und Enabler und nicht als allwissende Commander.

## 2.3 Transformationale Führung

George Washington, Franklin D. Roosevelt und John F. Kennedy. Der US-amerikanische Politologe und Historiker James McGregor Burns untersuchte über mehrere Jahre die Biografien von Politikern und stellte dabei fest, dass jegliches Führungsverhalten zwei Kategorien zugeordnet werden kann. Transaktionale Führer erreichen Ziele durch Tauschgeschäfte: „Wenn ihr mich wählt, schaffe ich neue Jobs. Wenn ihr mich unterstützt, senke ich die Steuern." So ihre Logik. Umgelegt auf die Welt in unseren Organisationen – hier war es der Psychologe Bernhard Morris Bass, der Burns Ideen mit seinen Erfahrungen aus der Welt der Organisationen zusammenbrachte – kann das bedeuten: Bonuszahlungen für Zielerreichung. Beförderung für gute Ergebnisse. Sonderzahlungen für Überstunden. Transaktionale Leader orientieren sich an einem Menschenbild, in dem Leistung nur durch externe Motivation getriggert werden kann. Ohne diese Belohnung ist der Mensch tendenziell nicht leistungsbereit, so die Logik der transaktionalen Führung. Ihr Fokus ist der Status quo – visionäre Gedanken, hohe Ziele oder große Werte sind keine typischen Merkmale der Kommunikation dieses Führungsstils.

**Wo ein transaktionales Führungsverständnis zum Ziel führt**
Ich möchte entschieden davon Abstand nehmen, das Führungsleitbild des transaktionalen Leaders per se als unwirksam zu erklären. Es gab einen Kontext – und zum Teil ist dieser nach wie vor gegeben – in dem diese Art der Führung durchaus wirksam war und immer noch ist. In einer Arbeitsumgebung, die uns mit tendenziell einfachen oder maximal komplizierten (aber keinen komplexen) Aufgabenstellungen konfrontiert, kann ein transaktionaler Leader für hohe Leistungsfähigkeit und Effizienz sorgen. Wir kennen diese Arbeitsumgebung aus den Zeiten Frederick Taylors, finden sie aber auch heute noch in bestimmten Unternehmensbereichen, wie zum Beispiel im Vertrieb, Produktion oder Fertigung.

Warum wir allerdings heute mehr brauchen als ein transaktionales Führungsverständnis ist eine Konsequenz eines geänderten Kontextes, den wir heute häufig als VUCA bezeichnen. Das Akronym VUCA steht für vier Eigenschaften unserer Welt, die das Leben und Arbeiten in ihr maßgeblich bestimmen: volatile, uncertain, complex und ambiguous. VUCA zwingt uns Arbeitsweisen anzupassen, Geschäftsmodelle und eben auch unser Führungsverständnis zu überdenken. Denn dort, wo das Gesetz der großen Zahlen immer seltener gilt, brauchen wir Intuition, Kreativität, Kollaboration und Anpassungsfähigkeit, um die vorwiegend komplexen Aufgaben, die uns VUCA beschert, zu lösen [4]. (Mehr zum Thema VUCA finden Sie in Kap. 5.)

**VUCA fordert eine neue Art der Führung**
Ein Führungsleitbild, das diesem Kontext gerecht wird, ist jenes des transformationalen Leaders. Sein Zugang kann wie folgt zusammengefasst werden: „Transformational leaders help followers grow and develop into leaders by responding to individual followers' needs by empowering them and by aligning the objectives and goals of the individual followers, the leader, the group, and the larger organization [5]." Wo liegt hier der Unterschied zur transaktionalen Führungspersönlichkeit? Transformationale Führungspersönlichkeiten glauben daran, dass ihre Mitarbeiter und Kollegen grundsätzlich intrinsisch motiviert sind. Sie versuchen, diese intrinsische Motivation durch eine Vision, persönliche Beteiligung, Möglichkeit zur Selbstwirksamkeit, Vermittlung von Sinn und Vorbildwirkung zu aktivieren. Diesem Führungsstil zugrunde liegt ein Menschenbild, das dem Menschen Leistungsbereitschaft zugesteht. Es postuliert, dass Motivation von außen nicht notwendig und unter bestimmten Voraussetzungen sogar kontraproduktiv ist. Alles, was der Mensch braucht, um gute Arbeit leisten zu können, bringt er von Natur aus mit. Die Rolle der Führungskraft ist hier jene eines Möglichmachers – als Vorbild, Inspiration, Stimulation und Sparring-Partner. Die Ziele einer transformationalen Führungskraft sind es, das Potenzial ihrer Mitarbeiter abzurufen, Weiterentwicklung zu initiieren und damit letzten Endes Leistungssteigerung herbeizuführen.

**4 Verhaltensweisen transformationaler Führungspersönlichkeiten**
In Bass Theorie zeigt sich eine transformationale Führungspersönlichkeit vorrangig an vier Verhaltensweisen [5]:

- *Idealized Influence (Vorbildfunktion):* Der transformationale Leader beansprucht für sich die Aufgabe, Vorbild für die Mitarbeiter zu sein. „Walk the talk" gilt als Prämisse seines Tuns. Jegliches Verhalten muss mit seinen Werten, mit seinen Aussagen konsistent sein. Er verschafft sich

dadurch Glaubwürdigkeit und spornt auch seine Mitarbeiter zu hohen Standards und hoher Leistungsbereitschaft an.
- *Inspirational Motivation (inspirierende Motivation):* Die Welt zu etwas Besserem machen – das treibt den transformationalen Leader. Er glaubt an die Kraft einer Vision und erarbeitet diese nicht nur gemeinsam mit seinem Team, sondern auch für sich selbst. Sie ist es, die Sinnfragen beantwortet, weil sie den Beteiligten die Möglichkeit bietet, Teil von etwas Bedeutsamen zu sein. Die Aufgabe des transformational Leaders ist es, diese Vision selbst zu leben, sie lebendig zu halten (davon zu reden, sie immer wieder zu thematisieren), seinen Mitarbeitern ein Warum und Wofür zu bieten bzw. das eigene Verhalten und jenes seines Teams immer wieder daran auszurichten.
- *Intellectual Stimulation (intellektuelle Anregung):* Der transformationale Leader ist davon überzeugt, dass es das Wissen und die Beteilung aller braucht, um die gegenwärtigen Herausforderungen zu lösen. Er weiß, dass viele Augen mehr sehen, viele Ohren mehr hören, viele Hirne mehr denken und viele Münder sprechen mehr aus. Befreit von der Idee, Lösungen präsentieren zu müssen, sieht er sich viel mehr als jemand, der Probleme sehr wohl identifiziert, sie aber nicht selbst lösen muss. Vielmehr versucht er durch offene Diskussionen, die Möglichkeit der Beteiligung und Freiräume für Experimente, Lösungen herbeizuführen und Weiterentwicklung anzuregen. Eigene Verhaltensweisen und jene seines Teams hinterfragt er regelmäßig.
- *Individualized Consideration (individuelle Unterstützung):* Der transformationale Leader sieht sich als persönlicher Ansprechpartner für die Anliegen seiner Mitarbeiter. In der modernen Wirtschaftswelt sind die Grenzen zwischen Privatem und Beruflichen zunehmend verschwimmend – mit all seinen Vor- und Nachteilen sowohl für Organisationen als auch für Führungskräfte und Mitarbeiter. Der transformationale Leader reagiert darauf und versucht, den Menschen als Ganzes zu sehen: Er zeigt Interesse an der Gesundheit seiner Mitarbeiter, nimmt Rücksicht auf familiäre Situationen, bemüht sich, Potenziale zu erkennen, Weiterentwicklung zu unterstützen und nicht nur optimale Arbeitsbedingungen, sondern auch Möglichkeiten zum Wachstum und zu mehr Anstrengung zu bieten. Er zeigt sich bestrebt zuzuhören, eigenständiges Denken zuzulassen und Räume dafür zu bieten und als Feedbackgeber zur Verfügung zu stehen. Seine Mitarbeiter übernehmen Aufgaben autonom, als Führungskraft steht er unterstützend zur Seite.

**Auch die transformationale Führung hat einen Haken**
Der transformationale Führungsstil proklamiert ein idealistisches Bild einer Führungskraft, das vollumfänglich in der Praxis nicht umsetzbar sein wird. Zum einen gilt es sein eigenes Wachstumspotenzial richtig einzuschätzen und zum anderen befinden wir uns als Führungskräfte auch immer in einem Kontext – und dieser ist der Umsetzung dieses Führungsstils nicht immer zuträglich. Die Gefahr, an diesem hohen Ideal zu verzweifeln, ist also real. Die Chance, seinen Blick zu sehr auf sein eigenes Handeln und Wirken zu richten ebenfalls.

Anstatt sich dogmatisch an einem Führungsstil auszurichten, ist es ratsam, ihn als Inspiration, als Landkarte oder womöglich als Vision zu gebrauchen und ihn zur Kalibrierung des eigenen Verhaltens zu nutzen. Nachfolgende Fragen können uns dazu hilfreich sein:

- An welcher meiner Verhaltensweisen kann man transformationale Führung erkennen?
- Welcher dieser Verhaltensweisen fallen meinen Mitarbeitern auf?
- Welche dieser vier Verhaltensweisen fällt mir besonders schwer oder leicht?
- Was kann ich konkret tun, um mich hier dem Ideal zu nähern?
- Welche Verhaltensweisen wären in meinem Team wichtig?

## 2.4 Humble Leadership

Humble Leadership ist ein außergewöhnlicher und zugleich höchst interessanter Leadership-Ansatz der kalifornischen Organisationsentwickler Edgar und Peter Schein [6]. Edgar Schein ist Professor emeritus des MIT (Massachusetts Institute of Technology). Er gilt als einer der geistigen Väter der Organisationspsychologie und der Organisationsentwicklung. Gemeinsam mit seinem Sohn Peter Schein steht er für einen Führungsansatz, der die Beziehung zwischen der Führungskraft und den Mitarbeitern als kritischen Erfolgsfaktor für Führungserfolg und Leistung sieht.

Wichtig ist es hier zu erwähnen, dass dieser Führungsansatz sehr wohl im Kontext des Servant Leaderships zu verorten ist, „humble" in der Welt der Scheins aber weniger als „demütig", sondern vielmehr als „vorurteilslos" zu verstehen ist. In ihrem Verständnis kann Führung nur über persönliche Beziehungen wirken. „We (…) need a model of leadership that is more personal and cooperative, that changes relationships both inside organizations and between organizations and between organization members and their customers, clients, and patients. This model is Humble Leadership" [7]. Humble Leadership meint das Persönlichmachen von Beziehungen. In dieser Art von Beziehung, die Scheins nennen es „Level 2 relationship", drücke ich aus: „I convey that *I see you. This not necessarily I like you* or *I want to be friend with you* [8]." Vielmehr gehe es darum, durch eine bewusst gewählte Sprache, Haltung und Körpersprache seinem Gegenüber die Wahrnehmung seiner vollen Präsenz auszudrücken – und zwar nicht nur als Mitarbeiter und Kollege, sondern als Mensch: Ich nehme dich vorurteilslos wahr – in deiner Rolle, in der du hier im Arbeitskontext stehst, aber auch als Mensch und Individuum mit deinen persönlichen Bedürfnissen!

Während wir allesamt in der Lage sind, diese Art von Level-2-Beziehung im familiären oder freundschaftlichen Kontext entstehen zu lassen und zu kultivieren, tun wir uns im beruflichen Kontext äußerst schwer damit. Wir tendieren zum Polarisieren: Wir sind entweder sehr distanziert, förmlich und technisch oder entwickeln Freundschaften mit Arbeitskollegen. Wir kommunizieren über Anweisungen, OKRs oder Prozessbeschreibungen oder tauschen Privates und Intimes aus. Beide Extreme bedienen nicht das, was die Scheins als kooperative, vertrauensvolle und unterstützende Level-2-Beziehung verstehen.

Ob wir als Führungskräfte in der Lage sind, diese Art von Beziehung zu unseren Mitarbeitern aufzubauen, ist keine Frage des Charakters. Geht es nach den Begründern dieses Ansatzes, dann tragen wir alle dieses Potenzial in uns – bringen wir es doch in familiären Beziehungen tagtäglich zur Entfaltung. Humble Leadership ist daher keine Frage des Könnens, sondern vielmehr eine persönliche Entscheidung:

- Die Entscheidung, sich mit eigenen Vorurteilen auseinanderzusetzen (unconscious bias) und sich diese bewusst machen zu wollen.
- Die Entscheidung, durch eine bewusste Gesprächsführung und volle, uneingeschränkte Aufmerksamkeit sein Gegenüber zu entdecken und wirkliches Interesse zu vermitteln.
- Die Entscheidung, Neugierde für den Gesprächspartner zu entwickeln und stärker auf ihn einzugehen.

Dass uns der letzte Punkt immer wieder herausfordert, eigentlich aber gar nicht so schwer wäre, räumte Ed Schein in einem Interview ein: „Stellen Sie einfach ein paar Fragen: Wo wohnen Sie? Wie gefällt es Ihnen hier? So machen wir unsere Beziehungen persönlich. (…) Anschließender ist es einfach zusammenzuarbeiten, denn wenn ich Sie dann frage, was in Ihrem

Arbeitsbereich wirklich läuft, sagen Sie mir die Wahrheit [9]." So einfach? Ja – aber es braucht diesen bewussten Schritt.

Mehr zu Humble Leadership lesen Sie in Edgar und Peter Scheins gleichnamigen Buch (2018 erschienen mit Berret Koehler Publishers).

## 2.5 Echte Selbstreflexion – der erste große Schritt

Haben Sie es bemerkt? Die beiden vorgestellten Führungsansätze nehmen uns als Persönlichkeit in die Pflicht. Sie erlauben uns weder mit besonderem Charisma zu glänzen noch durch besonders konsequentes Command-and-Control oder externe Anreize Leistung zu erzeugen. Sowohl eine transformationale Führungskraft als auch eine, die den Humble-Leadership-Ansatz verfolgt, ist gefordert, ihre Rolle mit tiefster Überzeugung und Konsequenz auszuüben und sich selbst als „ganzer Mensch" einzubringen. Das ist in vielen Unternehmen noch sehr herausfordernd. Manchmal sind es besondere Lebensphasen, die für eine bestimmte Zeit bestimmte Bedürfnisse mit sich bringen. Da kann der „ganze Mensch" in einer Organisation schon für ziemliche Irritation sorgen! Janina Kugel, die ehemalige Personalvorständin der Siemens AG beschreibt in ihrem autobiografischen Buch „It's now" eine ihrer prägendsten Arbeitssituationen, als sie als frischgebackene Mutter von Zwillingen in einem Workshop mit mehrheitlich dunkel gekleideten Top-Managern kurzerhand verkünden musste: „Meine Herren, ich muss jetzt leider für einen Moment unterbrechen. Ich muss abpumpen [10]." Häufig bedarf es dieser außergewöhnlichen Situationen, um zu ersten kulturellen Veränderungen zu führen.

**Der „ganze Mensch" in unseren Unternehmen**
„Wenn wir so viel von dem, was uns ausmacht, hinter einer Maske verstecken, trennen wir uns auch von einem Großteil unserer Energie, Kreativität und Leidenschaft", sagt Frederic Laloux in einem Interview mit Egon Zehnder [11]. In seinem Buch „Reinventing Organizations" spricht er ausführlich über die Notwendigkeit, als „ganzer Mensch" am Arbeitsplatz existieren zu dürfen. In zahlreichen Unternehmen hat er beobachtet, welch „enorme Energie freigesetzt wird, wenn wir endlich unsere Maske fallen lassen und es wagen, ganz wir selbst zu sein" [12].

„Ganz wir selbst zu sein" bedeutet natürlich nicht, seinen Gefühlen und Bedürfnissen, seinem Individuum freien Lauf zu lassen. Wir alle wissen, wohin Fehlinterpretationen dieses Satzes führen: zu unkontrollierten Wutausbrüchen, zu unfairen Machenschaften oder zu einer egozentrierten Ellbogenkultur. „Ganz wir selbst sein" können wir dann, wenn wir wissen, wer wir sind. In traditionell hierarchisch organisierten Strukturen ist dieses Wissen bzw. diese Form des Selbstkontakts nicht so maßgeblich: Klare Strukturrahmen, detaillierte Arbeitsanweisungen, ein Command-and-Control-Führungsstil geben dort die notwendige Orientierung vor. In der modernen Arbeitswelt bröckelt dieser Rahmen immer mehr: Da wo durch Selbstorganisation und durch die Notwendigkeit der Kooperation und Kollaboration dieser klassische Orientierungsrahmen wegfällt und obendrein noch neuartige und komplexe Aufgaben zu bewältigen sind, wird nach reiferen und reflektierten Persönlichkeiten gefragt. Menschen, die um ihre Stärken und Schwächen wissen, dialog- und empathiefähig sind und Stabilität und Orientierung von sich aus mitbringen. Menschen, die wenig über sich selbst und ihre eigenen Bedürfnisse wissen, tun sich in dieser Arbeitswelt unheimlich schwer. Ihnen ist es beinahe unmöglich, sich gewinnbringend in eine selbstorganisierte Organisation einzugliedern und transparente Kommunikation zu leben.

Warum? Ein Blick in die Arbeitsprozesse unseres Gehirns liefert die Erklärung: Orientierungslosigkeit und Überforderung erzeugt Chaos in unserem Gehirn. Aus der modernen neurologischen Forschung wissen wir, dass in diesen Situationen die Amygdala, das Angstzentrum unseres Gehirns, äußerst zuverlässig und konsequent reagiert [13]. Räumen wir ihr uneingeschränkten Platz ein – und das tun wir, wenn wir unreflektiert in den Tag hineinleben – werden wir viel zu häufig jene Verhaltensweisen an den Tag legen, die uns die Amygdala vorgibt – nämlich Fight, Flight, Freeze. Mögen diese Impulse für das Überleben unserer Spezies essenziell sein, führen sie im Kontext einer modernen Arbeitswelt nicht zu jenen Verhaltensweisen, die diese Welt braucht. Ist unsere Amygdala in Alarmbereitschaft, können wir weder empathisch noch kreativ oder lernbereit sein. Dementsprechend schwer werden wir uns tun, Konflikte konstruktiv zu regeln, eine Experimentalkultur zu etablieren oder empathisch auf unsere Kollegen zu reagieren.

**Selbstreflexion und Empathie – ein untrennbares Paar**
Führung beginnt mit der Reflexion des eigenen Verhaltens. Sie muss uns helfen, die im Verborgenen liegenden Einflussfaktoren unseres Verhaltens mehr und mehr ans Licht zu bringen. Diese Verbundenheit mit den eigenen Bedürfnissen und mit dem eigenen Verhalten ist die Grundlage dafür, auch anderen gegenüber empathisch sein zu können. Empathisch zu sein heißt: Ich erkenne, wie es meinem Mitarbeiter oder Kollegen geht. Ich fühle mit

ihnen, ich halte ihre Bedürfnisse aus und versuche, ihnen soweit möglich nachzukommen. Empathie ist entscheidend, wenn ich Menschen einräumen möchte, als „ganzer Mensch" im Unternehmen Platz zu haben, um nicht nur ihr Pflichtgefühl, sondern auch ihre Leidenschaft, ihre Kreativität und ihre volle Leistungsfähigkeit in den Dienst der Organisation zu stellen.

> **LEADERSHIP TIP TO TAKE AWAY: Selbstreflexion mit dem Johari-Fenster [14]**
>
> Ist Ihnen das auch schon einmal passiert? Sie wollen helfen, bringen jede Menge guter Ratschläge und Ihre Kollegen beschreiben Sie als besserwisserisch? Oder Sie nehmen sich bewusst zurück, um nur ja nicht dominant zu wirken und erwecken dadurch einen introvertierten, fast schüchternen Eindruck? Zwischen unserer Selbstwahrnehmung und dessen, was unser Gegenüber von uns wahrnimmt, liegt zumeist ein gewaltiger Unterschied. Die beiden amerikanischen Sozialpsychologen Joseph Luft und Harry Ingham fanden heraus, dass Kommunikation und Zusammenarbeit dann am besten funktionieren, wenn beide Formen der Wahrnehmung möglichst viel Überschneidung haben. Damit stellten die beiden bereits in den 1960er-Jahren fest, was Laloux viele Jahre später in seinem Bestseller „Reinventing Organizations" wieder aufgriff. Könnten wir am Arbeitsplatz ein „ganzer Mensch" sein, verschwinde viel von dem, was Arbeitsplätze heute unangenehm und ineffizient mache, so Laloux. Er ist davon überzeugt, dass der Arbeitsplatz nicht nur ein Ort sein soll, wo wir ein solcher sein dürfen, sondern auch ein Ort sein kann, wo wir unsere Ganzheit wiederfinden können [15].
> Ein Tool, das uns dabei helfen kann, sowohl mehr über uns selbst zu erfahren als auch das Vertrauen und die Kommunikation in der Gruppe zu fördern, ist das in Abb. 2.1 dargestellte Johari-Fenster – benannt nach seinen beiden Schöpfern, Joseph Luft und Harry Ingham. Beim Johari-Fenster handelt es sich um ein Raster, der in die vier Bereiche
>
> - Öffentliche Person,
> - Blinder Fleck,
> - Mein Geheimnis (Privates) und
> - Unbekannt gegliedert ist.
>
> Das Tool kann zur Reflexion der eigenen Persönlichkeit herangezogen werden, um so seine Selbstwahrnehmung zu schärfen. Es kann aber auch als Tool für einen dynamischen Prozess Verwendung finden, in dem durch konsequentes Feedback und bewusste Selbstoffenbarung der Anteil der öffentlichen Person größer wird. Wozu das nützlich sein soll, finden wir wieder bei Laloux: Es entsteht Lebendigkeit und Energie. Reibungsverluste minimieren sich, die Effizienz der Zusammenarbeit steigt. Die Unternehmenskultur verändert sich und mit ihr steigt die Attraktivität des Unternehmens als Arbeitgeber. Nachfolgend erfahren Sie, wie Sie das Johari-Fenster für sich nutzen können. Immerhin beginnt jede Veränderung bei einem selbst.

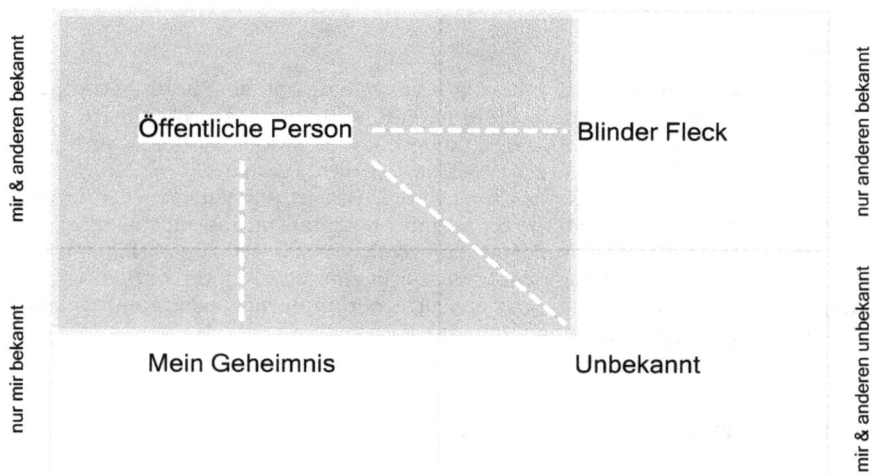

**Abb. 2.1** Das Johari-Fenster. (Quelle: Eigene Darstellung (angelehnt an Luft, Joseph (1969) Of Human Interaction: The Johari Model, Mayfield Publishing Co.))

- Wenn Sie Ihre *Selbstwahrnehmung mit der Fremdwahrnehmung* Ihrer Person durch Ihre Kollegen oder Mitarbeiter abgleichen möchten, dann verwenden Sie die Johari-Adjektive [16]. Wählen Sie 5 bis 6 jener Adjektive aus, die Sie am besten beschreiben. Bitten Sie auch Ihre Kollegen, Sie mit 5 bis 6 Adjektiven zu beschreiben.
  – Welche davon sind deckungsgleich? → schreiben Sie diese in den Quadranten der „Öffentlichen Person".
  – Welche davon verwenden nur Sie? → Diese kommen unter „Mein Geheimnis".
  – Welche davon verwenden nur Ihre Kollegen? → sie sind Teil Ihres „Blinden Fleckes".
  – Der Quadrant „Unbekannt" bleibt natürlich leer. Hier könnten Ansätze notiert werden, um bis dato unbekannte Eigenschaften zu entdecken (Was wollten Sie schon immer einmal ausprobieren?).
- Wenn Sie Ihren *„blinden Fleck"* verkleinern möchten, dann bemühen Sie sich um regelmäßiges Feedback. Fragen Sie Kollegen, Vorgesetzte, aber auch Freunde und Bekannte. Ob es funktioniert, können Sie feststellen, indem Sie die zuvor genannte Übung immer wieder einmal durchführen.
- Wenn Sie Ihren Bereich der *„Öffentlichen Person"* vergrößern möchten, dann achten Sie bewusst darauf, auch Gefühle zu artikulieren, Privates zuzulassen, Neues auszuprobieren oder Fehler einzuräumen und darüber zu sprechen. Je mehr Sie von sich preisgeben, desto authentischer und damit auch glaubwürdiger und vertrauenswürdiger werden Sie. Darüber hinaus legen Sie den Grundstein für eine Vertrauenskultur und damit für eine Arbeitsumgebung, die nicht nur die Leistung fördert, sondern auch attraktiv für zukünftige Mitarbeiter ist.

> **Summary**
> Haben wir als Führungskraft keine klare Vorstellung von der Führungskraft, die wir gern sein möchten, hat das tiefgreifende Konsequenzen: Wir untergraben nicht nur unseren inneren Antrieb und unsere Motivation, wir lassen auch jede Menge Potenzial auf der Strecke. Wissen wir nicht, wohin wir wollen, finden wir den Weg dahin höchstens durch Zufall. Das ist ein Verlust – für unsere Organisationen, unsere Mitarbeiter und nicht zuletzt für uns selbst. Stellen wir uns die Frage, welche Führungspersönlichkeit wir sein möchten! Nehmen wir uns Zeit für Selbstreflexion, investieren wir in eine Vision und schaffen wir uns damit unser persönliches Ziel, das uns nicht nur anspornen, sondern über viele Herausforderungen hinweghelfen wird.

## Weiterführende Literatur und Anmerkungen

1. Bahnsen, Ulrich. Spiewak, Martin. (2022): Die Macht der Herkunft. In: Die Zeit. 12.05.2022. S. 29–31.
2. Bertelsmann Stiftung (2020): Führungsmüde? Deutschlands Führungskräfte (ver-)zweifeln an ihrer Rolle. https://www.bertelsmann-stiftung.de/fileadmin/files/CCC/24_02_2020_BSt_ID876_Fuehrungskraefte-Radar_layout_V4.pdf. Aufgerufen am 01.06.22.
3. Bodo Janssen, persönliches Interview durchgeführt vom Autor und Birgit Schreder-Wallinger am 18.07.2022.
4. Das Gesetz der großen Zahlen beschreibt das Phänomen, dass ein Zufallsexperiment, das immer unter denselben Bedingungen durchgeführt wird, sich in seiner relativen Häufigkeit immer mehr an die theoretische Wahrscheinlichkeit annähert.
5. Bass, Bernhard. Riggio, Ronald (2006): Transformational Leadership (2. Edition). Lawrence Erlbaum Associates, Publishers. New Jersey.
6. Schein Edgar H. Schein Peter A. (2018): Humble Leadership. The Power of Relationships, Oppenness and Trust. Berret-Koehler Publishers, Oakland.
7. Schein Edgar H. Schein Peter A. (2018): Humble Leadership. The Power of Relationships, Oppenness and Trust. Berret-Koehler Publishers, Oakland. S. 2.
8. Schein Edgar H. Schein Peter A. (2018): Humble Leadership. The Power of Relationships, Oppenness and Trust. Berret-Koehler Publishers, Oakland. S. 20.
9. Zehnder, Egon (2019): Lasst uns einander kennenlernen. Im Gespräch mit Ed Schein. In: Die Kunst der Veränderung (Hrsg.) (2021), Psychosozial-Verlag, S. 39–50.
10. Kugel, Janina (2021): It's now. Leben, führen, arbeiten. Wir kennen die Regeln, jetzt ändern wir sie. Ariston Verlag, München. S. 39.
11. Zehnder Egon (2018): The most powerful thing we can do is not predict and control but sense and respond. Egon Zehnder im Interview mit Frédéric Laloux.

https://www.egonzehnder.com/de/insight/sense-and-respond. Aufgerufen am 01.06.22.
12. Laloux, Frederic (2017): Reinventing Organizations. Ein illustrierter Leitfaden sinnstiftender Formen der Zusammenarbeit. Vahlen, München. Seite 81.
13. Die Amygdala ist Teil des limbischen Systems im Gehirn, jener Hirnregion, die für die Entstehung von Gefühlen bzw. für das Triebverhalten verantwortlich ist. Sie wird auch als das Angstzentrum bezeichnet, weil sie bei der emotionalen Bewertung von Situationen eine wichtige Rolle spielt.
14. Das Johari-Fenster ist ein Tool zur Gegenüberstellung der Selbst- und Fremdwahrnehmung des eigenen Verhaltens. Entwickelt wurde es von den beiden amerikanischen Sozialpsychologen Joseph Luft und Harry Ingham. Veröffentlicht wurde das Modell unter anderem in: Luft, Joseph (1969) Of Human Interaction: The Johari Model, Mayfield Publishing Co.
15. Laloux, Frederic (2017): Reinventing Organizations. Ein illustrierter Leitfaden sinnstiftender Formen der Zusammenarbeit. Vahlen, München. Seite 91.
16. akzeptierend, albern, angespannt, anpassungsfähig, aufmerksam, bescheiden, bestimmt, energievoll, entspannt, extrovertiert, fähig, freundlich, fürsorglich, geduldig, geschickt, genial, glücklich, großzügig, heiter, hilfreich, idealistisch, intelligent, introvertiert, kompetent, komplex, kühn, liebevoll, logisch, mächtig, mitfühlend, nachdenklich, nervös, nett, organisiert, reaktionsschnell, reif, religiös, ruhig, scheu, schlau, selbstbewusst, selbstsicher, sentimental, spontan, still, stolz, suchend, tapfer, unabhängig, verlässlich, vernünftig, vertrauenswürdig, warmherzig, weise, witzig, würdevoll.

# 3

# Warum sollte man mir als Führungspersönlichkeit folgen?

*Unternehmenskulturen sind maßgeblich dafür verantwortlich, ob Menschen engagiert sind oder sich für einen Arbeitnehmer entscheiden. Als Führungskräfte sind wir wichtige und mächtige Gestalter dieser Kultur und damit auch entscheidender Recruiting-Faktor für unsere Organisation.*

**Was macht Sie für mich als Führungskraft spannend?**
Ich erinnere mich noch sehr gut an dieses Bewerbungsgespräch. Es war ein wunderschöner Frühlingstag. Ein Bekannter hatte mich für diesen Job empfohlen. Es handelte sich um eine HRD-Position bei einem international bekannten Lebensmittelkonzern.

Als ich das moderne Firmengebäude betrat, überraschte mich der Stolz, mit dem die Marke hier präsentiert wurde. Prächtig prangte der Markenname in der Eingangshalle, der rote Teppich, die Getränkeautomaten im amerikanischen Retro-Design – das alles ließ keinen Zweifel daran, dass man hier sehr wohl wusste, wer man war. Nämlich eine der stärksten Marken der Branche.

Das Gespräch verlief gut. Nach kurzem Small Talk kamen wir zu den typischen Inhalten eines Bewerbungsgesprächs: meine Erfahrungen, meine fachliche Expertise, meine Vorstellungen, ihr Angebot usw. Als ich meinen Gesprächspartner fragte, warum ich ihm als Führungskraft folgen sollte, sah er mich kurz etwas irritiert an. „Warum Sie mir persönlich als Führungskraft folgen sollten?" wiederholte er. „Ja, genau", gab ich zur Antwort, „warum sollte ich für Sie und Ihr Unternehmen arbeiten? Eine gute Bezahlung habe ich auch in meinem jetzigen Job. Was macht Sie für mich als Führungskraft spannend?" bekräftigte ich meine Frage.

Mein Gesprächspartner blickte mich noch eine Weile fragend an und antwortete dann etwas genervt: „Ja, weil Sie hier die Möglichkeit haben, für eine der wertvollsten Marken der Welt zu arbeiten!"

Den Job nahm ich nicht an. Ich hatte mir bereits einige Jahre davor geschworen, dass ich nie mehr für eine Führungskraft arbeiten werde, die selbst keine Idee davon hat, warum man ihr folgen sollte.

## 3.1 Die Führungskraft als Recruiting-Faktor

Stellen Sie sich vor, ungefähr 40 % Ihrer Mitarbeiter würden innerhalb des kommenden Jahres Ihr Unternehmen verlassen. Innerhalb der nächsten drei Jahre wären es sogar noch mehr – nämlich 66 % [1]! Die Bereitschaft von Arbeitnehmern, Arbeitsbeziehungen zu beenden, ist in den vergangenen Jahren eklatant gestiegen. Selbstverständlich sind die Gründe dafür divers: Die Corona-Pandemie veranlasste viele, ihre berufliche Zukunft zu überdenken, der Arbeitsmarkt ist für Arbeitssuchende generell günstig zu bewerten – in vielen Unternehmen werden Fachkräfte händeringend gesucht – und „junge" Generationen bringen eine neue Lebenseinstellung in die Arbeitswelt, die einen häufigeren Arbeitsplatzwechsel mit einschließt. Sieht man sich die Gründe für die hohe Wechselbereitschaft etwas genauer an, lässt sich aber auch eindeutig erkennen, dass sie ganz klar im Zusammenhang mit der Führungskultur in Unternehmen stehen. Fast 40 % der Arbeitnehmer kündigen aufgrund eines schlechten Arbeitsklimas. Damit liegt die unbefriedigende Unternehmenskultur beinahe gleichauf mit dem Kündigungsgrund Nr. 1: der geringen Bezahlung [2].

**Führungskräfte sind Kulturgestalter**
Als Führungskräfte sind wir einflussreiche Gestalter unserer Unternehmenskulturen. Leistungsbereite, vertrauensvolle Kulturen fußen in den meisten Fällen in einer persönlichen Beziehung zwischen der Führungskraft und dem Arbeitnehmer. Ed Schein erklärt diesen Zusammenhang sinngemäß so [3]: Das transaktionale Konzept der Führung, das auf der Idee eines Tauschgeschäfts beruht, ist so in unseren Köpfen verankert, dass wir uns immer noch davor scheuen, in Beziehung zu gehen [4]. „Wenn wir uns zu nahe kommen, dann tue ich dir einen Gefallen, dann könnte es unangenehm werden", erklärt Schein unsere unbewusste Angst. Das Problem, sagt Schein weiter, liege aber darin, dass wir mit dieser Haltung die Probleme unserer Zeit nicht mehr lösen können. Warum? Weil die Lösung dieser Probleme Kooperation erfordert! Und wahre Kooperation funktioniert nicht,

wenn wir dem transaktionalen Konzept der Führung weiterhin folgen. Was wahre Kooperation nämlich braucht, ist ein Interesse am Gegenüber, ein Wahrnehmen gegenseitiger Bedürfnisse und ein Herstellen einer emotionalen Bindung. Ed Schein sieht den Weg dorthin im „Persönlichmachen von Beziehungen", im Etablieren von „Level-2-Beziehungen" oder „professioneller Nähe" [5]. (Mehr zu Ed Scheins Führungsansatz finden Sie auch in Abschn. 2.4.)

Dort wo dieses „Persönlichmachen" funktioniert, entsteht emotionale Nähe und Bindung. Unterstützt wird dieses Phänomen vom Hormon Oxytocin, das umgangssprachlich auch als Bindungshormon bezeichnet wird. Oxytocin wird bei harmonischem Beisammensein ausgeschüttet – bereits bei der Geburt und anschließend beim Stillen spielt es eine entscheidende Rolle. Oxytocin beeinflusst unsere Beziehungen aber darüber hinaus – und auch im beruflichen Kontext! Dort wo Nähe durch persönlichen Kontakt, durch eine wohlwollende Gestik oder Mimik hergestellt wird, schütten wir Oxytocin aus. Wir merken das, indem wir ruhiger werden (Oxytocin kann dazu beitragen, den Cortisol-Spiegel zu senken) und indem sich ein Gefühl der Harmonie, der Behaglichkeit und des Wohlbefindens in uns breitmacht.

Persönliche Nähe tut gut und beeinflusst die Qualität unserer Zusammenarbeit. Das zeigt sich auch in den Fluktuationszahlen von Unternehmen: Studien bestätigen, dass die Wechselbereitschaft der Arbeitnehmer deutlich geringer, wenn die emotionale Bindung zum Unternehmen hoch ist: Während nur ein Viertel der Arbeitnehmer mit hoher Bindung auf Jobsuche ist, sind es bei jenen mit geringer Bindung beinahe 50 % [6]. Dementsprechend gilt das Betriebsklima als der wichtigste Faktor zur Bindung von Mitarbeitern [7].

Die Corona-Pandemie forderte uns diesbezüglich natürlich besonders heraus! Dass das Herstellen und Kultivieren von persönlicher Nähe vielerorts nicht funktionierten, lässt die eingangs dargestellte Wechselbereitschaft der Arbeitnehmer erahnen. Angelangt an einem Zeitpunkt, an dem viele Menschen wieder zurück in ihre Büros kommen – freiwillig oder nicht – sind wir als Führungskräfte gefordert, intensiv in Interaktion und Teambuilding zu investieren. Anstatt ein Machtwort zu sprechen, das Mitarbeiter fern jeder Augenhöhe wieder zurück an den Schreibtisch beordert, sind wir gut damit beraten, Anlässe zu schaffen, die Menschen dazu motivieren, ins Office zu kommen. Die Möglichkeit, persönliche Beziehung, inspirierenden Austausch und schöpferisches Beisammensein zu erleben, können einige dieser Anreize sein.

Fassen wir zusammen: Als Führungskraft sind wir ein maßgeblicher Gestalter der Unternehmenskultur und folglich mitverantwortlich für die Arbeitgeberattraktivität von Unternehmen. Mitarbeiter von heute und morgen erkunden sich sehr genau über die gelebte Kultur von potenziellen Arbeitgebern – und diverse Plattformen und Social Media machen dies auch ungefiltert möglich! Der dort gewonnene Eindruck entscheidet maßgeblich darüber, ob Menschen Jobangebote annehmen oder ausschlagen.

**Peer Recruiting**
Der positive Effekt einer wertschätzenden Unternehmenskultur wird im Hinblick auf das Thema Peer Recruiting spürbar. Darunter wird jener Kanal zur Mitarbeitersuche verstanden, der über bestehende Mitarbeiter führt. Sehr viele Unternehmen nutzen bereits diese Form des Recruitings – verständlicherweise ist sie nicht nur äußerst kostengünstig, sondern in vielen Fällen auch besonders zielführend. Ich möchte dazu ermutigen, Peer Recruiting weiterzudenken. Haben wir das Glück, mit großartigen Menschen erfolgreich zusammenzuarbeiten, dann können wir davon ausgehen, dass diese Menschen auch mit vielen anderen ähnlich großartigen Menschen bekannt sind. Wenn diese Menschen in ihrem Bekanntenkreis aktiv nach potenziellen Mitarbeitern suchen und diese auch finden bzw. von der eigenen Arbeit erzählen, dann leistet das einen unbezahlbaren Beitrag zur Arbeitgeberattraktivität. Die Voraussetzung dafür ist eine positive Unternehmenskultur, die sich in einer hohen Mitarbeiterbindung ausdrückt. Ist diese gegeben, empfehlen 77 % der Arbeitnehmer ihren Arbeitgeber weiter. Besteht keine oder wenig emotionale Bindung zum Arbeitgeber, ist das Interesse, fähige Arbeitskräfte ins Unternehmen zu holen, verständlicherweise sehr gering [8].

Interessanterweise hat Peer Recruiting einen weiteren positiven Effekt. In einer Studie der Universität Köln und mehrerer Partneruniversitäten konnte nachgewiesen werden, dass „die aktuellen Mitarbeiter, die Empfehlungen machen konnten, nach Einführung des Programmes länger im Unternehmen blieben und eine 15 % geringere Kündigungswahrscheinlichkeit hatten" [9]. Mitarbeiter, die neue Mitarbeiter ins Unternehmen holen, tun sich dabei nicht nur dem Unternehmen, sondern auch sich etwas Gutes, in dem sie ihre eigene Motivation stärken. Ein Phänomen, das wir als moderne Führungskräfte unbedingt aktiv unterstützen sollten!

## 3.2 Wie werde ich zu einer Führungspersönlichkeit, der man gern folgt?

Wie wir dieses „Persönlichmachen", dieses „Empowering", das Etablieren von Rahmenbedingungen und das Gestalten von Zusammenarbeit in der Praxis umsetzen können, das finden Sie im zweiten Teil dieses Buches. Bevor wir uns allerdings mit diesen Tipps, Methoden und modernen Ansätze beschäftigen, sollten wir den Blick darauf richten, wo Führung beginnt: bei uns selbst. Bei unserem Status quo, unseren blinden Flecken, unserem Mindset und unserer Vision. Bevor wir über das Was sprechen, sollten wir das Warum und das Wie klären. Warum wollen wir eine Führungskraft sein? Was ist unsere Vision? Welche Werte, welches Menschenbild vertreten wir? Warum sollte man uns folgen?

Dafür ist es essenziell zu verstehen, dass Menschen nur Menschen folgen – und keiner Position. Wir müssen uns damit konfrontieren, dass wir in einer modernen Arbeitswelt nur eine Führungskraft sein können, wenn auch jemand gewillt ist, uns zu folgen – und dieses Folgen basiert in unserer modernen Zeit immer mehr auf Freiwilligkeit als auf wirtschaftlichen Zwängen. Wir müssen beginnen zu verstehen, dass wir die Rolle einer modernen Führungskraft nicht dadurch bekommen, dass wir Verträge unterschreiben. So bekommen Manager ihre Jobs. Wir müssen anerkennen, dass wir uns unsere Funktion als Führungskraft jeden Tag neu verdienen müssen – indem wir tagtäglich dafür sorgen, dass wir sie angemessen ausführen. Haben wir das verinnerlicht, dann sind wir auf dem Weg zu einer Führungspersönlichkeit, der man gern folgt.

> **DEEP DIVE: Führen durch Vorbildwirkung**
>
> Sind Polizeibeamte in Amerika auf Streife, kann das für den Betrachter sehr unterschiedlich aussehen. Während die einen mit offenen Autotüren die Mittagssonne auf einem Parkplatz genießen, suchen die anderen typische Falschparkzonen oder etwas gefährlichere Brennpunkte regelmäßig auf. Wichtig dabei zu wissen ist, dass all diese Beamten sich innerhalb ihrer gesetzlichen Vorschriften bewegen. Diese sind zum Teil nur sehr vage formuliert und erlauben ziemlich großen Interpretationsspielraum.
> Richard Johnson, assoziierter Professor an der Universität Toledo, USA, befasste sich mit den Verhaltensunterschieden amerikanischer Streifenbeamten und stellte sich die Frage, ob das Verhalten der Vorgesetzten wohl eine Auswirkung auf das Engagement der Beamten hatte. Dafür untersuchte er 1400 Streifendienste in zwei amerikanischen Polizeibezirken. Aufgrund des elektronischen Systems war es diesen Beamten möglich, auf die Tätigkeitsaufzeichnungen

ihrer Vorgesetzten zuzugreifen. Das heißt, die Beamten wussten, was ihre Vorgesetzten gerade taten oder nicht taten. Das Ergebnis von Johnsons Studie fiel äußerst deutlich aus: Sind Vorgesetzte proaktiv im Einsatz, dann verdoppelt sich die Wahrscheinlichkeit, dass es die untergeordneten Beamten auch tun [9]. Verhaltensforscher überraschte dieses Ergebnis kaum. Sie wissen, dass der Mensch im sozialen Kontext dazu neigt, sich anderen anzupassen. Dieses Phänomen ist noch stärker ausgeprägt, wenn wir diese anderen bewundern oder sie uns besonders wichtig sind. Anpassung funktioniert auch in der Biosphäre eines Unternehmens. Werden die in der Vision festgehaltenen Werte hochgehalten und vonseiten der Führungskräfte sichtbar vorgelebt, entsteht Authentizität, Glaubwürdigkeit und Vertrauen – und nicht zuletzt ein höheres Engagement und höhere Produktivität bei Mitarbeitern [10].

Als Führungskräfte sollten wir uns dieser Wirkung bewusst sein! Wir genießen aufgrund unserer Position nicht nur mehr Aufmerksamkeit und Sichtbarkeit, wir haben in der Regel auch mehr Freiheit im Verhalten. Vor diesen Hintergründen veranlasst unser Verhalten besonders zur Nachahmung – im positiven wie im negativen. Machen wir uns diesen Effekt zunutze und leben wie konsequent jenes Hochglanzverhalten vor, von dem die Hochglanzbroschüren unserer Organisationen sprechen und das wir von unseren Mitarbeitern erwarten!

## 3.3 Drei zentrale Fragen an moderne Führungskräfte

Um eine Führungskraft sein zu können, der man gern folgt, brauchen wir ein reflektiertes Verhalten uns selbst gegenüber. Nachfolgend finden Sie drei zentrale Fragen, die uns in unserer Führungsaufgabe immer wieder begleiten sollten.

### 1. Hinterfragen wir uns regelmäßig selbst?

*Moderne Führungskräfte führen nicht einfach. Sie hinterfragen regelmäßig ihr Handeln und ihre Wirkung.*

Hat sich unser Gehirn die Notenfolge von Mozarts Sonata facile einmal gemerkt, werden wir sie beliebig oft spielen können. Natürlich können wir Varianten einbauen und improvisieren; hin und wieder wird sich auch eine falsche Note einschleichen. Im Grunde aber können wir sie spielen, wenn wir sie einmal verinnerlicht haben.

Als moderne Führungskraft kommen wir immer seltener in die Situation, Gelerntes einfach zu reproduzieren. Während Mozarts Sonate schwarz auf weiß niedergeschrieben ist, verändern sich die Anforderungen an uns Führungskräfte mit jeder neuen Herausforderung, mit jedem Kontext und mit jedem Mitarbeiter. Führen ist kaum reine Reproduktion. Führen haben wir auch nie ausgelernt. Führen ist regelmäßige und intensive Selbstreflexion. Sie ist der Nährboden für unsere Weiterentwicklung, unser Lernen und die Erweiterung unseres Repertoires an Erfahrungen im Kontext zu unserer Umgebung.

> **Praxistipp: Was wir als Führungskraft tun können**
> - *Wir brauchen eine Routine für unsere Selbstentwicklung!* Schaffen wir fixe Zeitfenster für Selbstreflexion und eine Routine in der Dokumentation unserer Erkenntnisse. Beginnen wir mit einer Stunde Führungszeit wöchentlich. Blocken wir uns diese Zeit im Kalender! (Was wir alles unter Führungszeit verstehen können, das lesen Sie in Abschn. 1.3.)
> - *Ersuchen wir unsere unmittelbaren Kontaktpersonen um Feedback!* Fragen wir Vorgesetzte, Direct Reports und Mitarbeiter um Ihre Wahrnehmung unseres Verhaltens. „Was hätte ich gestern besser machen können?", „Wenn du einen Wunsch an mich hättest, welcher könnte das sein?" könnten beispielhafte Fragen sein.
> - *Verwenden wir das JOHARI-Fenster* aus Kap. 2, um unsere Selbstwahrnehmung mit der Fremdwahrnehmung abzugleichen und unseren blinden Fleck zu verkleinern.

## 2. Haben wir eine klare Vorstellung von uns als Führungskraft?

*Erfolgreiche, moderne Führungskräfte haben eine klare Vorstellung von ihrer Wirkung. An dieser Idee reflektieren sie ihre Weiterentwicklung, an ihr messen sie ihren Fortschritt.*

Haben Sie schon einmal ein Puzzle mit 1000 Teilen ohne das fertige Bild als Vorlage gebaut? Oder ein Auto gekauft, ohne es Probe zu fahren? Während es uns bei vergleichbar einfachen Dingen nie in den Sinn käme, den Weg ohne erklärtes Ziel oder Ergebnis zu beschreiben, tendieren wir in unserer Führungsarbeit häufig dazu, einfach in den Tag hineinzuführen. Die Konsequenz kennen wir alle: Wir landen immer wieder in den gleichen Herausforderungen und Mustern, scheitern an den gleichen Problemen und laufen Gefahr, oft die gleichen Irrwege zu gehen. Eine klare, niedergeschriebene Idee von mir selbst als Führungskraft, zum Beispiel in Form einer Vision, ist hier hilfreich. An ihr können wir uns orientieren, an ihr können wir uns kalibrieren und messen lassen.

> **Praxistipp: Was wir als Führungskraft tun können**
> - *Erstellen wir eine Führungsvision.* Schreiben wir sie nieder. Sprechen wir sie aus. Erzählen wir anderen davon. Mehr zum Thema finden Sie im Abschn. 2.2.
> - *Stellen wir uns selbst zum Dialog.* Ersuchen wir jemanden aus unserer Peer, uns an unserer eigenen Vision zu messen. „Das ist meine Vision. Wie nehmt ihr mich wahr? Woran merkt ihr, dass ich diese Führungskraft sein möchte?"
>
> Sich selbst zum Dialog zu stellen, kann eine außergewöhnliche Wirkung auf die Unternehmenskultur haben! Wenn wir unseren Mitarbeitern die Möglichkeit geben, unser Verhalten zu gestalten, räumen wir ihnen nicht nur Wertschätzung, Vertrauen und Nähe ein, wir ermutigen sie auch, selbst in einen offenen Dialog zu gehen. So kann aus einer einzelnen Initiative eine Bewegung entstehen, in der Führungs- und Mitarbeiterrollen und deren Ausübung offen und vertrauensvoll diskutiert werden können. Lassen Sie sich das einmal auf der Zunge zergehen und denken Sie dabei an den Wert von emotionaler Bindung! Sie erinnern sich? Emotionale Bindung senkt nicht nur die Fluktuation nachweislich, sie kann auch das Burn-out-Risiko mindern und die Zufriedenheit und damit die Leistungsbereitschaft der Arbeitnehmer erhöhen!
> Genau diese psychologisch sichere Umgebung ist es, die wir in modernen Unternehmen benötigen, um Kultur, Rollen und Zusammenarbeit für das Unternehmen gemeinsam gewinnbringend weiterzuentwickeln. Darüber hinaus schaffen wir ein Umfeld für selbstorganisiertes Lernen – ein intrinsisch motiviertes Lernen aus den eigenen Erfahrungen, reflektiert durch die unmittelbaren Kontaktpersonen.

## 3. Sind wir als Führungskräfte Kulturgestalter?

*Moderne Führungskräfte sind Unternehmenskulturschaffende. Sie sehen es als ihre Verantwortung, Unternehmenskultur bewusst zu gestalten und vorzuleben und damit als Botschafter und Multiplikator für genau diese Kultur zu stehen.*

Als Führungskraft sind wir Teil der Unternehmenskultur und prägen diese maßgeblich – und damit auch die Leistungsbereitschaft unserer Mitarbeiter: Engagierte Führungskräfte erhöhen auch das Engagement bei ihren Mitarbeitern – und das spürbar: Bei Mitarbeitern mit engagierten Führungskräften ist die Wahrscheinlichkeit, dass sie selbst engagiert sind, zu 59 % höher [11]. Dass sich dieses erhöhte Engagement in einer höheren Produktivität auswirkt, gilt ebenfalls als bewiesen [10].

Unser Potenzial als Kulturgestalter gilt nicht nur unserer unmittelbaren Arbeitsumgebung, wir sollten es auch auf organisationaler Ebene einsetzen. Die Grundlage dafür ist der Austausch mit anderen Führungskräften – nicht nur zu strategischen Themen, sondern auch ganz bewusst zur Reflexion der gemeinsamen Werte und des eigenen Verhaltens. Darüber hinaus eröffnet dieser regelmäßige Austausch einen unglaublich wertvollen Pool an Erfahrungen und Expertise, den ich mir als Führungskraft für meine eigene Weiterentwicklung zunutze machen kann.

> **Praxistipp: Was wir als Führungskraft tun können**
> - *Nehmen wir unsere Verantwortung als Vorbild wahr* und verstehen wir uns selbst als Ambassador – oder Influencer, wenn Sie so wollen – für eine neue, moderne Arbeitskultur. Unser größter Trumpf im Ärmel ist dabei unserer eigenes Verhalten!
> - *Denken wir beim nächsten Führungskräfte-Seminar, das wir buchen möchten, zuerst darüber nach,* ob wir das notwendige Wissen und die erforderlichen Erfahrungen auch im Kreise unserer Kollegen finden. Eröffnen wir einen Dialog, erfragen wir Feedback, tauschen wir Ideen und Gedanken mit unserer Peer aus und schaffen wir Möglichkeiten für eine kollegiale Beratung.
> - *Nutzen wir dabei die unterschiedlichen Hintergründe unserer Kollegen!* Personen, die neu in der Rolle sind, bringen andere Einblicke als altgediente Führungskräfte. Sorgen wir für Diversität in unseren Austauschrunden! Denken Sie daran: Widerstand und Widerspruch können wertvolle Impulse für Erkenntnis und Wachstum bieten und gegebenenfalls das Unbekannte offenbaren, das uns selbst bisher verborgen war.

> **LEADERSHIP TIP TO TAKE AWAY: Menschen folgen Menschen**
>
> Und das freiwillig! Als Führungskraft sollten wir uns diese Tatsache immer wieder vor Augen halten und uns explizit fragen, warum man uns folgen sollte. Machen Sie es sich zur Routine, sich selbst diese Frage zu stellen: Warum sollte man Ihnen folgen? Notieren Sie Ihre Gedanken.
>
> Fordern Sie Ihre Annahmen heraus, indem Sie auch Ihren Mitarbeitern oder Kollegen dieselbe Frage stellen. Deckt sich Ihre Eigenwahrnehmung zu einem großen Teil mit der Fremdwahrnehmung?

> **Summary**
>
> Als Führungskräfte sind wir einflussreiche Gestalter unserer Unternehmenskulturen – und damit auch maßgebliche Recruiting-Faktoren: Ob sich Menschen für oder gegen einen Arbeitgeber entscheiden, ob sie im Unternehmen bleiben, wie engagiert sie dort ihre Zeit verbringen und ob sie sich vielleicht sogar um neue, fähige Arbeitgeber aus ihrem persönlichen Netzwerk bemühen, das alles hängt von der Kultur im Unternehmen ab. Diese Kultur gilt es zu gestalten! Als Führungskräfte sind uns dafür gute Voraussetzungen

gegeben: Wir genießen nicht nur mehr Aufmerksamkeit und Sichtbarkeit, wir haben in der Regel auch mehr Freiheit im Verhalten. Nutzen wir sie! Sie sollte uns dazu veranlassen, unser Verhalten regelmäßig zu reflektieren, uns hohe Standards zu setzen und jenes Verhalten vorzuleben, das wir von unseren Mitarbeitern erwarten!

## Weiterführende Literatur und Anmerkungen

1. Gallup Inc. (2021): Engagement Index 2021. Deutschland. https://www.gallup.com/file/de/321938/Engagement-Index-Deutschland-2021.pdf. Aufgerufen am 25.05.2022.
2. Raschka, Benjamin (2019): Die häufigsten Kündigungsgründe. Aufgerufen am 25.05.2022, https://www.stepstone.de/e-recruiting/blog/die-8-haufigsten-kundigungsgrunde/.
3. Edgar H. Schein gilt als einer der geistigen Väter moderner Organisationsentwicklung. Er ist Professor emeritus des MIT und vielbeachteter Autor. Scheins Konzept des Humble Leadership wird in diesem Buch in Kap. 2.4 vorgestellt.
4. Die Idee der transaktionalen Führung beruht auf einem Tauschgeschäft: Geld für Arbeit, Boni für gute Ergebnisse. Transaktionale Führungspersönlichkeiten versuchen Menschen durch externe Faktoren zu mehr Leistung zu motivieren. Mehr zur transaktionalen Führung und ihrem Pendant, der transformationalen Führung, finden Sie in Kap. 2.3.
5. Zehnder, Egon (2019): Lasst uns einander kennenlernen. Im Gespräch mit Ed Schein. In: Die Kunst der Veränderung (Hrsg.) (2021), Psychosozial-Verlag, S. 39–50.
6. Gallup Inc. (2021): Engagement Index 2021. Deutschland. S. 14. https://www.gallup.com/file/de/321938/Engagement-Index-Deutschland-2021.pdf. Aufgerufen am 25.05.2022.
7. Hays AG (Hrsg) (2022) HR-Report 2022. Organisationen unter Druck. Zu wenig Zeit, Geld, Personal – wie die Pandemie den Kampf um knappe Ressourcen beeinflusst. S. 26. https://www.hays.de/lp/hr-report. Aufgerufen am 19.07.2022.
8. Gallup Inc. (2021): Engagement Index 2021. Deutschland. S. 15. https://www.gallup.com/file/de/321938/Engagement-Index-Deutschland-2021.pdf. Aufgerufen am 25.05.2022.
9. Sutter, Matthias (2022) Der menschliche Faktor oder worauf es im Berufsleben ankommt. 50 verhaltensökonomische Erkenntnisse. Hanser, München. S. 22.
10. Eldor, Liat (2021) Leading by doing. Does leading by example impact productivity and service quality? In: Academy Management Journal, 2021, Vol. 64, No. 2, S. 458–481.
11. Gallup Inc. (2017) State of the American Workplace. S. 176. https://www.gallup.com/workplace/238085/state-american-workplace-report-2017.aspx. Aufgerufen am 19.07.22.

# 4

# Wie erzeuge ich Verhaltensänderung bei mir selbst? Ein Interview mit Bodo Janssen

> *„Wandel passiert immer in der Begegnung mit dem eigenen Selbst."* Bodo Janssen,
> *Unternehmer, Speaker und Autor*

**Eine beeindruckende Wandlung**

Als eine der „beeindruckendsten Wandlungen der deutschen Managementgeschichte" beschreibt die Harvard Business Manager die Geschichte von Bodo Janssen [1]. Bodo Janssen ist Teilhaber und Geschäftsführer der Upstaalsboom-Hotelkette; mit rund 650 Mitarbeitern und 18 Standorten zählt das Unternehmen zu den beliebtesten Ferienanbietern an der Nord- und Ostsee.

Bodo Janssen stieg 2007 in den elterlichen Betrieb ein und führte ihn klassisch – Gewinnmaximierung setzte er sich zum obersten Ziel. Obwohl die Zahlen stimmten, gab es nach einiger Zeit erste Anzeichen für eine negative Entwicklung im Unternehmen: Die Fluktuation stieg, während die Anzahl an Bewerbern sank, die Krankenstandstage der Mitarbeiter erhöhten sich und die Arbeitsatmosphäre wurde zunehmend angespannter und immer weniger motivierend. Explizit wurde dieser Trend durch eine unternehmensinterne Mitarbeiterbefragung, die der Unternehmensführung ein vernichtendes Feedback bescherte: „Wir brauchen einen anderen Chef als Bodo Janssen" war nur eine der Aussagen, die harsche Kritik am Führungsstil von Herrn Janssen übten.

Bodo Janssen war von den Ergebnissen der Befragung schwer getroffen. Er wusste, dass er eine Antwort finden musste, welcher Art der Führung es bedürfe, damit sich Menschen im Unternehmen wohlfühlen und im Unternehmen bleiben. Die klassische Managementliteratur dieser Zeit lieferte ihm dafür keine Antworten. Und so beschloss Bodo Janssen ins Kloster zu gehen. „Die Mitarbeiterbindungstools der Mönche schienen mir damals als sehr wirkungsvoll – immerhin veranlassen sie dazu Menschen, freiwillig ein Leben lang im Kloster zu bleiben", erzählte mir Bodo Janssen schmunzelnd in einem Interview. Was als kurze Einkehr gedacht war, wurde zu einem eineinhalbjährigen Aufenthalt und der Beginn einer langen Reise, die letzten Endes nicht nur zu einem persönlichen, sondern zu einem tiefgreifenden organisatorischen Wandeln in seinem Unternehmen führte.

In einem Interview sprach ich mit Bodo Janssen über Führung, die Zukunft und darüber, wie Wandel in jedem Einzelnen entstehen kann.

1. Ihren Beschreibungen nach war es die Zeit im Kloster, die Ihre ganz persönliche „stille Revolution" und letzten Endes auch den Wandel in Ihrem Unternehmen auslöste. Mit welchen zentralen Erkenntnissen im Gepäck kamen Sie aus dem Kloster zurück in Ihr Unternehmen?

*Es waren vier Aussagen, die ich zu dem damaligen Zeitpunkt weder verstehen noch verinnerlichen konnte – die aber letztendlich dazu führten, dass ich diese lange Zeit im Kloster blieb – wenngleich auch nicht permanent, sondern mit kleineren Pausen dazwischen.*

*1. Nur wer sich selbst führen kann, kann andere führen.*
*2. Führung ist eine Dienstleistung und kein Privileg.*
*3. Reflexion ist produktiver als Aktion.*
*4. Nicht wer Antworten gibt, sondern wer Fragen stellt, führt.*

*Dabei war es ganz besonders die erste Aussage, die mich tief bewegte. Sie war mir gleichzeitig so fremd, aber auch so einleuchtend – zumindest im fachlichen Kontext. Ich verstand, dass nur jemand, der selbst kochen kann, das Kochen jemand anderem beibringen kann. Nur wer gelernt hat, Bücher zu führen und mit Zahlen umzugehen, kann diese Fähigkeit anderen lehren. Beim Thema Führen, so stellte ich fest, setzten wir diese Prämisse nicht um. Gute Facharbeiter werden zu Führungskräften. Warum aber soll eine gute Fachkraft, die gut mit Zahlen jongliert, auch gut mit Menschen umgehen können? Über diese Logik wurde mir auch klar, dass ich selbst lernen musste, mich zu führen, wollte ich andere führen. Und dafür war meine Zeit im Kloster sehr bedeutsam.*

2. Kann jede maßgebliche Entwicklung in unseren Organisationen nur dann passieren, wenn sich auch die Menschen in ihr ändern?

*Entscheidend für organisatorischen Wandel ist die persönliche Entwicklung jedes Einzelnen. Ein Unternehmen ist ja nichts mehr als eine juristische Person und völlig unbedeutend im Hinblick auf die Unternehmenskultur. Sie wird gestaltet durch das Verhalten der Menschen in unseren Unternehmen. Ihr Verhalten ist wiederum Ausdruck ihrer Haltung. Damit sind wir beim Kern jeglichen Wandels: Es ist die Haltung der Menschen, die letzten Endes Auswirkung auf die Entwicklung und den Wandel in der Organisation hat.*

*Dieser Wandel geschieht immer im Moment der Begegnung mit Menschen. Wir fragen nach Konzepten, nach Strategien, um Wandel zu bewältigen oder mit dieser Welt zurechtzukommen – aber Konzepte und Strategien sind nur sehr schöne Entschuldigungen dafür, etwas nicht tun zu müssen. Gleiches gilt für Aufbaustrukturen oder Prozesse. Führe ich dort Veränderungen durch, verändere ich nur den Kontext. Korrespondiert dieser Kontext nicht mit den inneren Bildern bzw. der Haltung des Einzelnen, entstehen Situationen, wie wir sie alle kennen: Wir möchten den Wandel, aber nichts geschieht. Wollen wir einen Wandel herbeiführen, müssen wir bei jedem einzelnen Menschen ansetzen – ganz egal ob Führungskraft oder Mitarbeiter.*

3. Wie sehen Sie hier Ihre Rolle? Was können Sie als Führungskraft tun, um Ihre Mitarbeiter hier zu unterstützen?

*Meine zentrale Aufgabe als Führungskraft ist es, meine Mitarbeiter dabei zu unterstützen, das Unerträgliche zu ertragen. Wenn ich meine innere Zufriedenheit von einer Welt, wie ich sie mir wünsche, abhängig mache, dann habe ich schon verloren. Das bedeutet im Umkehrschluss auch: Wenn ich Probleme nicht lösen kann, bin ich gut darin beraten, damit zu leben. Nehmen wir die Corona-Pandemie: Wir mussten lernen, mit ihr zu leben, wir konnten über die Pandemie nicht verfügen. Und genau darum geht's: Unsere Mitarbeiter dabei zu unterstützen, Fähigkeiten zu entwickeln, mit dem Unverfügbaren umzugehen. Und zwar ohne dabei zu zerbrechen, sondern dabei eine Stärke zu entwickeln, die sie ermutigt, sich Herausforderungen zu stellen und nicht davor zu flüchten.*

4. Was ist für uns Führungskräfte persönlich drin? Sie haben erwähnt, dass jeder, der führen möchte, sich selbst führen müsse. Macht uns Selbstführung automatisch zu besseren Führungskräften?

*Es erscheint mir wichtig, diesen Leistungsdruck im Kontext der Weiterentwicklung abzulegen und sich von dem Gedanken zu befreien, dass es darum ginge, etwas zu erreichen. Bei der Selbstführung geht es nicht darum, etwas zu erreichen, sondern darum, etwas zu erkennen! Wir erlangen mit der Arbeit an uns selbst keinen Status, der uns zu einer Top-Führungskraft macht oder es uns ermöglicht, unser Leben zu meistern. Wozu uns diese Weiterentwicklung allerdings befähigt, ist der konstruktive Umgang mit Herausforderungen und Krisen. Das gilt für Führungskräfte gleichermaßen wie für Mitarbeiter. Das Leben trägt immer wieder Überraschungen mit sich, die uns mit dem Unvorstellbaren konfrontieren! Ist das der Fall, dann kommt es darauf an, ob wir auf Erfahrungen aus bewältigten Herausforderungen zurückgreifen können. Dafür ist Stille und Reflexion besonders bedeutsam.*

5. Nun ist Stille aber in unseren Unternehmen keine gängige Praxis. Im Gegenteil. Viele Führungskräfte leiden unter hohem operativem Druck, zu vielen Meetings und Dauerbeschallung. Wie sorgen Sie für Stille in Ihrem Unternehmen?

*Stille ist und bleibt das entscheidende Momentum des Wandels in unserem Unternehmen. Warum? Weil Wandel nur durch Erkennen, Anerkennen und sich Bekennen entstehen kann. Und nichts davon funktioniert in der Eile. Ich erkennen nichts, wenn ich laufe, dann renne ich an den Dingen vorbei. Gleiches gilt für das Anerkennen und das sich Bekennen. Alle drei Faktoren brauchen Stille.*

*Wir haben in unserem Unternehmen dafür drei Methoden eingeführt, die uns immer wieder in die Stille hineinführen: Reflexion, Ruminatio und Lectio [3]. Sie ermöglichen es uns, in der Stille immer wieder das abzugleichen, was wir bisher erfahren haben und es mit dem zu verbinden, was wir gerade aktuell wahrnehmen. Daraus kann Erkenntnis entstehen. Diese Erkenntnis wiederum hat jeder persönlich mit seiner Persönlichkeit abzugleichen: Was ist mir wirklich wichtig? Was wünsche ich mir für die Welt? Was ist meine Absicht? Frieden stiften, Menschen stärken, Wachstum ermöglichen oder etwas ganz anderes? Beginne ich, mich zu dieser Absicht zu bekennen, dann fange ich an mich zu bewegen. Dann geht die Reise los! Dann ist wirklicher Wandel möglich! Dieser Prozess passiert allerdings nur in der Stille.*

6. Was raten Sie Menschen, die in Unternehmen arbeiten, in denen Stille kein fixer Bestandteil der Unternehmenskultur ist. Müssen diese Menschen alle ins Kloster, um zur Ruhe zu kommen?

*Das, was wir als Argumente hervorbringen, um uns der Stille zu entziehen, sind Entschuldigungen dafür, es nicht tun zu wollen. Jeder von uns hat die Möglichkeit, in die Stille zu gehen – dafür muss ich weder ins Kloster noch meditieren. Stille kann für jeden anders aussehen. Während ich im Kloster gelernt habe, jeden Tag um 4.15 Uhr aufzustehen und für 2,5 h in die Stille zu gehen, kann es für jemand anders heißen, am Abend ein Glas Wein zu genießen und einen Moment der Stille zu erleben. Letztendlich geht es ja nicht um die Stille an sich, sondern um das, was in der Stille passiert: Bewusstwerdung. Die Frage, die wir uns stellen sollten, lautet daher: Welchen Kontext brauche ich, dass ich mir meiner Denk-, Gefühls- und Verhaltensmuster bewusst werde? Dafür brauche ich Stille – der beste Moment dafür kann aber ganz unterschiedlich aussehen.*

*Was mir persönlich geholfen hat, um regelmäßig in die Stille zu gehen, ist eine Praxis, die ich aus dem Kloster mitgenommen habe: Ich strukturiere meine Tage nicht über Termine, sondern über Pausen. Dazu trage ich mir Pausen fix im Kalender ein und setze diese auch sehr konsequent um. (Mehr dazu lesen Sie im Leadership-Tipp zum Mitnehmen von Bodo Janssen am Ende dieses Kapitels.)*

7. Die Bewusstwerdung, die Sie ansprechen, ist zum einen eine Frage des Tuns – wann nehme ich mir die Zeit für Reflexion? – aber auch eine Frage der Demut. Letzten Endes braucht es ja die Bereitschaft, auf mein Verhalten hinzusehen. Was bedeutet Demut für Sie?

*Eine für die Selbstfindung wesentliche Form der Demut ist der Mut, in die Tiefen seines Selbst hinabzusteigen und seinem Schatten ins Gesicht zu sehen – sich anzunehmen, wie wir sind und nicht nur wie wir sein möchten. Wenn wir bereits sind, das zu tun, kann daraus eine innere Freiheit entstehen, die uns davor bewahrt, uns dem Unvermeidbaren zu widersetzen und unfehlbar sein zu wollen.*

8. Wie setzen Sie diese individuelle Arbeit mit Menschen in einem Unternehmen mit mehreren Hundert Mitarbeitern um?

*Was wir von Unternehmensseite anbieten, ist eine Infrastruktur, in der sich jeder in seiner Einzigartigkeit entwickeln kann. Sowohl Struktur als auch Methoden in diesem Angebot sind standardisiert. Das, was dadurch in jedem Einzelnen passiert, ist allerdings höchst individuell.*

*Dieses Angebot ist so wertvoll, dass sich zum Beispiel ein Bankdirektor aus Mannheim bei uns als Spüler bewirbt. Nicht weil er dafür besonders viel Geld bekommt, sondern weil er es sich erspart, in zig Seminaren Selbstfindung zu betreiben. Stattdessen weiß er, dass er bei uns all das vorfindet, was er braucht, um sich selbst ein Stück weit näher zu kommen.*

9. Wie blicken Sie in die Zukunft? Sie als Führungskraft, als Unternehmer und Mensch?

*Die Zukunft ist für mich so, wie sie ist: unvorhersehbar – und damit weder bedrohlich noch ermutigend. Für mich geht es darum, sich auf diese Unvorhersehbarkeit einzulassen und nicht darum, sich etwas zurechtzudenken. Wir haben mit der Corona-Pandemie erlebt, dass das Unvorstellbare Realität werden kann. Diese Erfahrung bestätigte mich einmal mehr darin, dass ich nur an meiner Haltung und nicht an der Zukunft arbeiten kann. Eine Haltung, die mich die Zukunft als Möglichkeit verstehen lässt, mich als Mensch weiterzuentwickeln. Unser Augenmerk sollten wir daher weniger darauf richten, was kommen wird, sondern darauf, was uns dadurch möglich wird.*

10. Was möchten Sie jeder Führungskraft für die Zukunft mitgeben?

*Das Entscheidende ist für sich selbst zu klären: Mit welcher Absicht bin oder werde ich Führungskraft? Wenn ich mein Dasein als Führungskraft als Mittel zum Zweck dafür verstehe, Karriere zu machen, Geld zu verdienen oder einen bestimmten Status zu erlangen, dann werde ich irgendwann darunter leiden. Wenn ich Führung als Mittel zum Zweck betrachte, um Menschen zu stärken, zu entwickeln und sie dabei zu unterstützen, sich den Herausforderungen des Arbeitslebens und des Lebens allgemein erfolgreich zu stellen, dann werde ich Erfolg haben. Bei uns im Unternehmen sind diese Komponenten entkoppelt. Führungskraft zu sein, hat bei uns weder etwas mit Gehalt noch mit Status oder Karriere zu tun. Mit einer egozentrischen Motivation kann niemand von uns eine gute Führungskraft sein. Was es braucht, ist ein Fokus, der auf die Mitmenschen ausgerichtet ist.*

> **LEADERSHIP TIP TO TAKE AWAY: von Bodo Janssen: Über die Pausen den Tag strukturieren**
>
> Mit zig ungelesenen E-Mails im Posteingang, mehreren Kollegen, die auf den Rückruf warten und einer Reihe von offenen To-dos im Hinterkopf lassen sich Momente der Stille nicht ganz einfach finden. Das Problem ist: Dieser Kontext wird sich nicht ändern! Entweder wir sorgen für Momente der Stille oder wir werden sie ganz einfach nicht erleben.
> Bodo Janssen hat sich dafür eine Methode aus seiner Zeit im Kloster mitgenommen: Seinen Tagesablauf strukturieren nicht seine Termine, sondern seine Pausen. Fix eingeplant und kompromisslos eingehalten, sind sie es, die den Tagesablauf von Bodo Janssen vorgeben. Da kann es dann schon einmal vorkommen, dass Bodo Janssen inmitten einer Besprechung aufsteht, den Raum verlässt und sagt: „So, jetzt habe ich Pause!".
>
> *Durch eigenes Verhalten andere anleiten*
> Was Bodo Janssen mit dieser Konsequenz erreicht, ist nicht nur die Aufrechterhaltung seiner eigenen körperlichen und mentalen Fitness, er lebt damit

auch ein Verhalten vor, das auch seinen Mitarbeitern die Erlaubnis einräumt, für sich selbst zu sorgen. „Es geht um die Erlaubnis, die wir damit erteilen", sagt Bodo Janssen. „Wenn wir als Führungskräfte unseren Mitarbeitern die Erlaubnis für Stille durch explizites Aussprechen und durch Vorbildwirkung erteilen, dann fällt es ihnen leichter, es tatsächlich zu tun."

Versuchen Sie es: Suchen Sie sich eine Woche, die noch nicht zu sehr durch bereits vereinbarte Termine strukturiert ist und tragen Sie sich Pausen als Fixtermine ein. In Bodo Janssens Kalender stehen beispielsweise nachfolgende Pausenzeiten: 7.30–8.15 Uhr; 13.00 bis 14.30 Uhr und ab 20.00 Uhr. Hinzu kommen zwei Meditationszeiten: Eine um 4.15 Uhr und eine zweite um 21.30 Uhr.

**Summary**

„Wir brauchen einen anderen Chef als Bodo Janssen", war eines der Statements aus der Mitarbeiterbefragung der Hotelkette Upstaalsboom, die ihrem Chef, Bodo Janssen, ein vernichtendes Feedback bescherte. Auf der Suche nach Antworten kam der Unternehmer ins Kloster. Was als kurze Einkehr gedacht war, entwickelte sich zum Beginn einer Reise, die von tiefgreifendem persönlichem und organisatorischem Wandel geprägt war. Bodo Janssen änderte sein Führungsverhalten radikal und begann sein Unternehmen nach und nach mitarbeiterzentriert auszurichten. Über zehn Jahre später staunt der Unternehmer immer wieder darüber, welche Früchte der Samen hervorbringt, den er damals begonnen hat zu säen: Die Jahre der Corona-Pandemie waren wirtschaftlich die besten Jahre seit Beginn des Unternehmens, während andere Betriebe mit Fachkräftemangel kämpfen, sind die Wartelisten der Bewerber bei Upstaalsboom lange und die Zufriedenheit der Mitarbeiter wie Gäste ist äußerst hoch. In unserem Interview sprach Janssen über Führung, die Zukunft und darüber, wie Wandel in jedem Einzelnen von uns und in Organisationen passieren kann.

# Weiterführende Literatur und Anmerkungen

1. Harvard Business Manager zitiert in Janssen, Bodo (2021) Stille. Weil nur in ihr Veränderung entsteht. Ariston, München.
2. Bodo Janssen, persönliches Interview durchgeführt vom Autor und Birgit Schreder-Wallinger am 18.07.2022.
3. Als Reflexion, Rumination und Lectio beschreibt Bodo Janssen jene drei Rituale der Benediktiner Mönche, die er als sehr wirkungsvoll erfahren und deshalb in seinem Unternehmen etabliert hat. Reflexion meint das Sinnen über sein eigenes Verhalten, Rumination das Wiederholen bzw. „Wiederkäuen" (Rumination ist das Wiederkäuen der Nahrung bei bestimmten Tierarten) von etwas Bedeutsamen und Lectio die Lektüre.

# Teil II

# New Leadership 2: Konsequenzen für unser Verhalten als Führungskräfte

**Wissen allein ist kein Garant für den Erfolg**
Sie kennen es bestimmt: Sie haben einen inspirierenden Podcast gehört oder ein gutes Buch gelesen und denken: Ja, genau! Das ist so wahr! Das ist die Lösung für meine Herausforderungen! Mit dieser neuen Klarheit starten Sie nächsten Tag motiviert in Ihren Alltag und bemerken sehr schnell, dass Sie doch wieder an jenem Punkt ankommen, an dem Sie gestern bereits waren. Enttäuscht stellen Sie fest: Wissen allein löst noch keine Herausforderungen.

Aus diesem Grund habe ich diesen zweiten Teil des Buches geschrieben. Obwohl für mich ein Umdenken bzw. das Entwickeln einer neuen Haltung die Basis für New Leadership ist, bleibt sie wirkungslos, wenn ihr kein entsprechendes Verhalten folgt.

**Erfolg kommt vom Tun.**
Das gilt auch für unser Führungsverhalten. Wenn wir unsere Haltung nicht operationalisieren, ist sie nicht mehr wert als all die glänzenden Mission Statements oder die motivierten Werte-Bekenntnisse, die wir von den Websites und Imagebroschüren unserer Unternehmen kennen.

Mit der Arbeit an sich selbst, haben Sie den ersten wesentlichen Schritt in Richtung New Leadership getan. Jetzt gilt es den zweiten zu gehen. Und so wie ich Ihnen für Ihr persönliches Führungsverständnis eine Vision ans

Herz lege, fordere ich Sie auch hier auch, konkrete Ideen zu entwickeln. Wie beeinflusst Ihr neues Mindset nun Ihre tägliche Arbeit mit Ihren Mitarbeitern und Kollegen? Was heißt es für die Art und Weise, wie Sie Ziele setzen, delegieren oder Mitarbeiter motivieren?

**Mit konkreten Ideen alte Muster schlagen**
Nachfolgende Kapitel bieten Ihnen eine ganze Reihe von konkreten Ideen, wie Sie Ihr New Leadership Mindset in ein wirkungsvolles Verhalten weiterentwickeln können. Verhaltensweisen, die Ihnen nicht nur zu schnellen, spürbaren Erfolgen verhelfen können, sondern die Sie auch davor bewahren, wiederholt in alte Muster zurückzufallen.

Neben Praxistipps verzichte ich aber auch in diesem zweiten Teil nicht darauf, Ihnen auf Basis wissenschaftlicher Erkenntnisse oder aktueller Studien zu erklären, warum das vorgeschlagene Verhalten wirkungsvoll ist. Denn so wie Wissen ohne Tun wirkungslos bleibt, braucht auch Ihr Tun eine innere Überzeugung, die sie tagtäglich neu motivieren kann.

# 5

# Wie motiviere ich meine Mitarbeiter zur Veränderung?

*Eine Organisation ist immer nur so veränderungsbereit wie die Menschen in ihr. Wir müssen daher die Veränderungskompetenz unserer Mitarbeiter fördern, wenn wir unsere Organisationen adaptiver gestalten möchten.*

**Immer diese Veränderungen!**
Veränderungen fallen mir auch nicht leicht! Eine meiner großen Herausforderungen ist das Einhalten eines gesunden Tag-Nacht-Rhythmus. Seit ich mich erinnern kann, laufe ich in Abend- und Nachtstunden zur Höchstform auf. Hat sich die Betriebsamkeit des Tages gelegt, kann ich konzentriert nachdenken, meine Kreativität scheint erst so richtig wach zu werden und es fällt mir leicht, mich zu fokussieren. Gebe ich meinem Biorhythmus nach und gehe ich zu häufig spät ins Bett, passiert immer das Gleiche. Es leiden andere Bereiche meines Lebens: Ich mache weniger Sport, ich esse tendenziell ungesünder und ich verbringe weniger gemeinsame Zeit mit meiner Frau. Erst wenn mein Wohlbefinden deutlich unter diesem Tag-Nacht-Rhythmus leidet, zwinge ich mich wieder, früher ins Bett zu gehen. Jedes Mal wieder kostet es mich Überwindung und Energie und jedes Mal wieder brauche ich entsprechenden Druck, um mein Verhalten zu ändern.

## 5.1 Die Biologie der Veränderung

Ob es sich um einen veränderten Tagesrhythmus, das Fasten von Schokolade oder das Lesen eines interessanten Buches anstelle eines weiteren Abends mit Serien-Binging handelt, Veränderungen fallen uns schwer. Uns allen.

Das liegt unter anderem daran, dass wir Menschen darauf programmiert sind, energieverzehrende Aufwände grundsätzlich zu vermeiden, um unsere Ressourcen für Wichtigeres, beispielsweise den Überlebenskampf, zu sichern. Diese evolutionär bedingte „Programmierung" unseres Gehirns ist nach wie vor vorhanden und ein Grund dafür, warum wir uns in Routinen so wohl fühlen: Sie benötigen ein Minimum an Energie und strapazieren unser endliches Reservoire an Denkleistung nur marginal. Somit trägt dieser großartige Mechanismus wesentlich dazu bei, dass wir unser Leben energieoptimiert und erfolgreich meistern können.

Abgesehen von diesem Streben nach Energieeffizienz bietet mir die Biologie keine stichhaltigen Argumente, um meinen zeitweiligen Veränderungsunmut zu rechtfertigen – zumindest seit den 1950er-Jahren nicht mehr, als der Psychologe Donald Hebb mit seiner These zur neuronalen Plastizität aufhorchen ließ [1]. Er fand heraus, dass unser Gehirn selbst im Erwachsenenalter noch die Fähigkeit besitzt, sich in ihrer Anatomie und Funktion zu verändern. Es dauerte allerdings noch ein paar Jahrzehnte bis weitere Studien dem Volksmund „Was Hänschen nicht lernt, lernt Hans nimmer mehr" die empirische Grundlage entziehen konnten. Eine davon wies bei Menschen bis zu einem Alter von ca. 70 Jahren noch neu gebildete Nervenzellen im Gehirn nach [2]. Und zwar im Hippocampus, also in einer Region des Gehirns, die für Lernen und Gedächtnisbildung eine maßgebliche Rolle spielt. Diese Erkenntnis war bahnbrechend, war doch bis dahin die Meinung vorherrschend, dass Gehirnzellen nur im Kindes- oder Jugendalter gebildet werden konnten. Was bis dahin gebildet wurde, damit musste man sein ganzes Leben wohl oder übel auskommen, so dachte man.

Die Neubildung von Nervenzellen aus bestimmten Stamm- bzw. Vorläuferzellen bezeichnen die Wissenschaftler als Neurogenese. Unterstützt wird sie durch sogenannte Stimuli – als solche dienen zum Beispiel neue Umgebungen oder Herausforderungen. Sie regen die jungen Nervenzellen dazu an, innerhalb der ersten Wochen nach Zellteilung eine große Anzahl von neuen synaptischen Kontakten zu bilden. „In genau diesem Zeitfenster scheinen sie auch zu einer besseren Lernfähigkeit und zu besseren Gedächtnisleistungen beizutragen", so die Forscher [2]. Wer zu viel rastet, rostet also doch oder anders gesprochen: Wer sein Gehirn nicht anregt, hat ein faules Gehirn.

**Veränderung braucht Druck**
Einen weiteren Beweis dafür, dass wir Menschen biologisch gesehen für Weiterentwicklung und weniger für Stillstand vorgesehen sind, lieferte die

US-amerikanische Genetikerin und Botanikerin Barbara McClintock. Sie entdeckte einen DNA-Abschnitt im menschlichen Genom, der sich in einer anderen Stelle neu eingliedern kann und damit aus sich selbst heraus beweglich ist: das Transposon. Ein Transposon besitzt die Fähigkeit, in andere Zellen zu springen und damit auch Information weiterzugeben. Forscher sprechen dabei von einem Parasit im Parasit, der sowohl Gutes in Form von evolutionärem Lernen, als auch Schlechtes in Form von Krankheiten und Mutation hervorbringen kann [3]. McClintocks Erkenntnis war so weitreichend – bis dahin galt das menschliche Genom als statisch – dass die Forscherin 1983 den Nobelpreis dafür erhielt. Obwohl auf diesem Gebiet noch viele Fragen offen sind, steht eines fest: Springende Gene sind in uns Menschen nach wie vor aktiv. Sie gelten als eine Art Evolutionsreserve, damit wir uns an geänderte Umweltbedingungen anpassen können – nicht nur mit unserem Verhalten, sondern sogar mit unseren Genen! Was unsere Gene allerdings dafür brauchen, ist ein gewisser „Druck". Salopp gesagt, benötigen unsere Gene einen guten Grund, um sich die Veränderung anzutun, denn auch sie sind – wir erinnern uns – ressourcenoptimiert.

Veränderungsdruck für unsere Zellen können wir selbstverständlich selbst herstellen, in dem wir uns – wie zuvor angeführt – freiwillig Neuem oder neuen Umgebungen aussetzen. Nicht umsonst herrscht weitgehend Einigkeit darüber, wie sehr Lesen bildet oder Reisen den Horizont erweitert. Neben diesem freiwillig erzeugtem Veränderungsdruck sind es aber viel häufiger von außen gesteuerte Veränderungen, die Anpassung notwendig machen. Die jüngste Vergangenheit führte uns dieses Phänomen vor – ob es die Covid-19-Pandemie oder der Krieg in der Ukraine war. Wir waren gezwungen, uns anzupassen: Masken zu tragen, Businesspläne neu zu schreiben, neue Geschäftsmodelle zu entwickeln oder unsere Energienutzung bewusst zu überdenken.

## 5.2 Individuelle und organisationale Veränderungskompetenz

Dass wir von Natur aus für Dynamik und Veränderung gerüstet sind, ist gut so. Denn Zukunftsforscher lassen wenig Zweifel daran, dass es auch in Zukunft in der Tonalität einer VUCA-Welt weiter gehen wird. In den nächsten Jahrzehnten werden wir womöglich häufiger als uns lieb ist mit Ereignissen konfrontiert, die wir nicht für möglich gehalten hätten. Über sie oder ihre hypothetischen Konsequenzen und Entwicklungen nachzudenken, wäre aus heutiger Perspektive verschwendete Energie. Sie werden sich nicht mehr mit kausalen Wirkungszusammenhängen erklären lassen. Wesentlich intelligenter ist es, in unsere Veränderungsfähigkeit zu investieren, damit wir dann, wenn wir reagieren müssen, vorbereitet sind und auch reagieren können.

Diese Prämisse gilt für Individuen gleichermaßen wie für Organisationen und stellt uns Führungskräfte vor besondere Herausforderungen. Sie verlangt Veränderungsbereitschaft auf der persönlichen Ebene und fordert uns darüber hinaus auf, Veränderungsbereitschaft in unseren Organisationen zu trainieren und zu kultivieren.

- *Auf der persönlichen Ebene* müssen wir uns selbst dazu herausfordern, Entscheidungen auch in unsicheren Zeiten zu treffen und kognitiv wachsam und veränderungswillig zu bleiben. Entscheidend ist es dabei, unsere Rolle als Vorbild zu akzeptieren und entsprechend wahrzunehmen.
- *Auf der methodisch strukturellen Ebene* sind wir als Führungskräfte dazu aufgefordert, permanent neue Instrumente und Methoden auszuprobieren und deren sinnvollen Einsatz zu prüfen, Arbeitsweisen zuzulassen oder Rahmenbedingungen anzupassen, damit der wandelbare Kontext bestmöglich bewältigt werden kann.
- *Auf der Rollenebene* sind wir zunehmend gefordert, die Funktion eines Begleiters für unsere Mitarbeiter einzunehmen und sie auf dem Weg zu einer veränderungsbereiten Haltung zu inspirieren, ermutigen und zu unterstützen.

---

**DEEP DIVE: Aus VUCA wird BANI**

Unser Gehirn mag es gern ordentlich. Prasseln Informationen auf uns ein, die unverständlich sind, können wir Phänomene nicht mehr logisch erklären oder Ursache-Wirkungszusammenhänge immer seltener erschließen, entsteht Stress – in manchen Fällen sogar Angst. Aus diesem Grund schaffen wir uns sogenannte Frameworks. Sie helfen uns, Entwicklungen leichter einzuordnen und im besten Fall passende Bewältigungsstrategien zu finden.

Eines dieser Frameworks, das über viele Jahre zu einem besseren Verständnis der Realität beigetragen hat, war VUCA. Das Akronym beschrieb die Welt der Jahrtausendwende als volatil, unsicher, komplex und ambiguous, also mehrdeutig. Damals mussten wir erkennen, dass die gewohnte Art und Weise unserer Zusammenarbeit in dieser neuen VUCA-Welt an Wirksamkeit verlor: mittel- oder langfristige Strategiepläne wurden immer schneller obsolet, Projektpläne entfernten sich schon nach kürzester Zeit von der Realität und neue Generationen von Arbeitskräften forderten Augenhöhe, Vertrauen und Flexibilität. Notgedrungen begannen wir, uns neue Arbeitsweisen anzueignen (z. B. Hypothesenbildung, exploratives Vorgehen, agiles Arbeiten etc.) oder uns neu zu organisieren (z. B. in Kreis- oder Netzwerkstrukturen).

## 5 Wie motiviere ich meine Mitarbeiter zur Veränderung?

Die Veränderungsdynamik der Welt schien allerdings spätestens mit der Covid-19-Pandemie erneut an Fahrt aufzunehmen. Globale Systeme wie beispielsweise Lieferketten erwiesen sich nicht mehr nur volatil, sondern plötzlich bedrohend anfällig für totales Versagen. Aus Unsicherheit wurde vielerorts Angst – angetrieben von einer Multi-Channel-Medienwelt, in der es immer schwieriger wird, Fake News von tatsächlicher Information zu unterscheiden. Die Unruhe in unseren Gehirnen, die wir spätestens zur Finanzkrise im Jahre 2007/08 wahrnahmen und die mit der Einordnung dieser neuen Welt in das VUCA-Konzept wieder etwas gestillt werden konnte, machte sich nach der Covid-19-Pandemie und dem Krieg in der Ukraine erneut bemerkbar. Brauchen wir ein neues Framework? Eine neue Brille, um die Welt wieder klarer zu verstehen? Oder sind gegenwärtige Entwicklungen einfach nur die Konsequenzen dessen, was mit VUCA vor einigen Jahren ohnehin bereits begann?

BANI nennt sich ein neues Framework, das Anfang 2020 durch einen Beitrag des Zukunftsforschers Jamais Cascio Einzug in die Expertendiskussionen fand [4]. Kann es uns helfen, Entwicklungen besser zu verstehen und unsere teilweise abhanden gekommene Handlungsfähigkeit wieder zurückzugewinnen? Handelt es sich dabei um etwas grundlegend Neues oder könnte man es auch als VUCA 2.0 beschreiben? Wie in Abb. 5.1 dargestellt, handelt es sich bei BANI wie schon bei VUCA um ein Akronym:

- **Von Volatil zu Brittle**
  Eine volatile Welt überrascht uns mit neuartigen Phänomenen (z. B. Disruptionen durch Start-ups wie es beispielsweise UBER gelang) und unsteten Entwicklungen (z. B. die Entwicklung des Rohölpreises). Mit der Corona-Pandemie und dem Krieg in der Ukraine wurde diese Volatilität auf die Spitze getrieben: der Zusammenfall ganzer Systeme drohte (z. B. Internationale Lieferketten, Versorgung Europas mit Erdgas). Im BANI Framework wird diese neue Form der Volatilität als Brittle, spröde, bezeichnet. Diese Sprödigkeit ist eine Konsequenz permanenten Stresses, dem Systeme durch eine hohe Volatilität ausgesetzt sind.
- **Von Uncertain zu Anxious**
  Angst schränkt den Zugriff auf jenes Areal unseres Gehirns ein, das uns vorausschauendes und zusammenhängendes Denken und Entscheiden ermöglicht. Angst erzeugt Handlungsunfähigkeit und ist der Tod jeglicher Kreativität. Bestimmt Angst unser Tun, schieben wir anstehende Entscheidungen vor uns her, wir handeln nur zögerlich oder überhaupt nicht

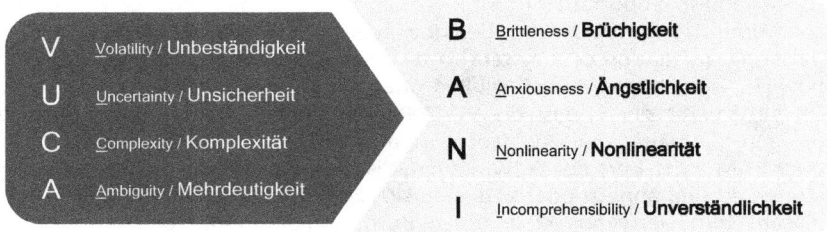

**Abb. 5.1** Aus VUCA wird BANI

und wagen es nicht länger, kreative Lösungen anzugehen. Permanente Unsicherheit kann ein Treiber von Angst sein. Wesentlich verstärkt wurde diese Entwicklung in den letzten Jahren durch die Medien und deren Fokus auf Gewalt, Zerstörung und Bedrohung: Die mediale Darstellung von Ereignissen in Echtzeit, ungefiltert, ohne Zusammenhang und in vielen Fällen sogar ohne oder mit verzerrtem Wahrheitsgehalt (Fake News) stimuliert unsere Wahrnehmung von einer unberechenbaren, apokalyptischen Welt und verstärkt den Trend von Unsicherheit zur Angst.

- **Von Komplex zu Non-linear**
  Bereits in VUCA konnten kausale Zusammenhänge immer seltener hergestellt werden. In der Welt der 2020er-Jahre, deren Dynamik und Volatilität im ständigen Wachsen begriffen scheint, verstärkt sich auch diese Eigenschaft. Als Non-linear bezeichnet BANI diesen Umstand, in denen Ursache und Wirkung großteils völlig unverhältnismäßig scheinen. Alles hängt mit allem zusammen – alles kann unvorhersehbare Folgen haben. Was wir heute tun, wird sich erst mit enormer Verzögerung auswirken. Wir erleben das heute im Bereich des Klimawandels: Selbst wenn wir heute den Ausstoß von $CO_2$ stoppen, wird die weltweite Temperatur wohl weiterhin steigen.

- **Von Ambiguous zu Incomprehensible**
  Der Überfall auf die Ukraine. Der Vormarsch der Technologisierung. Immer häufiger entziehen sich Ereignisse oder Entwicklungen unserer Logik – sie erscheinen uns nicht nachvollziehbar oder sogar sinnlos. Sei es, weil die Erklärungen dafür nirgendwo in der Geschichte zu finden sind. Oder weil wir Entwicklungen nicht länger kognitiv erfassen können – wie beispielsweise im Falle von künstlichen Systemen (KI), die mit einem Netz aus Logik arbeiten, das das menschliche Gehirn immer seltener erklären kann. Dass darauf unterschiedlich reagiert wird, zeigt der Fall Blake Lemoine. Der ehemalige Google Engineer wurde freigestellt, nachdem er wiederholt darauf hingewiesen hat, dass das von ihm programmierte Computerprogramm empfindungsfähig geworden war [5].

In der Fachwelt herrscht Uneinigkeit darüber, ob BANI nun als eine Weiterentwicklung von VUCA zu verstehen oder ob auch eine Koexistenz beider Ansätze denkbar ist. Der Begründer des BANI-Akronyms, Jamais Cascio, sieht durchaus die Notwendigkeit einer neuen Sprache, also eines neuen Frameworks, weil VUCA bereits zum Normalzustand wurde und uns nicht mehr ausreichend auf das vorbereitet, was noch kommen wird. „We have become so thoroughly surrounded by a world of VUCA that it seems less a way to distinguish important differences than simply a depiction of our default condition. Using ‚VUCA' to describe reality provides diminishing insight; declaring a situation or a system to be volatile or ambiguous tells us nothing new [3]." Ich stimme dem BANI-Begründer hier grundsätzlich zu, wenngleich ich nicht wahrnehme, dass die VUCA-Realität bereits in allen Organisationen (in deren Ablauf- und Aufbauorganisationen) angekommen ist. Ob VUCA oder BANI – der Kurs der Entwicklungen ist der gleiche und die Bewältigungsstrategien sind ähnlich oder bedienen sich zumindest ähnlicher Prinzipien. Aus diesem Grund verwende ich in diesem Buch auch das etablierte Akronym VUCA – wohlwissentlich, dass VUCA die Gegenwart und weniger die Zukunft darstellt.

## 5.3 Veränderung braucht strukturelle Rahmenbedingungen

Sie kennen das bestimmt: Vision, Strategie, Zielbild, Werte – alles vor Jahren definiert, alles in Hochglanzfoldern grafisch ansprechend aufbereitet oder sogar auf T-Shirts gedruckt. Und doch kochen viele im Unternehmen immer noch ihr eigenes Süppchen. „Wir machen das schon immer so", heißt es dann, oder „bei uns funktioniert das nicht". Bei einem großen deutschen Finanzdienstleister versuchten wir diese Thematik vor einigen Jahren neu in Angriff zu nehmen. Die vorliegende heterogene Struktur war das Ziel, gleichermaßen wie eine stärkere Vernetzung der Führungskräfte durch einen regelmäßigen Erfahrungsaustausch. Denn nur dadurch kann sich – darüber war sich auch das Top-Management des Konzerns im Klaren – das Unternehmen in Richtung einer selbstlernenden Organisation entwickeln.

**Werkraum Führung**

Wir entschieden uns für ein damals innovatives Format, das insbesondere darauf abzielte, Führungskräfte zur Gestaltung und zum bereichsübergreifenden Austausch zu aktivieren: Der Werkraum Führung. Mit diesem Konzept versuchten wir durch räumliche Gegebenheiten, ausgewählte Veranstaltungen und kollegiale Reflexionspatenschaften nicht nur einen Veränderungsprozess zu unterstützen, sondern auch das Zusammenwachsen der Führungskräfte und eine Harmonisierung unterschiedlicher Vorstellungen von Führung, Strategie und Werte zu erreichen.

Gestartet wurde die Initiative mit der Installation eines sogenannten „Werkraumes", eines Arbeitsplatzes, der in seiner Gestaltung an eine Art Werkstatt erinnerte. In der Mitte stand ein rechteckiger Tisch (die Werkbank), um den Tisch fanden sich Hocker ohne Lehnen. Tisch und Sitzmöglichkeiten waren von konkav geformten, riesigen beweglichen Wänden umgeben. Sie konnten zu einem geschlossenen Kreis zusammengestellt werden, um die Werkbank von der restlichen Umgebung abzugrenzen und so einen eigenen Raum zu schaffen. Gleichermaßen war es mithilfe dieser Wände auch möglich, den Raum zu öffnen und oder ihn in kleinere Separees zu unterteilen, die für kollegiale Coachinggespräche oder ergänzende Theorieinputs genutzt wurden. Heute erscheint uns diese flexible Gestaltung von Arbeitsumgebungen als nichts Besonderes, damals allerdings, im Jahre 2011, war dieser Zugang revolutionär.

Werkbank und Wände dieses Werkraumes waren mit einer Tafelwand überzogen – auf ihnen konnte geschrieben, gemalt und konstruiert werden. Alles in diesem Raum folgte dem Modell, dass Menschen interagieren. Gleichermaßen sollte alles in diesem Raum diese Interaktion unterstützen. Jeder Teilnehmer konnte sich Wände, Stühle, die Tafelwand zunutze machen – gleichermaßen lag es aber auch in seiner Verantwortung dies zu tun – die Interaktion wurde moderiert, aber nicht angeleitet. Das forderte die Teilnehmer natürlich heraus: Es bedurfte nicht nur ihrem proaktiven Zutun und Einbringen, ihr Handeln war auch für alle transparent, was eine unmittelbare Verantwortungsübernahme mit sich brachte: Wenn jemand etwas an die Wand schrieb, war es für alle sichtbar. Wenn jemand etwas löschte, ebenso. Niemand konnte nur für sich agieren, es bedarf immer der Absprache mit den anderen.

Die begrenzte Verfügbarkeit von Schreibfläche war darüber hinaus ein weiteres wichtiges Element dieses Projekts: Es stellte sicher, dass nur die wirklich wichtigen Dinge übrig blieben. War die Kreidefläche bereits vollgeschrieben, musste anderes – nach Absprache mit den Kollegen – gelöscht werden. Dieser Umstand sorgte für eine ungemeine Verdichtung und eine hohe Qualität der Ergebnisse.

**Beeinflusst die Umgebung das Verhalten von Menschen?**
So viel Aufwand für ein Mehr an Kommunikation? Sind erfahrene, motivierte Menschen nicht auch in einer gewöhnlicheren Umgebung fähig, sich mit Kollegen auszutauschen und Verantwortung zu übernehmen? „The environment shapes people's action." Diese Aussage wird dem wohl bekanntesten Vertreter des Behaviorismus, B. F. Skinner, zugeschrieben. Skinner war es auch, der in diesem Kontext den Begriff des „operanten Verhaltens" prägte und damit meinte, dass Verhalten nicht durch einen Reiz, sondern durch Gegebenheiten ausgelöst wird. Zunutze machen sich diese Erkenntnisse heutzutage viele Unternehmen und Betreiber von Co-Working-Spaces. Sie hoffen darauf, ihre Mitarbeiter oder Mieter durch entsprechende Arbeitsumgebungen zu mehr Zusammenarbeit und Kreativität ermutigen zu können bzw. die Arbeitsmotivation zu verstärken.

Die Erfahrungen in unserem Werkraum gaben Skinner zum Teil recht. Es zeigte sich, dass räumliche Voraussetzungen durchaus das Verhalten der Menschen beeinflussten: Ideen wurden wesentlich rascher illustriert, Hierarchien verloren an Bedeutung und typische Grüppchenbildungen lösten sich auf – es kam zu einer größeren Durchmischung und damit zu einem viel diverseren Austausch unter den Teilnehmern.

Gleichermaßen mussten wir aber auch feststellen, dass die Anreize des Raumes nicht ausreichend waren. Es benötigte das bewusste Setzen von Akzenten, das Lenken von Perspektiven, das Moderieren von Prozessen und das Zuteilen klarer Rollen, um einen Perspektivenwechsel und Verhaltensänderung bei den Beteiligten anzuregen. So war es uns zum Beispiel wichtig, dass auch die Vorstände den Werkraum durchliefen, das heißt, dass sie an einer 1,5-tägigen Veranstaltung teilnahmen und die gleiche Rolle wie alle anderen Teilnehmer ausfüllten. Die Vorstände profitierten persönlich von dieser Zeit, allem voran aber bewirkten sie eines: Sie unterstrichen ihre Rolle als Vorbild. Gleichermaßen bedeutsam war der Einsatz der Vorstände als Paten für Führungskräfte der ersten Hierarchieebene. Dadurch entstand ein Perspektivenwechsel für alle Beteiligten, der völlig neue Erkenntnisse bot. In systematischen, durch Vorgaben geführten Peer-Beratungen zwischen allen teilnehmenden Führungskräften konnten so innovative Lösungen für Probleme geschaffen werden, die die Organisation schon lange mit sich herumschleppte [6].

Kommen wir zurück zu der Frage: Beeinflusst die Umgebung das Verhalten von Menschen? Machte sich der Aufwand des Werkraumes bezahlt? Ja, davon bin ich überzeugt. Allerdings wirken sich räumliche Gegebenheiten nur dann förderlich für Veränderungen aus, solange ein Moderator Impulse setzt und aktiv zur Nutzung der Rahmenbedingungen auffordert – zumindest am Anfang. Besonders wichtig war hier der Wandel im Rollenverständnis des Moderators: Während er zu Beginn noch teilweise konkrete Impulse anbot, entwickelte er sich mehr und mehr zum Coach, der die Teilnehmer nicht mehr anleitete, sondern durch gezielte Fragen und Impulse zum selbstständigen Agieren ermutigte. Damit es zu dieser Selbstständigkeit kommen kann, bedarf es dem moderierten Üben neuer Praktiken, dem wiederholten Verwenden vorhandener Tools und Hilfsmittel und der laufenden Reflexion.

**Raum + Zeit = Veränderung**
Haben wir damit alle wesentlichen Zutaten für einen Veränderungs-Motivations-Cocktail? Wir haben ganz bestimmt viele davon. Eine Zutat, der wir in Veränderungsprozessen immer wieder zu wenig Bedeutung beimessen, ist der Faktor Zeit. Das betrifft jene Zeit, die wir einer Transformation gewähren, sich zu entwickeln. Das betrifft aber auch jene Zeit, die wir uns selbst und unseren Mitarbeitern einräumen, um zu reflektieren, nachzudenken und weiterzukommen (vgl. Abschn. DEEP DIVE: Führungszeit).

Fühlen wir uns ohnedies an den Grenzen unserer Belastbarkeit, sinkt die Bereitschaft zur Veränderung. Wir alle kennen das: Ist die Arbeitslast zu groß, spulen wir unser Standardprogramm ab. Dann greifen wir anstatt zu neuen Tools zu den bewährten und lassen neue Ideen gern einmal fallen, um nicht noch mehr Aufwand zu erzeugen. Das gilt für uns gleichermaßen wie für unsere Mitarbeiter. Erinnern Sie sich? Entscheiden, Neues ausprobieren, sich verändern, das alles kostet Denkleistung und damit Sauerstoff, Glucose – also Energie und läuft konträr zur archaischen ressourcenoptimierten Strategie unseres Gehirns. Wollen wir als Führungskräfte hier entgegenwirken, müssen wir demnach nicht nur räumliche, sondern vor allem auch zeitliche Räume schaffen, die für eine solche Weiterentwicklung reserviert sind.

### 5.3.1 Zeiträume für Veränderung schaffen

Unternehmen wie Google haben es mit ihrer Slack-time vorgemacht. Eine vertraglich zugesicherte Arbeitszeit, die fern von operativen To-dos, dafür reserviert ist, zu experimentieren, zu lernen oder Neues auszuprobieren. Google lieferte selbstverständlich damit gute Impulse, denken wir aber darüber hinaus! Viele moderne Formate eignen sich hervorragend, um bewusst einen Zeitraum für Veränderung zu schaffen. Vielen von diesen Formaten kennen wir auch – wir haben von ihnen gelesen, sie in Trainings kennengelernt oder bei Kollegen beobachtet. Setzen wir sie aber auch ein? Und setzen wir sie vor allem so ein, dass sie unserem unmittelbaren Zweck dienen? Meiner Erfahrung nach: Nein! Viel eher greifen wir in der Hektik des Arbeitsalltags auf Bekanntes zurück. Aus diesem Grund möchte ich hier einige bewährte Formate darstellen, die sich bei adäquater Nutzung hervorragend eignen, um Zeiträume zu schaffen, die ein Veränderungsmindset kultivieren.

> **Praxistipp: Was wir als Führungskraft nutzen können**
> - *Daylies:* Mit diesem aus dem SCRUM kommenden Meetingformat zur – wie es der Name verrät – täglichen Abstimmung, schaffen wir ohne viel Aufwand einen Fixpunkt für Transparenz, Reflexion und Feedback.
> Wir benötigen nicht zwingend ein Projekt, um Daylies in unseren Teams zu etablieren. Lassen wir uns von diesem Format inspirieren und schaffen wir regelmäßig einen kurzen Zeitraum (Daylies dauern in der Praxis nicht länger als 15 min.), um die Entwicklung im Team zu reflektieren und anzuregen. Entscheidend dabei ist es – und das gilt auch für die typischen Daylies – nicht in inhaltliche Diskussionen zu rutschen. Um das zu verhindern, ist der Fokus auf zwei bis vier Fragen, die sich täglich wiederholen, ratsam. Eventuelle

Konfliktgespräche oder Probleme, die mehr Aufmerksamkeit erfordern, können in unseren Daylies angesprochen werden, sollten aber nicht zu Ende diskutieren. Dafür eignen sich bilaterale Gespräche unmittelbar im Anschluss an das Daily.

- *Retrospektiven:* Retrospektiven sind Meetings, die ausschließlich der Verbesserung der Zusammenarbeit dienen. Sie finden ihren Ursprung wie Daylies im agilen Kontext und werden üblicherweise nach einem abgeschlossenen Arbeitsgang (z. B. Sprint) durchgeführt. Retrospektiven starten damit, einen möglichst objektiven Blick auf die Realität zu bekommen. Das heißt, mithilfe bestimmter Methoden wird das Feedback zum definierten Betrachtungszeitraum von allen Beteiligten eingeholt. Danach wird versucht, konkrete Lösungen für identifizierte Hindernisse zu erarbeiten. Zur Erinnerung: Es geht um die Zusammenarbeit, nicht um inhaltliche Herausforderungen! Vergleichbar mit Meetings, in denen „Hardfacts" diskutiert werden, endet auch eine Retrospektive mit konkreten To-dos und Entscheidungen, die für alle Teilnehmer als verbindlich gelten.

Ist dieser Zeitaufwand wirklich notwendig? Nur um die Zusammenarbeit zu reflektieren? Ist das zeitgemäß? Ja! Ich bin mehr als überzeugt, dass es in unserer dynamischen und hektischen Zeit unabdingbar ist, aktiv an der Zusammenarbeit zu arbeiten. Tun wir das nicht proaktiv und permanent, spüren wir erst die Brüchigkeit – und diese führt in vielen Fällen zum totalen Zerfall von Systemen (s. Abschn. Deep Dive: Aus VUCA wird BANI).

Damit sind Retrospektiven aus meiner Sicht ein modernes und absolut notwendiges Instrument der Führung und Kulturentwicklung. Sie schaffen Transparenz, helfen, die Realität zu verstehen und signalisieren: Liebe Mitarbeiter, eure Bedürfnisse, eure Emotionen und Ängste sind uns als Führungskräfte wichtig!

Ich persönlich greife für Retrospektiven häufig auf die Methode *Walk and Talk* aus dem Kap. 6 zurück.

## 5.3.2 Gedankliche Räume für Veränderung schaffen

Wie das zuvor genannte Beispiel des „Werkraumes" gezeigt hat, verändern räumliche Gegebenheiten unser Verhalten – unter bestimmten Voraussetzungen. Eine Führungskraft eines mittelständischen Unternehmens ließ beispielsweise die Wände zwischen den Büros seiner Konstrukteure und Vertriebsmitarbeiter herausreißen, um den Dialog dieser beiden Schnittstellen zu fördern. Die positive Wirkung dieser Maßnahme wurde unter anderem an der Nutzung des Meeting-Raumes deutlich. Er wurde von nun an weniger genutzt, weil viele Abstimmungen auf kurzen Wegen erledigt werden konnten.

Müssen wir nun Wände rausreißen, um die Veränderungsbereitschaft unserer Mitarbeiter zu erhöhen? Ja, vielleicht müssen wir das. Nicht immer handelt es sich dabei um physische Mauern. Viel häufiger sind es kulturelle und strukturelle Mauern, die gedankliche Lernräume verhindern, es uns unmöglich machen, unsere Perspektiven zu erweitern, Kreativität zu leben und Veränderungsimpulsen nachzugehen. Diese Mauern gilt es als moderne Führungskräfte niederzureißen.

Wie das geht? Erfreulicherweise ist mittlerweile eine ganze Reihe von Methoden und Tools im Umlauf, die jene Inspiration bieten, die wir brauchen, um neue Perspektiven einnehmen und neue Lösungswege erarbeiten zu können. Sie können dazu beitragen, genau diesen gedanklichen Raum zu schaffen, den Veränderung benötigt.

---

**Praxistipp: Was wir als Führungskraft nutzen können**

- *Inspiration durch externe Impulse: Der Makerspace.* Im klassischen Verständnis arbeiten Menschen in einem Makerspace an physischen Objekten, um Ideen auszuprobieren oder voranzutreiben. Ähnlich wie in einem Hobbykeller steht dabei unterschiedliches Equipment zur Verfügung (z. B. je nach Branche unterschiedlich, von 3-D-Drucker über Kanban Boards bis hin zu spezieller Software). Wertvoll ist ein Makerspace auch deshalb, weil er eine klare (auch physische) Abgrenzung zum Tagesgeschäft ermöglicht. Das konnten wir zum Beispiel auch im Projekt Werkraum Führung beobachten. Können wir den Leistungsdruck des Tagesgeschäfts vor der Tür des Makerspace lassen, dann fällt es leichter, uns auf Exploration, auf Spiel und Spaß einzulassen.
- *Inspiration durch Beteiligung: Die 1-2-4-All-Methode* [7]*:* Diese Methode eignet sich, um Ideen und Vorschläge für konkrete Fragestellungen zu generieren und dabei sicherzustellen, dass jeder eingebunden ist.
  – Dabei wird im ersten Schritt der Gruppe eine konkrete Frage gestellt. Innerhalb einer Minute schreibt jeder seine Gedanken dazu auf.
  – Danach werden die Ideen in Zweiergruppen weiterentwickelt (Zeitrahmen: 2 min.)
  – Nun werden die Ideen aus den Paaren in Vierergruppen diskutiert: Wo liegen die Gemeinsamkeiten, wo die Unterschiede? Welche finale Idee ist die beste? (4 Min.)
  – Abschließend erklärt jede Gruppe im Plenum, ihre favorisierte Idee (5 min.)
- *Inspiration durch Wettbewerb: Bejing Situation.* In meinen Aufenthalten in China in den frühen 2000er-Jahren lernte ich, dass Kopieren in China als Wertschätzung verstanden wird. Dementsprechend reagierten Unternehmen darauf nicht mit dem Versuch, dieses Verhalten zu verhindern, sondern damit, immer einen Schritt voraus zu sein. Diese Art zu Denken ist sehr zeitgemäß! Großunternehmen leisten sich heute bereits Teams, die gezielte Angriffe auf das eigene Geschäftsmodell planen und auswerten. Das mag aufwendig erscheinen – trainieren sollten wir diesen Muskel in unseren Teams und Organisationen unbedingt! Wir können uns dafür zum Beispiel die Methode „Kill your company" zunutze machen. Begeben wir uns mit unserem Team auf nachfolgende Gedankenreise: Was wäre, wenn morgen jemand unser Produkt 1:1 kopiert und sogar in der Lage wäre, es etwas günstiger zu verkaufen? Was müsste unser Produkt oder unser Unternehmen haben, dass Kunden trotz der Preisdifferenz bei uns kaufen?

## 5.4 Eine veränderungsbreite Haltung unterstützen

Jeder von uns heute kennt jemanden, der sich zu Jahresbeginn vornimmt, im kommenden Jahr drei Dinge zu tun, die er noch nie getan hat oder endlich tun muss. Ich bin kein großer Verfechter von Neujahrsvorsätzen, nehme mir aber auch jedes Jahr die ein oder andere Sache vor. Warum? Weil ich mich immer wieder gern selbst herausfordere und im Laufe der Zeit beobachten konnte, wie ich damit nicht nur neue Erfahrungen machte, sondern in Bezug auf Veränderungsbereitschaft und Entwicklung richtig in Fahrt kam. Wie es dazu kommt und was dabei in unserem Gehirn vorgeht, erklärt James Clear in seiner 1%-Methode.

Clear ist davon überzeugt, dass jeder, der Tag für Tag um 1 % besser wird, auf lange Sicht sehr viel erreicht. In diesen kleinen Schritten können sich Veränderungen nämlich zu Gewohnheiten entwickeln und diese führen im Laufe der Zeit zu einer exponentiellen Wirkung, so Clear [8]. Ich nehme an, viele von Ihnen haben das bereits einmal erlebt: Das Gefühl, das Sie motivierte, am nächsten Tag wieder laufen zu gehen, weil es Ihnen am Tag davor so gutgetan hat. Oder die Erinnerung daran, wie zufrieden und genüsslich Sie gestern zu Bett gegangen sind – ohne das Glas Rotwein und die halbe Packung Chips im Magen. Hat Sie die Erinnerung motiviert, es am nächsten Tag wieder zu tun?

Clear ist davon überzeugt, dass wir jede Veränderung bewältigen können, wenn wir es verstehen, unser Gehirn entsprechend umzuprogrammieren. Der Weg dorthin führt in kleinen Schritten. In kleinen Schritten, die anfänglich zu kleinen, im Laufe der Zeit aber zu großen Erfolgen führen. Mit jedem kleinen Erfolg registriert unser Gehirn, dass es gut ist, und es regt uns an, es wieder und wieder zu tun. Und so entwickeln wir nach und nach Veränderung um Veränderung das, was James Clear als „Gewohnheit" und ich als „veränderungsbereite Haltung" bezeichne: ein Change Mindset. Eine Haltung, die nicht länger das Bewahren von Erprobtem anstrebt, sondern ständige Anpassung und Weiterentwicklung sucht und Freude dabei hat.

> **DEEP DIVE: Kleine Veränderung – große Wirkung. Die 1%-Methode nach James Clear [9]**
>
> Das freundliche Hallo beim Betreten des Büros. Die Frage nach dem Befinden am Beginn eines Meetings, die man auch aufgrund von hohem Zeitdruck nie auslässt. Das konsequente Dokumentieren von Entscheidungen. Geht es nach

James Clear, Autor und Experte auf dem Gebiet der Gewohnheitsbildung und Entscheidungsfindung, sind es unsere kleinen Gewohnheiten, die über unser Leben und damit auch über Erfolg und Misserfolg bestimmen. Er ist davon überzeugt, dass sich Gewohnheiten zu unserem Vor- oder Nachteil potenzieren können. Gemäß dieser Logik haben auch kleine Veränderungen unserer Gewohnheiten massive Auswirkungen – wenngleich diese auch nicht immer unmittelbar sichtbar werden, sich aber in Retrospektiven deutlich zeigen. Für Clear führt nachhaltige Veränderung damit nicht über breitangelegte Transformationen, sondern über das gezielte Schrauben an oder das bewusste Setzen von nützlichen Gewohnheiten. Kleine Veränderungen mit großer Wirkung.

**Die Gewohnheitsschleife**
Der Aufbau einer Gewohnheit verläuft in unserem Gehirn immer in vier Schritten: Zunächst löst ein Auslösereiz ein Verlangen aus. Das tut er immer dann, wenn der Reiz von unserem Gehirn gedeutet wird, das heißt, eine Belohnung verspricht. Riechen wir den Duft von Kaffee, verlangen wir eigentlich nicht nach dem Heißgetränk, sondern nach der Entspannung bzw. dem Energieschub, den uns der Adenosin-Hemmer Kaffee verspricht. „Man verlangt nicht nach der Gewohnheit an sich, sondern nach der Veränderung des Zustandes, die sie bewirkt", erklärt Clear [10]. Im Falle von Kaffee: Adenosin blockiert ausgewählte Rezeptoren im Gehirn und voilà, wir fühlen uns nicht mehr müde. Wird also der Auslösereiz gedeutet, entsteht ein Verlangen, seinen Zustand zu ändern. Verlangen ist die eigentliche Motivation hinter jeder Gewohnheit und führt zu einer Reaktion. Löst diese jene Belohnung aus, an die der Auslösereiz ganz zu Beginn der Viererkette dachte, schließt sich der Kreislauf. Man spricht von einer neurologischen Feedbackschleife (s. Abb. 5.2). Durch sie entstehen Gewohnheiten, weil unser Gehirn so intelligent ist, aus Erfahrungen zu lernen: „Ahh, dunkles Heißgetränk macht wach. Das ist gut. Wiederholen." Diesen Zyklus bezeichnet Clear als Gewohnheitsschleife [10].

**Wie die Veränderung einer Gewohnheit gelingt**
Um Gewohnheiten zu ändern, bedarf es zunächst einmal des Verständnisses, wie Gewohnheiten zustande kommen. In einem nächsten Schritt gilt es, den eben beschriebenen vier Schritten einen Rahmen zu geben, sie in ein Regelwerk zu packen, das es uns möglich macht, gute Gewohnheiten zu fördern und schlechte loszuwerden. Dafür hat Clear vier Gesetze der Verhaltensänderung entwickelt:

1. Der Auslösereiz muss offensichtlich sein. Wie kann ich ihn offensichtlich gestalten? Wir müssen uns unseren Gewohnheiten bewusst sein, um sie verändern zu können.
2. Das Verlangen muss attraktiv sein. Wie kann ich es attraktiv gestalten? Bedürfniskombinationen machen eine Gewohnheit attraktiver. Dabei wird eine erwünschte Aktion mit einer erforderlichen kombiniert. Wenn Sie zum Beispiel gerne Kaffee trinken und mehr Wasser trinken möchten, dann könnten Sie versuchen, zu jedem Kaffee ein Glas Wasser zu genießen.
3. Die Reaktion muss einfach sein. Wie kann ich es einfach gestalten? Grundsätzlich ist es wichtig, dass die erforderliche Reaktion im Rahmen unserer

5 Wie motiviere ich meine Mitarbeiter zur Veränderung?

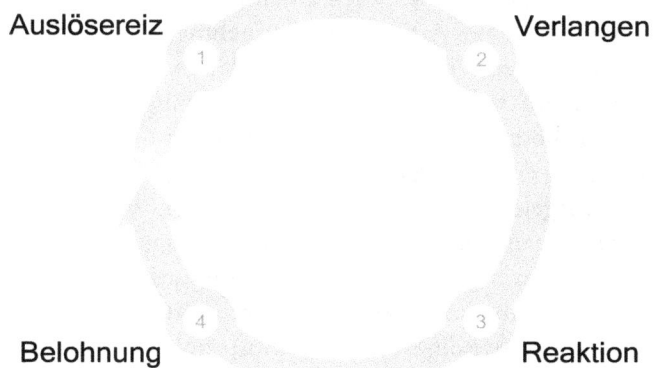

**Abb. 5.2** Die neurologische Gewohnheitsschleife nach James Clear. (Quelle: Eigene Darstellung (angelehnt an Clear, James (2020) Die 1 % Methode. Minimale Veränderung, maximale Wirkung. Goldmann, München))

> Kompetenzen liegt. Erleichtern können wir uns Aktionen durch Üben und Automatisieren.
> 4. Die Belohnung muss befriedigend sein. Wie kann ich es befriedigend gestalten? Hier spielt der Zeitfaktor eine wichtige Rolle: „Was sofort belohnt wird, wird wiederholt. Was sofort bestraft wird, wird vermieden [11]." Wenn Sie Ihr Glas Wasser trinken, bevor Sie Ihren Kaffee genießen, haben Sie beides: Ihr Vorhaben umgesetzt und eine Belohnung dafür bekommen.
>
> **Anwendung dieser Logik in der Arbeitswelt**
> Ob bewusst oder unbewusst – in agilen Arbeitsweisen werden einige dieser Gesetze angewandt:
>
> - *Dokumentation und Reflexion* beispielsweise durch Kanban Boards und Retrospektiven sorgen für Transparenz; Arbeitsweisen, Prozesse, Verhaltensweisen werden sichtbar.
> - *Einfachheit und Klarheit* durch klare Spielregeln und Frameworks sorgen für Arbeitsroutinen, die Effizienz schaffen und Ressourcen kreative und schöpferische Tätigkeiten freimachen.
> - *„Fail Fast"* lautet ein wichtiges Prinzip im agilen Arbeiten. Es soll unnötigen Ressourceneinsatz gleichermaßen vermeiden, wie das Einschleifen schlechter Gewohnheiten.

**Veränderungsbereitschaft muss vorgelebt und trainiert werden**

Als Führungskräfte ist es unsere Aufgabe, diese Entwicklung zu initiieren und zu begleiten. Das tun wir beispielsweise, indem wir – wie zuvor dargestellt – Gedankenräume für Neues schaffen, Zeiträume für Reflexion und Weiterentwicklung einführen oder bewusst Inspiration ins Team oder die

Organisation holen. Das tun wir eben auch, indem wir Anpassung und Veränderung in unser tägliches Arbeitsleben aufnehmen und Veränderung selbst als eine Konstante akzeptieren, verstehen, vorleben sowie bewältigen lernen. Leben wir das, dann nehmen wir der Veränderung das Bedrohliche und schaffen den Nährboden dafür, dass Veränderung zur Gewohnheit wird und ihre ganze Wirkung entfalten kann.

Inspirierend vorgelebt bekommen wir dieses Mindset in vielen Start-ups. Angetrieben von Ideen und Leidenschaften, ermutigt durch einen Rahmen, der viel Autonomie ermöglicht, aber nicht selten auch als Konsequenz eingeschränkter Rahmenbedingungen wird in Start-ups ganz einfach viel ausprobiert. Dieses ständige mutige Ausprobieren, dieses wiederholt bewusste über den Tellerrand-Denken, diese regelmäßige Konfrontation mit Disruptionen macht etwas mit dem Mindset der Teammitglieder oder Kollegen! Es trainiert ihre Veränderungsbereitschaft! In kleinen Schritten!

Selbst wenn wir es gehäuft in Start-ups beobachten, braucht es auch keine spezifischen Charaktereigenschaften von Start-up-Gründern und Teams, um Veränderungsbereitschaft zu kultivieren. Was es braucht, sind zukunftsverändernde Verhaltensweisen, die so konsequent gelebt werden, dass sie zur Gewohnheit werden. Ist das einmal passiert, zieht das Mindset in uns nach!

## 5.5  Veränderungen begleiten

Wir können unser Skillset trainieren. Und an unserer Resilienz arbeiten. Oder wie es James Clear empfiehlt, unsere Gewohnheiten ändern. Trotzdem wird uns VUCA immer wieder mit Veränderungen überraschen, die uns oder unsere Organisationen zumindest kurzfristig überfordern. Für einen überschaubaren Zeitraum ist das kein Problem – auch nicht für uns als Führungskräfte. Im Gegenteil: Manchmal ist die vertrauensbildendste Maßnahme jene, das Problem einzugestehen. Seinen Mitarbeitern offen mitzuteilen, dass wir die Veränderung weder persönlich begrüßen noch fertige Lösung dafür in der Schublade haben. Gleichermaßen wichtig ist es aber auch zu bekräftigen: Ich bin Teil davon! Auch ich empfinde die Situation als Herausforderung, aber ich weiß, dass wir uns auf unsere Kompetenzen und Fähigkeiten verlassen können. Wir haben Werkzeuge, Prozesse, Strukturen. Den Weg gehen wir gemeinsam und die Lösung finden wir im Team. Also lasst uns jetzt daran gemeinsam arbeiten!

Was dieses Führungsverhalten bewirken kann, zeigte der ukrainische Präsident Wolodymyr Selenskyj auf dramatische Art und Weise. Als am 24.02.2022 russische Truppen in die Ukraine eindrangen, machten sehr schnell Gerüchte die Runde, Selenskyj und seine engsten Mitarbeiter wären ins Ausland geflohen. Daraufhin veröffentlichte Selenskyj am Tag nach der Invasion ein Video von ihm und seiner Regierungsmannschaft vor dem Präsidentenpalast in Kiew [12]. Seine Botschaft war unmissverständlich: Wir sind da. Wir leisten gemeinsam Widerstand. Eine Botschaft, die ihre Wirkung nicht verfehlte. Das ukrainische Volk kämpfte mit unglaublichem Mut und bemerkenswerter Beharrlichkeit gegen ein überlegenes russisches Heer und vereitelte so Putins Plan von einer schnellen Eroberung des Nachbarlandes.

Auch in weniger tragischen Umständen kann diese Botschaft transportiert werden. Michael Nerge ist Vorstandsmitglied der LifeStyle Protection Lebensversicherung AG. Ihm war es ein Anliegen, seinen Mitarbeitern während der Corona-Pandemie Sicherheit zu vermitteln. Sofern es die gesetzlichen Bestimmungen es erlaubten, ging Michael Nerge während der Pandemie ins Büro – selbst dann, wenn er allein dort saß. Er wollte seinen Mitarbeitern vermitteln: Ich bin da. Ich sorge dafür, dass der Laden nicht untergeht.

> **Praxistipp: Was wir als Führungskraft tun können**
>
> 1. *Stellen wir Dringlichkeit her:* Unsere Transposonen springen dann, wenn der Stimulus stark genug wird. Wir verändern unsere Gewohnheiten dann, wenn die Aussicht auf einen belohnenden Zustand attraktiv genug ist. Wir brauchen den Impuls von außen, um Veränderung zu initiieren. Denken wir daran, wenn wir uns wieder einmal dazu hinreißen lassen, eine Veränderung kleinzureden. Erzeugen wir stattdessen Transparenz und Dringlichkeit und geben wir der Veränderung einen Sinn! Das tun wir, indem wir Konsequenzen schonungslos aufzeigen und eine erstrebenswerte Vision anbieten.
> 2. *Sorgen wir für Sicherheit:* Um komplexe Sachverhalte zu verstehen oder wirkungsvolle Lösungen zu finden, benötigen wir die Leistung unseres präfrontalen Cortex, die Bühne unserer Kreativität und unseres Problemlösedenkens. Wir brauchen jenes Areal unseres Gehirns, das unsere höheren geistigen Leistungen hervorbringt: Das uns zum Beispiel Situationen einschätzen und vorausschauend denken lässt. Stehen wir unter extremem Stress (zum Beispiel verursacht durch große Unsicherheit, Überforderung oder Ähnlichem) ist unser Zugang zu diesen kognitiven Leistungen bedeutend eingeschränkt. Schuld daran ist die Amygdala, unser Angstzentrum, das uns anstatt mit dem PFC zu denken, nur reagieren lässt: mit Angriff, Flucht oder Starre (Fight, Flight, Freeze). Keine dieser Reaktionen ist förderlich für Organisationen und deren komplexe Probleme, die es zu lösen gilt. Verstehen wir es als Führungskräfte, die Amygdala unserer Mitarbeiter wieder in den Standby-Modus zu versetzen, schaffen wir die Voraussetzungen für Leistung und Wirkung. Was wir dafür tun müssen? Sicherheit wiederherstellen. Das bedeutet nicht, Lösungen präsentieren zu müssen, aber Räume zu schaffen, in denen Mitarbeiter Neues risikolos ausprobieren, durchdenken und entdecken können, um sich so auch schneller von Altem verabschieden zu können.

3. *Schaffen wir Beteiligung:* Der größte Feind der Veränderung ist die Furcht vor dem Ungewissen. Was ist denn jetzt mein Job? Wie werden wir dann arbeiten? sind Fragen, die Menschen beschäftigen, wenn Veränderungen angekündigt werden. Schaffen wir es als Führungskräfte, unsere Mitarbeiter zu Beteiligten und im besten Fall zu Tätern zu machen, sorgen wir für Gewissheit und das Gefühl, dass die Veränderung bewältigt werden kann. Beteiligung erzeugen wir dann, wenn wir unseren Mitarbeitern ihre Arbeitsfähigkeit zurückgeben. Fragen wir: Was können wir unabhängig von anderen tun? Was sind unsere 5 – 10 – 15 %? (s. **Leadership-Tipp zum Mitnehmen 15 % Solutions**)
Oder erkundigen wir uns ganz bewusst nach ihren Gedanken und Empfindungen dazu: Was denkst du dazu?, sollten wir unsere Teammitglieder und Kollegen in Gesprächen fragen, in denen wir gezielt darauf achten, nicht zu unterbrechen und das unabhängige Denken unseres Gegenübers nicht zu zerstören (s. Abschn. 6.3: *I won't interrupt you*).
4. *Zerschneiden wir Herausforderungen in Häppchen.* Wie ich Ihnen im Vorwort erzählte, nahm ich vor einigen Jahren an einer Expedition in Kanada und Alaska teil, bei der ich innerhalb von 100 Tagen eine Strecke von 2650 km zu überwinden hatte – mit bis zu 100 kg Gepäck und Temperaturen von −40 bis +30 °C. Als ich mich zu diesem Abenteuer entschloss, brach ich nicht tags darauf los. Ich wusste, dass die wohl kritischste Aufgabe darin lag, die 2650 km in überwindbare Häppchen zu zerschneiden und so die Expedition zu planen. Diese Häppchen waren Tagesdistanzen von ca. 30 km – sie waren unter den gegebenen Umständen Herausforderung genug – das erlebte ich Tag für Tag aufs Neue. Auf diesen Märschen fragte ich mich immer wieder: Warum machen wir es mit Herausforderungen nicht genau so? Warum zerschneiden wir sie nicht einfach in Häppchen? Welche bewältigbaren Etappenziele können wir ableiten? Ich erinnere mich bei großen Herausforderungen immer wieder gern an diese Expedition und daran, wie ich selbst die 30 km Tagesdistanzen in kleinere Abschnitte zerlegte und es mir mit belohnenden kurzen Pausen und kleinen Erfolgserlebnissen gelang, meine Motivation für die gesamten 2650 km aufrecht zu erhalten und Teil dieser großartigen Expedition zu sein. Die dort angewandten Grundprinzipien sollten wir auch im Arbeitsleben anwenden: Lassen wir uns von großen Zielen leiten, zerschneiden wir die Herausforderungen in bewältigbaren Häppchen und zelebrieren wir Teilerfolge auf einem großen Weg.
5. *Ermöglichen wir Quick Wins.* Eine zentrale Aufgabe von Führungskräften ist es, Rahmenbedingungen zu schaffen, die Menschen maximal arbeitsfähig machen. Das Beseitigen von Hindernissen ist ein wesentlicher Bestandteil dieser Aufgabe. Sehen wir uns dafür verantwortlich, ausständige Entscheidungen zu treffen oder einzuholen, für notwendige Ressourcen zu sorgen, erforderliches Wissen zur Verfügung zu stellen oder Konflikte zu lösen. Dafür sollten wir vor allem dann sorgen, wenn unsere Mitarbeiter motiviert Dinge voranbringen möchten. Bestehen hier keine Hindernisse oder sind kleinere Hindernisse beseitigt, können sehr schnell sichtbare Erfolge erzielt werden.
Darüber hinaus können wir über eine intelligente Auswahl von Zielen und Initiativen für ein ausgewogenes Verhältnis zwischen emotional und strategisch wichtigen Ergebnissen sorgen. Während wir die strategische Ausrichtung aller Leistungen im Auge behalten müssen, ist es gerade zu Beginn von Veränderungsvorhaben wichtig, auch spürbare Erfolge zu ermöglichen.

# 5 Wie motiviere ich meine Mitarbeiter zur Veränderung?

**LEADERSHIP TIP TO TAKE AWAY: Reality-Check mit der Veränderungskurve nach Kübler-Ross [13]**

Veränderungsimpulse können für uns Menschen unterschiedliche Konsequenzen haben - das gilt für Individuen gleichermaßen wie für Organisationen. Während die einen bei Veränderungen gleich loslaufen, rufen die anderen entmutigt aus: „Nicht schon wieder!"

Dennoch müssen wir alle – ob Individuen oder Organisationen – die gleiche Veränderungskurve durchlaufen – selbst wenn manche Beteiligten eine Phase zu überspringen scheinen. Um diese unterschiedlichen Standpunkte im Team zu visualisieren, greife ich gern auf ein bewährtes Tool zurück: die Veränderungskurve nach Elisabeth Kübler-Ross (s. Abb. 5.3). Viele von Ihnen wird diese Kurve ein Begriff sein – aber verwenden Sie sie auch aktiv in der Arbeit mit Ihrem Team? Probieren Sie es auch. Vielen meiner Teilnehmer hilft sie zu verstehen, wie sie ihre Mitarbeiter zielgerichtet unterstützen können.

1. *Visualisieren Sie die Veränderungskurve* – auf einem Flipchart, einem Whiteboard oder zum Beispiel mithilfe eines Abdeckbandes auf dem Boden. In einigen Unternehmen wird die Kurve sogar ins Parkett eingearbeitet oder anderweitig permanent aufgetragen, sodass jederzeit damit gearbeitet werden kann.
2. *Bitten Sie nun Ihre Mitarbeiter, sich in der Kurve zu positionieren,* in dem Sie Ihren Standpunkt mithilfe eines Post-its, eines Kreuzes oder physisches Platzieren auf der Kurve preisgeben.
3. *Befinden sich Ihre Mitarbeiter in unterschiedlichen Stadien?* Achten Sie auch darauf, wo Sie als Führungskraft und wo Ihre Mitarbeiter stehen! Gibt es hier Unterschiede?
4. *Diskutieren Sie das Ergebnis mit Ihren Mitarbeitern.* Warum stehen sie dort? Was hat sie dorthin gebracht? Ziel ist es herauszufinden, was Sie als

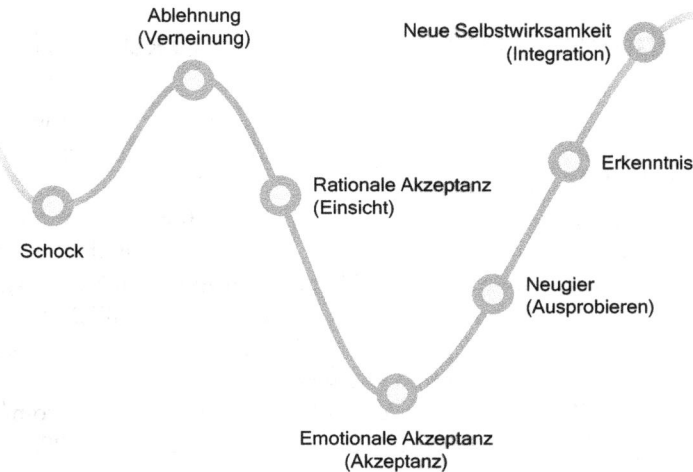

**Abb. 5.3** Die Veränderungskurve nach Elisabeth Kübler Ross

Führungskraft beitragen können, um Ihren Mitarbeitern in die nächste Phase zu verhelfen. Fragen Sie Ihre Mitarbeiter ganz konkret: Was brauchst du in der momentanen Situation? Was kann dir helfen, einen Schritt weiterzukommen? Notieren Sie sich die Bedürfnisse Ihrer Mitarbeiter und versuchen Sie ernsthaft, ihnen nachzukommen. Sie werden es am Erfolg Ihres Veränderungsvorhabens bemerken!

Hilfestellung können sich Mitarbeiter auch untereinander geben. Denken Sie daran, Tandems aus Mitarbeitern zu bilden, die in unterschiedlichen Phasen auf der Veränderungskurve stehen. Sie können ihre Erfahrungen weitergeben, die ihnen geholfen haben, in der Kurve weiterzukommen.

## Summary

Veränderungen sind zum stetigen Begleiter der modernen Arbeitswelt geworden. Sie lassen keinen von uns aus und fordern uns alle an unterschiedlichen Stellen. Behalten wir das im Hinterkopf, wenn wir uns wieder einmal über Veränderungsresistenz ärgern. Nehmen wir es stattdessen zum Anlass, unseren Veränderungsmuskel und den unserer Mitarbeiter ständig zu trainieren. Ähnlich wie beim Sport sind die ersten Trainingseinheiten häufig mühsam. Hat man allerdings einmal eine Grundkondition erreicht, werden Dinge nicht nur möglich, die zu Beginn groß und unerreichbar schienen, sie beginnen auch Freude zu machen. Sie kennen bestimmt das erbauende Gefühl am Gipfel eines Berges oder am Ende einer Laufrunde! Das können wir auch in unseren Organisationen erleben. Schaffen wir als Führungskräfte zeitliche und physische Räume, in denen Veränderung, Kreativität und Innovation risikolos stattfinden können! Unterstützen wir unsere Mitarbeiter aktiv dabei, Veränderungsbereitschaft und -kompetenz zu entwickeln! Denn eine Organisation ist immer nur so veränderungsbereit wie ihre Mitarbeiter!

## Weiterführende Literatur und Anmerkungen

1. Gage, Fred. H (2002) Neurogenesis in the Adult Brain. In: The Journal of Neuroscience, Feb 1/2022. S. 612–613. https://www.jneurosci.org/content/jneuro/22/3/612.full.pdf. Aufgerufen am 05.07.2022.
2. Bischofberger, Josef. Schmith-Hieber, Christoph (2006) Adulte Neurogenese im Hippokampus. In: Neuroforum. Organ der Neurowissenschaftlichen Gesellschaft. September 2006. S. 2012–2021, https://nwg-info.de/sites/nwg-info.de/files/media/pdf/neuroforum/2006-3.pdf. Aufgerufen am 05.07.2022.
3. Epping Bernhard (2009) Das große Springen. https://www.wissenschaft.de/erde-umwelt/das-grosse-springen/#. Aufgerufen am 04.04.2022.
4. Cascio, Jamais (2020) Facing the Age of Chaos. https://medium.com/@cascio/facing-the-age-of-chaos-b00687b1f51d. Aufgerufen am 04.04.2022.

5. Luscombe, Richard (2022) Google engineer put on leave after saying AI chatbot has become sentinent. In: The Guardian. https://www.theguardian.com/technology/2022/jun/12/google-engineer-ai-bot-sentient-blake-lemoine. Aufgerufen 05.07.2022.
6. Kremers, I./Dorn, A./Wolter, A. (2015) Werkraum Führung – eine ressortübergreifende Führungskräftemaßnahme. Vernetzung unterschiedlicher Kulturen und Aufbau eines gemeinsamen Führungsverständnisses im Veränderungsprozess, in Zimmermann, G. (Hrsg.) (2015), Change Management in Versicherungsunternehmen. Die Zukunft der Assekuranz erfolgreich gestalten. Wiesbaden: Springer Fachmedien, S. 175–192.
7. 1-2-4-All. www.liberatingstructures.de. Aufgerufen am 05.07.22.
8. Clear, James (2020) Die 1%-Methode. Minimale Veränderung, maximale Wirkung. Wilhelm Goldmann Verlag, München.
9. Clear, James (2020) Die 1%-Methode. Minimale Veränderung, maximale Wirkung. Wilhelm Goldmann Verlag, München. S. 67.
10. Clear, James (2020) Die 1%-Methode. Minimale Veränderung, maximale Wirkung. Wilhelm Goldmann Verlag, München. S. 69 f.
11. Clear, James (2020) Die 1%-Methode. Minimale Veränderung, maximale Wirkung. Wilhelm Goldmann Verlag, München. S. 233.
12. Zeit Online (25.02.2022) Wir verteidigen die Ukraine. https://www.zeit.de/video/2022-02/6298844399001/wolodymyr-selenskyj-wir-verteidigen-die-ukraine. Aufgerufen am 28.04.2022.
13. Kübler-Ross, Elisabeth (2018) Interviews mit Sterbenden. Verlag Herder GmbH, Freiburg.

# 6

# Wie schaffe ich einen Kontext, der Leistung fördert?

*Fehlende psychologische Sicherheit ist der Tod von Kreativität, Innovation und freiem Denken. Als Führungskräfte sollten wir daher alles daran setzen, unseren Mitarbeitern einen psychologisch sicheren Kontext zu bieten.*

**What makes a team effective at Google?**
Man nehme den Meisterstrategen aus Harvard, den Ausnahmeentwickler mit einem PhD in Data Analytics, zwei Extrovertierte und einen MIT-Studenten. Fertig ist das perfekte Team. Ja, wenn es so einfach wäre! Auf die Suche nach der Zauberformel für perfekte Teams begab sich in den frühen 2010er-Jahren niemand geringerer als der Internet-Riese Google. Nachdem der Konzern in seiner großangelegten (und umstrittenen) Studie Project Oxygen für sich beantwortete, welche Eigenschaften eine gute Führungskraft ausmachte, war kurze Zeit später das Team dran. „Projekt Aristoteles" – so lautete der geschichtsträchtige Name dieser unternehmensinternen Studie, bei der 180 Google Teams unter die Lupe genommen wurden, um genau diese Frage zu beantworten: What makes a team effective at Google?

Die Ergebnisse waren nicht nur für Google, sondern auch für viele Experten überraschend. „We had lots of data, but there was nothing showing that a mix of specific personality types or skills or backgrounds made any difference. The ‚who' part of the equation didn't seem to matter", sagte die Studienleiterin Julia Rozovsky [1]. Viel mehr schienen die ausschlaggebenden Faktoren irgendwo zwischen den Zahlen zu liegen. Irgendwo zwischen Faktoren wie angenehmes Gesprächsklima, empathischer Umgang, gute Struktur und Freude an der Arbeit. Ein eindeutiges Muster erkennen konnten die Googler allerdings nicht.

Einen wirklichen Sinn ergaben die Unmengen an erhobenen Daten bei Google erst, als Rozovsky und ihre Kollegen auf das Konzept der psychologischen Sicherheit der Harvard-Professorin Amy Edmondson stießen. „... it was as if everything suddenly fell into place [2]." Plötzlich konnten Aussagen über Führungskräfte wie, „direct and straightforward, which creates a safe space for you to take risks" oder „poor emotional control. (...) He panics over small issues and keeps trying to grap control", eingeordnet werden. Und so kamen Julia Rozovsky und ihr Team letzten Endes auch zu nachfolgendem Schluss: „Who is on a team matters less then how the team members interact, structure their work, and view their contributions [1]." Umgelegt auf Key-Faktoren sieht die Antwort auf die Frage, was ein Team bei Google wirklich effektiv mache, damit wie folgt aus [1]:

1. Psychologische Sicherheit
2. Zuverlässigkeit
3. Struktur und Übersichtlichkeit
4. Sinn
5. Einfluss/Wirkung

## 6.1 Psychologische Sicherheit gewährleisten

„Psychologische Sicherheit ist die Grundlage der anderen vier", erklärte Julia Rozovsky in ihrer Stellungnahme zu den Studienergebnissen [1]. Natürlich benötigen hervorragende Ergebnisse auch mehr als Sicherheit – nämlich Faktoren wie klare Zielvorgaben, transparente Dokumentation oder funktionierende Methoden und Tools. Fühlten sich die Teammitglieder allerdings nicht wohl bzw. nicht sicher genug aktiv, kreativ und innovativ zu sein, dann waren diese Faktoren wesentlich weniger wirksam.

„Psychologische Sicherheit ist die Überzeugung, zwischenmenschliche Risiken eingehen zu können", schreibt Amy Edmondson [3]. Welche Risiken damit gemeint sind, wird offensichtlich, wenn wir uns einmal eine Arbeitsatmosphäre vorstellen, in der psychologische Sicherheit gänzlich fehlt. Einigen von uns verlangt diese Vorstellung womöglich nur wenig Fantasie ab, ist ein derartiges Klima nach wie vor allgegenwärtig in vielen Unternehmen. In einer solchen Arbeitsatmosphäre laufen wir bei allem, was wir einbringen, Gefahr, dass es sich zu unseren Ungunsten auswirkt. Sei es die zündende Idee, die die Führungskraft als die seine beansprucht, ein Vorschlag, der belächelt wird oder ein Fehler, der nicht als Lernquelle, sondern als Stigma des Scheiterns gesehen wird und unsere Kompetenzen hinterfragt. Als intelligente Menschen werden wir entweder das Unternehmen schnellstens verlassen, gar innerlich kündigen oder schweigen. Alle drei Varianten schaden der Organisation.

Psychologische Sicherheit ist nicht abhängig von den Persönlichkeiten, die in einem Team sitzen. Psychologische Sicherheit ist ein Phänomen des Arbeitsplatzes. Und wir Führungskräfte entscheiden mit unserem Verhalten ganz maßgeblich darüber, ob sich diese Atmosphäre entwickeln kann oder auch nicht [4]: Ob Vertrauen und gegenseitiger Respekt gelebt werden und zu einem Klima beitragen, in dem Menschen sich wohl fühlen. Ob sich Menschen sicher genug fühlen, ihre Stimme zu erheben, die eigene Meinung zu äußern und Neues auszuprobieren, ohne der Gefahr ausgesetzt zu sein, dadurch einen Nachteil oder eine persönliche Abwertung zu erleben. Psychologische Sicherheit ist die Grundlage für Leistungsbereitschaft und die einzige Möglichkeit, eine Kultur des Schweigens zu verhindern.

**Gefährliches Schweigen**
„Schweigen ist gefährlich!" warnt Edmondson [5]. Schweigen ist schädigend für das Wohlbefinden und damit letztlich auch für die Gesundheit der Menschen. Es ist aber auch verheerend für die Wirtschaftlichkeit von Unternehmen – und zwar aus sehr einfachen Gründen. Werden Beobachtungen, Meinungen und Ideen nicht mehr geteilt

- passieren vermeidbare Fehler,
- werden Team und Organisationen um Einsichten gebracht,
- sinkt nicht nur die Lern-, sondern auch die Innovationskurve,
- gehen das Engagement und die Bereitschaft der Verantwortungsübernahme zurück und
- können die Herausforderungen, die eine VUCA-Welt an uns stellt, nicht bewältigt werden.

Lassen Sie mich letzten Punkt etwas genauer erklären: Eine komplexe Welt, die uns permanent vor neue Herausforderungen stellt, verlangt nach komplexen Lösungen. Diese sind weder im Alleingang noch durch das Wissen und die Erfahrungen der Vergangenheit zu bewältigen. Diese Herausforderungen fordern das Bilden von Hypothesen, das Verifizieren dieser in Experimenten und den Mut, Entscheidungen auf Basis weniger Annahmen treffen zu können. In einem Kontext, in dem Mitarbeiter besser daran tun, schweigend auf tradierten Wegen weiterzugehen, anstatt neue Lösungen auszuprobieren, sind diese Arten von Herausforderungen nicht zu lösen. Damit möchte ich zusammenfassen:

Wenn unsere Welt VUCA ist, dann müssen wir

- der Volatilität mit Anpassungsfähigkeit und einem Change Mindset (einer veränderungsbereiten Grundhaltung) begegnen,
- auf Unsicherheit mit psychologischer Sicherheit antworten,
- die Komplexität mit Empirik, Thesenbildung und einer Experimentalkultur bewältigen,
- uns aufgrund der Mehrdeutigkeit (Ambiguität) alles anhören, für eine Vielfalt von Lösungsansätzen sorgen und uns darauf einlassen, dass es kein falsch/richtig mehr geben wird. Anstelle eines falsch/richtig muss die Frage lauten: Ist etwas wirkungsvoll oder wirkungslos?

**Praxistipp: Was wir als Führungskraft tun können**

Psychologische Sicherheit in unseren Organisationen verlangt nach einer reflektierten Haltung von uns Führungskräften. Wir müssen uns deshalb regelmäßig fragen: Erzeuge ich einen psychologisch sicheren Ort in meinem Team, in meiner Organisation? Nachfolgende Fragen liefern gute Anhaltspunkte, um das eigene Verhalten diesbezüglich zu reflektieren:

*Vorstellung von neuen Herausforderungen/Delegieren von Aufgaben*
- Kommuniziere ich anstehende Aufgaben transparent und ehrlich? Oder tendiere ich dazu, den Aufwand/die Komplexität/die Herausforderung/die möglichen Konsequenzen kleinzureden?
- Räume ich ein, dass ein Fortschritt ohne Fehler nicht möglich sein wird und ermutige ich meine Mitarbeiter, neugierig zu sein?
- Gebe ich meine Unkenntnis oder das Fehlen von Lösungen offen zu oder versuche ich stattdessen mit unbedachten Ideen Anregungen zu geben?
- Biete ich meine Unterstützung glaubwürdig an? Oder vergesse ich es schlichtweg, regelmäßig nachzufragen und gegebenenfalls zu reagieren?

*Umgang mit Fehlern*
- Gehe ich mit Fehlern wirklich konstruktiv und sehr sensibel um? Kommuniziere ich immer wieder, dass Fehler die Grundlage jedes Lernens sind?
- Habe ich alles getan, um eine gute Lernkultur zu etablieren? Was könnte ich noch dazu beitragen?
- Gebe ich eigene Fehler zu oder erkläre ich sie mit den Umständen, mit Vorstandsentscheidungen oder finde ich sonstige Schuldige?

*Kommunikation*
- Erhebe ich mich immer wieder über meine Gesprächspartner, indem ich sie unterbreche? Oder ihre Gedanken zu Ende führe? Oder meine Ideen „herausbelle" und dadurch wenig Raum für die Beiträge meiner Gesprächspartner lasse?

- Wie oft stelle ich Fragen, die wirkliches Interesse an meinen Gesprächspartnern ausdrücken? Oder ertappe ich mich häufig dabei, dass ich eigentlich nur meine eigene Perspektive loswerden möchte?
- Höre ich wirklich aufmerksam zu und signalisiere ich auch, dass das Gehörte Bedeutung hat?
- Drückt mein Verhalten in Gesprächen Wertschätzung aus?
- Ertappe ich mich immer wieder dabei, abwertende Witze zu machen?

## 6.2 Selbstwirksamkeit ermöglichen

Ein Arbeitsplatz ohne Risiko – klingt das für Sie erstrebenswert? Vielleicht denken Sie hier an ein unkündbares Angestelltenverhältnis mit all seinen Vorteilen. Doch haben wir nicht als Führungskräfte alle diesen Beruf gewählt, weil wir genau diese Art von „Beamtentum" nicht anstreben? Ist somit psychologische Sicherheit nichts für uns?

Interessanterweise tendieren wir dazu, einem angenehmen, psychologisch sicheren Arbeitskontext häufig kompetitives Denken, Zielorientierung und hohe Leistungsstandards abzusprechen. Gerade so, als würden wir Menschen es uns sofort bequem machen, sobald die Zügel etwas lockerer säßen. Das mag in einigen Belangen sogar stimmen, deckt sich aber nicht mit den Erkenntnissen der modernen Motivationsforschung. Diese lehrt uns nämlich, dass sich wirkliche Leistungsbereitschaft nur durch intrinsische Motivation nährt – und diese kann nicht von außen verordnet und schon gar nicht mit Druck erzeugt werden. Denken wir hier weiter, dann müssen wir feststellen, dass psychologische Sicherheit keineswegs zu geringerer Leistungsbereitschaft führen muss.

**Selbstwirksamkeit braucht hohe Leistungsstandards**

In einem Punkt haben Sie jedoch schon recht: Psychologische Sicherheit ist nicht genug. Amy Edmondson formuliert es so: „Psychologische Sicherheit löst die Bremsen, die Menschen davon abhalten, das für sie mögliche zu erreichen. Aber es ist nicht der Treibstoff, der das Auto fahren lässt [6]." Dieser Treibstoff ist unser tiefes Bedürfnis nach Selbstwirksamkeit: Nach der Möglichkeit, unsere Kompetenzen einzusetzen und damit nicht nur Einfluss und Wirkung, sondern auch Sinn und Erfolg zu erleben. Notwendig dafür ist zum einen ein Kontext, der es uns erlaubt, uns proaktiv zu äußern und uns dazu anregt, von und miteinander zu lernen und zusammenzuarbeiten. Ein Kontext, der uns psychologische Sicherheit bietet und uns deshalb dazu ermutigt, über unsere Komfortzone, über das, was wir schon immer gemacht haben, beflügelt hinauszugehen.

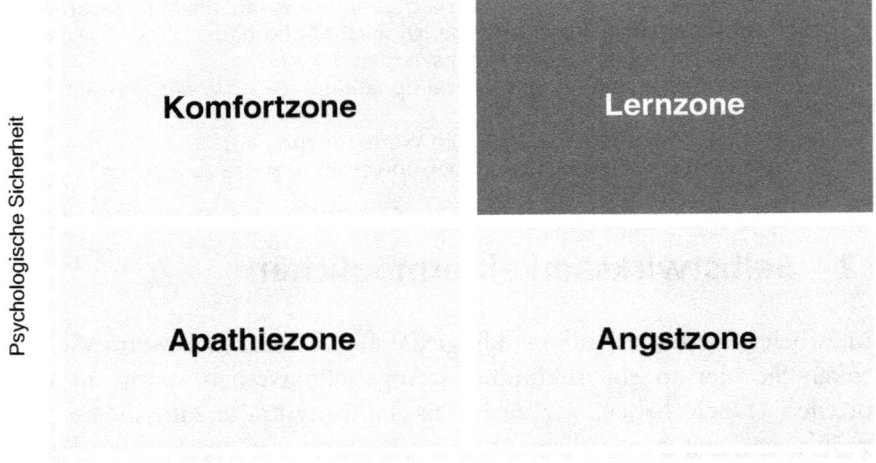

**Abb. 6.1** Psychologische Sicherheit und die Leistungsstandards. (Quelle: Eigene Darstellung, (angelehnt an Edmondson, Amy C (2020) Die angstfreie Organisation. Vahlen Verlag, München. S. 16.))

Die zweite und nicht minder wichtige Dimension eines leistungsfördernden Umfeldes sind ausreichend hohe Leistungsstandards. Sie wirken dem archaischen Prinzip der Aufwandsvermeidung entgegen. Sie spornen uns an, unsere Fähigkeiten weiterzuentwickeln und Wirkung zu erzeugen.

Sind beide Dimensionen vorhanden – hohe Leistungsstandards und ein Kontext psychologischer Sicherheit, gelangen wir dort hin, was Amy Edmondson als „Lernzone" oder „Zone der Bestleistung" bezeichnet (s. Abb. 6.1). In dieser Zone finden wir alles vor, um jene Anforderungen zu lösen, die eine VUCA-Welt an uns stellt: Wir können risikolos zusammenarbeiten und so Belastbarkeit und Resilienz entwickeln, es herrscht ein Klima des Vertrauens, das uns ermutigt, transparent zu arbeiten, unserer Intuition nachzugehen und experimentell zu arbeiten [6].

So wie Führungskräfte durch ihr Vorbild- und Kommunikationsverhalten oder durch ihren Umgang mit Fehlern ganz maßgeblich darüber entscheiden, ob sich Menschen in ihrem Umfeld psychologisch sicher fühlen, ist es auch die Aufgabe der Führungskraft, für herausfordernde und nicht überfordernde Leistungsstandards zu sorgen.

> **Praxistipp: Was wir als Führungskraft tun können**
> - *Wir sollten gemeinsam mit unseren Mitarbeitern unsere Standards so hoch setzen, dass wir sie im Team erreichen können* – nicht spielend, aber mit realistischen Erfolgschancen. Ein guter Gradmesser dafür ist die 50/50-Methode: Für unsere Mitarbeiter muss zumindest eine 50%ige Chance bestehen, den Standard/das Ziel erreichen zu können. Sonst verliert die Herausforderung ihren Reiz und rutscht ins Unerreichbare.
> - *Lassen wir so viel Autonomie wie möglich zu.* Setzen wir mit unseren Mitarbeitern gemeinsam Ziele/Standards und geben wir die Verantwortung, wie diese Ziele/Standards erreicht werden, an unsere Mitarbeiter ab. Wir sollten nicht vergessen: Wir haben Experten eingestellt!
> - *Wenn wir Aufgaben delegieren, dann sollten wir darauf achten, dass wir Selbstwirksamkeit ermöglichen.* Das heißt, wir sollten gut darüber nachdenken, an wen wir delegieren. Bringt die Person die notwendigen Kompetenzen mit? Befindet sich die Person in einem physisch und psychologisch leistungsfähigen Zustand, der es ihr ermöglicht, die Aufgabe zu erledigen? Kann sich die Person in dieser Aufgabe voll entfalten, ihre Kompetenzen einsetzen? Stellt die Aufgabe eine Herausforderung im Sinne der 50/50-Regel dar, gibt es Lernerfolge und Neues zu entdecken?

## 6.3 Aktives Zutun fördern

Der Skandal um manipulierte Emissionswerte bei VW oder der Fall Wirecard. Schweigen schädigt nicht nur die Innovations- und damit die Überlebensfähigkeit von Organisationen. Schweigen kann – wie uns diese Beispiele aus der Vergangenheit zeigen – schwerwiegende Konsequenzen haben. Konsequenzen, die Beteiligte rückblickend häufig nicht überraschen. Sie entstehen, weil Fehler nicht angesprochen, Ungereimtheiten vertuscht oder andere Meinungen einfach nicht gewünscht sind.

Für eine gut etablierte Kultur des Schweigens braucht es keinen perfektionistischen Autokraten an der Unternehmensspitze. Vielmehr schlägt diese Kultur unbemerkt über viele Jahre ihre unzähligen Wurzeln: Zum Beispiel in der Art und Weise wie mit Kontextveränderungen umgegangen wird. Bleiben Anzeichen, die eine Adaption der Strategie oder einen Kurswechsel notwendig machen würden, wiederholt ungehört? Zeigen wir als Führungskräfte ehrliches Interesse an externen Entwicklungen, an dem Kaufverhalten unserer Kunden, an den Innovationen unserer Konkurrenz? Oder möchten wir einfach nur „unser Ding" machen und „PS auf die Straße bringen"?

Ob Mitarbeiter sich ermutigt fühlen, sich aktiv einzubringen, ist maßgeblich vom Verhalten der Führungskraft abhängig. Erfreulicherweise sind wir Führungskräfte des frühen 21. Jahrhunderts mittlerweile bereits so modern geprägt, dass wir in der Regel davon absehen, Vorschläge, Ideen, Einwände unserer Mitarbeiter als offensichtlich unnütz oder lästig abzutun. Dennoch: In vielen Fällen transportieren wir diese Haltung unbewusst. Zum Beispiel durch eine besonders betonte Selbstsicherheit, die einen Diskurs auf Augenhöhe von Beginn an schwierig gestaltet. Oder durch einen übertriebenen Ehrgeiz, der die Qualität der Zusammenarbeit völlig in seinen Schatten stellt. Oder sind wir als Führungskräfte vielleicht doch nicht wirklich an dem interessiert, was uns unsere Mitarbeiter sagen wollen?

**I won't interrupt you**
Einen Schritt weiter in dieser Debatte geht Nancy Kline, die amerikanische Bestsellerautorin und Begründerin der Methode „Thinking Environment" [7]. Mit ihrem Ansatz hilft sie Menschen und Organisationen ihre Kommunikation zielführender zu gestalten. Nancy Kline sieht „independent thinking", also das eigenständige Denken, das Hervorbringen neuer Ideen und das Einbringen unterschiedlicher Sichtweisen – bzw. das Entstehen eines Thinking Environments – permanent untergraben. Wodurch? Durch ständige Unterbrechungen.

Wenn Nancy Kline von Unterbrechungen spricht, prangert sie natürlich die üblichen Verdächtigen wie Push-Nachrichten, Mobiltelefone in Meetings, offene Laptops in Meetings und Ähnliches an. Für Nancy Kline ist das aber nicht alles und vor allem nicht das wirklich Entscheidende: Für Nancy Kline beginnt und endet das Problem mit unserer Tendenz, unser Gegenüber in Gesprächen andauernd zu unterbrechen: Indem wir ins Wort fallen, Sätze für unser Gegenüber fertigstellen oder versuchen, die Gedanken unseres Gegenübers in andere Richtungen zu lenken. Für Nancy Kline sind das keine Kavaliersdelikte oder Phänomene normaler Kommunikation. Für die Kommunikationsexpertin drücken wir mit jeder Unterbrechung aus:

*Ich habe auch etwas noch Wichtigeres zu sagen. Meine Gedanken sind es ebenso wert, gehört zu werden als Ihre.*
„Interruption is the demolition of people's thinking", sagt Kline [8]. Sie fordert uns dazu auf, konsequent damit Schluss zu machen und unseren Gesprächspartnern nachfolgendes Versprechen zu geben: „I won't interrupt you. I promise!"

Nun können wir das Problem, das Nancy Kline hier anspricht, durch zweierlei Brillen betrachten: durch die moralische und die rationale. Als Führungskräfte sollten wir uns natürlich der Wirkung von Unterbrechungen auf zwischenmenschlicher Ebene bewusst sein. Ob wir es beabsichtigen oder nicht: Mit jeder Unterbrechung verlassen wir die Augenhöhe. Selbst wenn das, was der Mitarbeiter von sich gibt, vorerst nicht zielführend oder sogar irritierend erscheint. Rational betrachtet, verhindern wir mit Unterbrechungen das, wofür wir unsere Mitarbeiter eingestellt haben: für ihre innovativen Ideen, für ihre Lösungsvorschläge, ihre kritischen Sichtweisen – kurzum: für ihr „independent thinking." Wir handeln damit nicht effizient im Sinne unserer Organisation. Carl Rogers, der bekannte amerikanische Psychologe und Physiotherapeut, sagte einmal: „Die Tür zur Erfahrung lässt sich nur von innen öffnen." Und meine langjährige Mentorin, Frau Dr. Elke Berninger-Schäfer [9], fasst einen ähnlichen Gedankengang in diese Worte: „Der Klient bringt das Problem mit und immer auch die Lösung."

Angewandt auf die Kommunikation zwischen Führungskräften und Geführten heißt das: Versuchen wir mit Unterbrechungen permanent unsere eigene Sicht und unsere eigenen Gedanken zu artikulieren, vereiteln wir unseren Mitarbeitern die Möglichkeit, ihre eigenen Gedanken weiterzutreiben und selbstständig auf Lösungen zu kommen. Wir forcieren damit unbewusst das, was wir eigentlich nicht wollen: ideenlose Mitarbeiter, denen man alles vorkauen muss.

„I won't interrupt you" klingt einfach – ist jedoch zunächst eine Herausforderung. Ich spreche hier aus Erfahrung. Selbst als professioneller Coach bemerkte ich erst nach der Lektüre von Nancy Klines Buch, wie oft auch ich in meinen Coachinggesprächen meinen Klienten den Raum dafür nahm. Gleichermaßen kann ich Sie beruhigen: „I won't interrupt you" lässt sich trainieren. Jede vermiedene Unterbrechung ist ein Schritt in die richtige Richtung. Versuchen wir nachfolgende Anregungen in unseren nächsten Teammeetings oder Mitarbeitergesprächen umzusetzen. Vielleicht stellen auch wir dann fest, dass der Output ein anderer wird?

> **Praxistipp: Was wir als Führungskraft tun können [10]**
> - *Kümmern wir uns frühzeitig um unsere Agenda.* Was wollen wir wirklich besprechen? Anstatt nur Themenbereiche aufzulisten, sollten wir die zu behandelnden Fragen pro Themenbereich notieren. Diese Fragen können wir bereits im Vorfeld mit den Teilnehmern teilen, damit sich auch diese entsprechende Gedanken machen können.
> - *Starten wir unsere Meetings mit einer persönlichen Runde.* Gemäß dem Grundsatz, „Solange man nicht spricht, ist man nicht angekommen", sollten wir jeden Anwesenden gleich zu Beginn des Meetings anregen, eine gemeinsame Frage zu beantworten. Exemplarische Fragen wären: Was hat dich heute schon begeistert? Was ist im Team in der letzten Woche richtig gut gelaufen? Was treibt dich heute an?

- Achten wir als Moderator darauf, dass jeder Agendapunkt mit einer offenen Runde abgeschlossen wird: Möchtest du hier noch etwas beitragen? Hast du noch weitere Gedanken dazu? Sind mögliche Fragen, um noch einmal jedem Beteiligten die Möglichkeit zu geben, sich einzubringen.
- Schließen wir jedes Meetings mit einer Feedbackrunde – auch bei schlechter Stimmung und hohem Zeitdruck!
- Vereinbaren wir Spielregeln im Umgang mit Mobiltelefonen und Laptops in Meetings und sorgen wir als Moderator strikt für die Einhaltung. Natürlich ist die Vorbildwirkung hier das oberste Gebot – auch wenn es darum geht, unsere Gesprächspartner nicht mehr zu unterbrechen!

## 6.4 Experimentelles Vorgehen anregen

Werfen wir noch einmal einen Blick auf das eingangs vorgestellte Ergebnis der Google re:Works-Studie, dann stellen wir fest, dass sich unter den Top 5 Faktoren, die Teams effektiv machen, auch „Struktur und Übersichtlichkeit" befindet. Hier möchte ich anknüpfen und Beobachtung aus der Start-up-Szene ergänzen: Erfolgreiche Gründer bedienen sich stets wirksamer Tools und Methoden, mit denen sie ihre Ideen radikal vorantreiben. Dabei werden diese Instrumente als Hilfsmittel verstanden, die sich entweder eignen oder auch nicht. Ihr Einsatz passiert nie um seiner selbst willen, sondern verfolgt immer ein konkretes Ziel. Während sich in Start-ups in der Regel eine hohe Dynamik zeigt, in der alle Beteiligten Neues einbringen oder selbstständig ausprobieren, braucht es in traditionelleren Kontexten häufig die Initiative von uns Führungskräften. Darum möchte ich auch bewusst dazu ermutigen: Betrachten wir es als unsere Führungsaufgabe, neue Tools und Methoden vorzuschlagen und unsere Mitarbeiter aufzufordern, das Gleiche zu tun. Das gilt auch für die Praktikabilitätsprüfung dieser. Hinterfragen wir Funktionalität und Sinnhaftigkeit und gestalten wir so den Weg von der Problemstellung bis zur Lösung aktiv und für unsere Anwendung bestmöglich!

**Praxistipp: Was wir als Führungskraft tun können**

- *Schaffen wir Räume, in denen neue Methoden ausprobiert werden können.* Mitarbeiter brauchen einen geschützten Rahmen, um sich im Arbeitskontext an Neues zu wagen, dessen Erfolgsquote nicht einzuschätzen ist. Fehler bzw. Lernerfolge müssen hier als integrativer Bestandteil der Arbeit gesehen werden. Im Idealfall schaffen wir dafür eigene zeitliche Räume (z. B. in Form eines Projektes oder einer definierten Zeit, die für explorative Arbeit reserviert ist), die klar vom operativen Geschäft abgegrenzt sind (s. Abschn. 5.3).

- *Sorgen wir dafür, dass wir selbst auf dem neuesten Stand bleiben oder machen wir Mitarbeiter zu Partnern.* Der Einsatz von modernen Arbeitsmethoden darf nicht am Unwissen von uns Führungskräften scheitern! Selbstverständlich stehen wir hier einer Aufgabe gegenüber, die allein nicht zu bewältigen ist. Greifen wir deshalb auf das Wissen und die Lernmotivation unserer Mitarbeiter zurück. Ermöglichen wir ihnen Fortbildungen, regen wir sie mit Impulsen an weiterzuforschen und vor allem: Zeigen wir uns interessiert und offen für ihre Vorschläge. Gehen wir auch hier als gutes Beispiel voran und teilen wir Neues, das uns begeistert mit unseren Mitarbeitern. Wir räumen ihnen damit nicht nur Augenhöhe ein, wir ermutigen sie damit auch zum Gedankenaustausch und schaffen eine Diskussionskultur.
- *Ermutigen wir unsere Mitarbeiter zum Einsatz neuer Methoden.* Nicht unreflektiert, aber vertrauensvoll und zielorientiert. Fordern wir unsere Mitarbeiter auf, konkrete Methoden für einen bestimmten Zeitraum auszuprobieren (die Verhaltenspsychologen empfehlen einen Zeitraum zwischen sechs Wochen und drei Monaten) und danach zu reflektieren: Was funktioniert für uns? Was verändert sich? Wie bewerten wir das? Vertrauen wir hier ganz bewusst auf die Erfahrungen und Einschätzungen unserer Mitarbeiter: Lassen wir sie für neue Tools pitchen und Empfehlungen aussprechen!
- *Machen wir die Hürden für Neues klein.* Geben wir unseren Mitarbeitern immer wieder die Möglichkeit, alles zu hinterfragen und iterativ zu testen. Ziel dabei ist nicht der 100 % adäquate Einsatz, sondern ein Relevanzcheck: Ist das Tool für unsere Zwecke nützlich und wirksam?

**LEADERSHIP TIP TO TAKE AWAY:** *WALK and TALK*

Walk and Talk ist für mich eine der wirkungsvollsten Methoden, um Situationen zu verstehen und Mitarbeitern die Lösung ihrer eigenen Probleme zu ermöglichen. Dabei handelt es sich um nichts anderes als um einen ca. 30-min.-Spaziergang (im Idealfall an einem ruhigen Ort) mit geplanter Gesprächsführung. Ein Spaziergang führt zu einer besseren Durchblutung des Gehirns und der schweifende Blick beim Spazierengehen sortiert nachgewiesener Weise Gedanken und aktiviert unseren präfrontalen Cortex. Für die Gesprächsführung orientiere ich mich am Thomann-Haus. Der Schweizer Diplom-Psychologe Christoph Thomann hat mit dem Thomann-Haus ursprünglich ein Modell zur Konfliktklärung geschaffen [11]. Dabei durchstreifen die Gesprächspartner unterschiedliche Räume, die allesamt eine eigene Ebene der (Konflikt-)Situation beleuchten (z. B. den systemischen Kontext oder die innere emotionale Situation). Für meine Anwendung im Walk and Talk nutze ich diesen differenzierten Zugang und stelle meinem Gesprächspartner nachfolgende Fragen:

- *Was ist das Problem?*
- *Wie ist der Kontext?*
- *Gab es eine Schlüsselsituation in diesem Prozess? Kannst du ein Beispiel nennen?*
- *Wie geht's dir damit?*

Angelehnt an Nancy Klines Gesprächsführung, vermeide ich es, jegliche Ratschläge, Lösungsansätze oder gute Tipps zu geben. Stockt der Redefluss meines Gesprächspartners, frage ich zum Beispiel nach:

- *Gibt es noch etwas, was Ihnen diesbezüglich wichtig ist? Was Sie denken oder fühlen oder sagen können?*
- *Können Sie mir das in wenigen Worten noch einmal zusammenfassen?*
- *Können Sie mir das in anderen Worten erklären?*

Wie auch immer Sie Ihre Fragen formulieren, sie sollten ausschließlich dazu dienen, die Situation besser zu verstehen. Vertrauen Sie darauf, dass Ihr Gesprächspartner die Lösung selbst mitbringt – sofern Sie es ihm ermöglichen, selbstständig zu denken. Wie Sie dazu beitragen können, beantwortet Nancy Kline: „What, I asked myself, was the very minimum I could do to ignite, but not influence, a person's own thinking? (…) Be present and don't speak! [12]"

**Summary**

Dort wo Mitarbeiter keinen psychologisch sicheren Kontext vorfinden, bleiben alle noch so innovativen Methoden und Tools wirkungslos. Zu dieser Schlussfolgerung kamen auch die Verantwortlichen des umfangreichen „Projekt Aristoteles" beim Internetriesen Google. Sie fanden heraus, dass ein psychologisch sicheres Umfeld die Basis für Effizienz, Produktivität und Innovation in Teams darstellt. Dabei ist es wichtig, sich vor Augen zu halten, dass psychologische Sicherheit keine Frage von Persönlichkeiten, sondern ein Phänomen des Arbeitsplatzes ist. Diesen zu gestalten, das ist unsere Führungsaufgabe! Durch reflektiertes Führungsverhalten, durch einen konstruktiven Umgang mit Fehlern und das bewusste Schaffen einer Arbeitsumgebung, die Beteiligung fördert und Selbstwirksamkeit ermöglicht. Hier können wir einen Nährboden für Veränderung schaffen, darauf sollten wir unseren Fokus als Führungskräfte legen!

# Weiterführende Literatur und Anmerkungen

1. Rozovsky, Julia (2015) The five keys to a successful Google team. Re.Work Blog. 17. November 2015. https://rework.withgoogle.com/blog/five-keys-to-a-successful-google-team/ Aufgerufen am 14.03.2022
2. Duhigg, Charles (2016) What Google Learned from Its Quest to Build the Perfect Team. In: The New Work Times Magazine. 15. Februar 2016. https://www.nytimes.com/2016/02/28/magazine/what-google-learned-from-its-quest-to-build-the-perfect-team.html Aufgerufen am 15.03.2022. Aufgerufen am 06.07.2022

3. Edmondson, Amy C (2021) Die angstfreie Organisation. Wie Sie psychologische Sicherheit am Arbeitsplatz für mehr Entwicklung, Lernen und Innovation schaffen. (1. Nachdruck) Vahlen, München. S. 7.
4. Edmondson, Amy C (2021) Die angstfreie Organisation. Wie Sie psychologische Sicherheit am Arbeitsplatz für mehr Entwicklung, Lernen und Innovation schaffen. (1. Nachdruck) Vahlen, München. S. 11.
5. Edmondson, Amy C (2021) Die angstfreie Organisation. Wie Sie psychologische Sicherheit am Arbeitsplatz für mehr Entwicklung, Lernen und Innovation schaffen. (1. Nachdruck) Vahlen, München. S. 84.
6. Edmondson, Amy C (2021) Die angstfreie Organisation. Wie Sie psychologische Sicherheit am Arbeitsplatz für mehr Entwicklung, Lernen und Innovation schaffen. (1. Nachdruck) Vahlen, München. S. 16 f.
7. Kline, Nancy (2020) The Promise That Changes Everything. I Won't Interrupt You. Penguin Books UK.
8. Kline, Nancy (2020) The Promise That Changes Everything. I Won't Interrupt You. Penguin Books UK. S. 73.
9. Frau Dr. Berninger-Schäfer ist eine deutsche Psychologin, Psychotherapeutin und Dozentin. Ihre Forschungs- und Arbeitsschwerpunkte liegen im Bereich des Coachings, Digital Leadership und Gesundheitsmanagement. Ich habe Frau Berninger-Schäfer im Rahmen meiner Coachingausbildung an der Führungskräfteakademie kennengelernt. Für mich persönlich ist Frau Berninger-Schäfer ein Ikone der Coachingszene und eine der engagiertesten Personen, diesen Berufsstand zu professionalisieren.
10. Kline, Nancy (2020) The Promise That Changes Everything. I Won't Interrupt You. Penguin Books UK. S. 215 f.
11. Christoph Thomann ist ein Schweizer Psychologe. Er forscht und arbeitet im Bereich der Konfliktklärung und Moderation. Das in diesem Kapitel vorgestellte Thomann-Haus geht auf ihn zurück und kann dazu beitragen, das gegenseitige Verständnis in Gesprächen, Herausforderungen oder Konflikten zu fördern.
12. Kline, Nancy (2020) The Promise That Changes Everything. I Won't Interrupt You. Penguin Books UK. S. 15.

# 7

# Wie halte ich die Motivation meiner Mitarbeiter hoch?

*Wir Menschen sind von Natur aus motiviert und leistungsbereit. Damit diese Fähigkeiten für Organisationen nutzbar werden, brauchen wir ein Umfeld, das uns Autonomie, Kompetenz und Sinnhaftigkeit gewährleistet.*

**Worin sind Sie ein wirklicher Meister?**
Nehmen Sie sich für den Einstieg in das Thema Motivation 10 Min. Zeit. Denken Sie über nachfolgende Fragen nach. Ziel der Reflexion ist es, einmal ganz bewusst über Ihren Arbeitskontext hinauszudenken, sich als Mensch mit Leidenschaften und Stärken wahrzunehmen und zu erkennen, wofür Sie wirklich brennen [1].

- Worin sind Sie ein Meister? Was finden andere an Ihnen besonders? Wofür bekommen Sie häufig Anerkennung?
- Was war das Großartigste, das Sie erlebt haben? Was würden Sie sofort wieder machen? Was macht dieses Erlebnis für Sie so bedeutsam?
- Wobei helfen Sie gern aus?
- Was würden Sie tun, wenn Sie nicht scheitern könnten? Mit wem würden Sie am liebsten für einen Tag Plätze tauschen?
- Für welches Thema verspüren Sie eine Leidenschaft? Welches Thema verfolgen Sie aktiv in Blogs, in Büchern, in Podcasts oder sonstigen Medien?

Was fällt Ihnen bei diesen Fragen auf? Finden Sie es befremdlich, sich als Meister für etwas zu bezeichnen? Tun Sie sich schwer, über Ihre Leidenschaften zu sprechen? Können Sie die Themen, für die Sie wirklich brennen, sofort abrufen oder müssen Sie sich erst auf diese Art der Fragen einlassen?

Ich verwende diese Fragen regelmäßig in meinen Workshops. Vieler meiner Kunden ergeht es vielleicht wie Ihnen: Sie sind es nicht gewohnt, über die eigenen Talente und Leidenschaften zu sprechen. Viel leichter fällt es ihnen, über ihre Schwächen zu sprechen. Frage ich sie nach ihren Aufgaben und Pflichten, schießen sie auch sofort und vollkommen unbefangen los. Offensichtlich spielen wir die Rolle der reinen Professionisten besser als jene des wirklichen Menschen mitsamt unseren Emotionen, Leidenschaften, Stärken und Schwächen. Mitunter ein Grund, warum ich diese Fragen verwende – sie unterstützen dabei, das Eis zu brechen, sich selbst zu öffnen und andere besser kennenzulernen. Neben der Funktion des Eisbrechens können diese Fragen aber noch mehr! Sie können dazu beitragen, unsere eigenen Treiber zu entdecken. Sie leiten unsere Suche nach jenen Faktoren, die uns dazu bewegen, uns motiviert einzubringen, die uns bestimmte Dinge gern tun und uns manchmal sogar Raum und Zeit vergessen lassen.

## 7.1 Motivation nach Frederick Taylor

Die Suche nach jenen Motivationstreibern beschäftigt Menschen schon seit vielen Jahrzehnten. Führungskräfte, Verhaltensforscher, Ökonomen – sie alle wünschen sich hier klare Antworten, ist doch der Zusammenhang zwischen Motivation und Qualität erbrachter Leistung längst bekannt. Einer dieser Suchenden war Frederick Winslow Taylor [2]. Er fand dafür zu Beginn des vorigen Jahrhunderts eine einfache betriebswirtschaftliche Antwort: sein Managementmodell „Scientific Management". Ein Modell, das dem Menschenbild des ressourcenoptimierten – oder wie Taylor und seine Zeitgenossen es nannten, dem faulen Menschen, diente. Ein Modell geschaffen für Leistungserbringer, deren primäres Bestreben es war, Aufwand oder Anstrengung möglichst gering zu halten. Ging es nach Taylor und seinen Zeitgenossen, handelte beim Großteil der zur Verfügung stehenden Arbeitskräfte um diesen Typus Mensch.

Taylors Antwort auf dieses Menschenbild war konsequent: Arbeit wurde durch genaue Vorgaben hinsichtlich des Inhaltes, Aufwands und der Dauer vonseiten des Managements geplant. Dadurch befreite Taylor die arbeitenden Personen von jeglichem intellektuellen Aufwand. Was davon übrigblieb, war wirklich langweilig! Öde Routinetätigkeiten, die nur das Befolgen von Vorgaben forderten. Einfache Arbeitsabläufe, die bis ins kleinste Detail vorgegeben und zeitlich streng getaktet waren. Ein Wüste für den Intellekt und die Kreativität des Menschen! So ist es wenig verwunderlich, dass diesen Menschen nur mehr ein einziger Grund blieb, ihre Arbeit auch wirklich tun zu wollen: um damit Geld zu verdienen. Das wusste Taylor. Er machte sich diese Motivation zunutze und schuf externe Anreize: höhere Löhne, leistungsbezogene Zusatzzahlungen oder Ähnliches. Sie sollten von außen jene Motivation schaffen, zu der die Art oder der Inhalt der Tätigkeit nicht mehr in der Lage war.

**Neuer Kontext, altes System?**
Seit Taylor sind über hundert Jahre vergangen. Hundert Jahre geprägt von großen technologischen Fortschritten, die das Leben der Menschen völlig veränderten. Denken Sie nur daran, wie zu Zeiten Taylors produziert oder kommuniziert wurde: Die Elektrizität revolutionierte gerade die Welt, die Dampfschifffahrt und der Ausbau der Eisenbahnnetze veränderten den Warenhandel fundamental und kommuniziert wurde hauptsächlich per Briefverkehr oder Telegraf.

Glücklicherweise sind wir heute nicht nur mit einem anderen Kontext und anderen Arbeitsbedingungen, sondern auch mit anderen Aufgaben konfrontiert. Vieles von dem, was Taylor als „einfach und nicht besonders interessant" beschrieb, kann heute automatisiert werden. Dieser Trend wird sich in den nächsten Jahren fortsetzen und verstärken. Was übrig bleiben wird, sind herausfordernde, komplexe, neuartige – wenn Sie so möchten – interessante Tätigkeiten. Tätigkeiten, die echte Zusammenarbeit, Kreativität und Innovationsfähigkeit fordern. Tätigkeiten, die ihren Umsetzern die Bereitschaft abverlangt, neu zu denken, mit Hypothesen zu arbeiten, Analogien zu entwickeln und neuartige Strategien zu entwickeln. Tätigkeiten, die nur von hochqualifizierten und vor allem hochmotivierten Menschen erfolgreich bewältigt werden können. Diese Welt hat mit Taylors Welt nichts mehr zu tun. In dieser Welt wird es geradezu unmöglich sein, Arbeitsschritte vorzugeben oder gar deren Erfüllungsgrad zu messen. Damit sollte es eigentlich klar sein: Taylors Logik hat im 21. Jahrhundert an den meisten Stellen ausgedient. Aber hat diese Schlussfolgerung auch bereits ihre praktische Anwendung in unseren Organisationen gefunden?

Teilweise ja! Bei einigen Unternehmen ist dieser Paradigmenwechsel angekommen. Sie gelten als Leuchtturmunternehmen in einer Gegenwart, in der viele Unternehmen den Taylorismus noch immer leben. In einer Gegenwart, in der immer noch vorrangig versucht wird, den Anforderungen von VUCA mit kleinen Gefälligkeiten entgegenzukommen. Eines dieser Leuchtturmunternehmen ist die Robert Bosch AG. Sie hat bereits im Jahre 2015 damit begonnen, ein modernes Verständnis von Motivation in ihr Vergütungssystem zu übersetzen.

### Motivation neu gedacht bei der Robert Bosch AG

„Geld kann demotivierend wirken. Deshalb schaffen wir diese Art von Bonus ab." Mit dieser Ansage kündigte Volkmar Denner, ehemaliger Vorstandsvorsitzender der Robert Bosch AG, im Jahre 2015 ein völliges Umkrempeln des variablen Vergütungssystems in seinem Unternehmen an [3]. Bosch arbeitete wie viele andere Organisationen im außertariflichen Bereich mit individuellen Zielvereinbarungen: Erreichen die Mitarbeiter die Ziele, wird der Bonus ausbezahlt – davon unberücksichtigt bleibt die generelle Entwicklung des Unternehmens. Was Bosch damals praktizierte, war ein System, das auf Taylors Managementmodell zurückging: Mehr Stückzahlen ergibt eine höhere Entlohnung. Dass damit Tätigkeiten wie Qualitätsmanagement, gegenseitige Hilfeleistungen, Initiativen in Richtung unternehmerische Entwicklung oder Organisationskultur, Kreativität oder Innovationsfähigkeit wenig attraktiv, ja de facto sogar kontraproduktiv für den Einzelnen wurden, liegt auf der Hand. Das erkannte auch Denner. Diese Vorgehensweise unterbinde Unternehmertum, erklärte der Vorstand in einem Interview [3]. Darüber hinaus bescherte sie schon so manchem Unternehmen negative Schlagzeilen. Nämlich dann, wenn dieser Logik folgend, hohe Manager-Boni ausbezahlt wurden, selbst wenn das Unternehmen aufgrund von prekärem Umsatzrückgang Mitarbeiter entließ oder staatliche Subventionen in Anspruch nahm.

Um diese unerwünschten Nebenwirkungen zu vermeiden, begann die Robert Bosch AG damit, die Gehälter ihrer außertariflichen Angestellten an den Erfolg ihrer Business Units bzw. des Gesamtunternehmens zu koppeln. Über das, was letzten Endes am Konto landete, entschied damit nicht mehr das individuell vereinbarte Ziel, sondern die Entwicklung des Unternehmens. Kollektives Unternehmertun statt Individualoptimierung, die nicht nur zu einer Ellbogenmentalität führt, sondern langfristig auch für schlechtere Leistungen sorgt. Wie verfährt Ihr Unternehmen in dieser Thematik? Kultiviert Ihr Unternehmen einen Nährboden für Individualoptimierung? Oder schafft es Rahmenbedingungen, die kollektives Unternehmertum fördern?

---

**DEEP DIVE: Intrinsische und extrinsische Motivation nach Deci und Ryan [4]**

Edward Deci und Richard Ryan gelten als zwei der renommiertesten Forscher auf dem Gebiet der Motivationsforschung. In ihren Studien untersuchten sie unter anderem den Zusammenhang zwischen der Art der Motivation, die eine Leistung triggert und die Qualität der daraus resultierenden Leistung. Ihre Ergebnisse sind spannend: Intrinsisch oder autonom motivierte Arbeit

führt zu besseren Leistungen speziell bei heuristischen Aufgaben (z. B. Hypothesenbildung, Analogien suchen, Strategien erarbeiten und Ähnliches), zu mehr Freude am Tun, zu mehr Zufriedenheit und zu mehr körperlichem Wohlbefinden.
Intrinsisch motiviert ist laut Deci und Ryan ein Verhalten dann, wenn es durch das pure Interesse an der Tätigkeit oder durch die Befriedigung bei der Ausführung der Tätigkeit entsteht. Extrinsisch motiviert ist hingegen ein Verhalten, das durch die Perspektive aktiviert wird, ein bestimmtes Ziel zu erreichen, das nicht unmittelbar mit der Tätigkeit in inhaltlichem Zusammenhang steht (z. B. eine Belohnung). Deci und Ryan sprechen in diesem Kontext auch von kontrolliertem Verhalten: Ein Verhalten, das durch einen Reiz und nicht durch das Interesse der Tätigkeit ausgelöst wurde.
Zur Kategorie des extrinsisch motivierten Verhaltens zählt auch jenes, das durch das Bestreben, eine bestimmte Situation zu vermeiden, zum Beispiel eine Strafe oder sonstige negative Konsequenzen, angetrieben wird. Diese Art von extrinsischer Motivation wirkt sich im Gehirn als besonders nachteilig aus, weil es die Fähigkeit des analytischen, kreativen und zusammenhängenden Denkens einschränkt.

**Anwendung in der Arbeitswelt**
Maßgeblich für die Motivationstheorie und die Anwendung deren Erkenntnisse in der Arbeitswelt, aber auch in der Erziehung und in anderen Lebensbereichen sind nachfolgende Thesen der beiden Forscher:

- *Dort wo externe Motivatoren eingesetzt werden, sinkt die intrinsische Motivation und daher tendenziell auch die Qualität der Leistung. Damit sind externe und intrinsische Motivation nicht synergetisch, sondern sie arbeiten gegeneinander.*
- *Intrinsische Motivation tritt tendenziell dort auf, wo Menschen die Möglichkeit zur Selbstbestimmung haben, mit einer Art von Tätigkeit konfrontiert sind, die ihren Kompetenzen entspricht und bei der sie Verbundenheit erleben. Erfüllen Tätigkeiten diese grundlegenden Bedürfnisse, sind Menschen leistungsfähiger, zufriedener und letzten Endes auch gesünder.*

## 7.2 Externe Anreize scheitern – fast immer

Nachfolgende Geschichte erzählte mir einer meiner ehemaligen Führungskräfte ziemlich am Beginn meiner Karriere. Sie war für mich augenöffnend. Nach wie vor bin ich der Meinung, dass diese Geschichte sehr plakativ beschreibt, wie externe Reize auf die Motivation von Menschen wirken. Darum möchte ich Sie auch Ihnen erzählen:

Drei Halbstarke hingen gelangweilt vor der Dorfbäckerei herum. Als ein alter Mann des Weges kam, beschlossen sie, ihn zu vermöbeln. Der alte Mann, der gemächlich auf die Bäckerei zu schlenderte, hatte die

Halbstarken bereits beobachtet und ihre Absicht erkannt. Als sie sich ihm mit geschwollener Brust näherten, sprach er sie an: „Guten Morgen die jungen Herren! Der Wind weht heute günstig. Ich konnte eure Konversation bereits von weiter hinten überhören. Schön, dass ihr eine Beschäftigung gefunden habt. Aber wollt ihr mich wirklich ohne Bezahlung vermöbeln? Vermöbeln bedeutet doch enormen Kraftaufwand! Außerdem geht ihr das Risiko ein, bestraft oder selbst verletzt zu werden! Das würde ich nicht ohne Bezahlung tun! Ich mache euch einen Vorschlag: Ich hole mir jetzt mein Brioche. Danach gebe ich jedem von euch einen Euro. Praktisch als Gegenleistung dafür, dass ihr mich vermöbelt. Was haltet ihr davon?"

Verständlicherweise waren die drei Halbstarken ziemlich vor den Kopf gestoßen. Bezahlen wollte der alte Mann sie? Dafür, dass sie ihn vermöbelten? Aber gut, wenn er so wollte. „Gut. Können wir machen", verkündeten sie. Der alte Mann betrat die Bäckerei und die drei warteten angespannt. Nachdem er sein Brioche gegessen hatte, bezahlte er sie – so wie angekündigt und die drei kamen ihrem Auftrag nach und vermöbelten den alten Herrn.

Am nächsten Tag wiederholte sich das Schauspiel. Diesmal aber begrüßte der alte Mann die drei schon von Weitem. „Guten Tag die Herren! Na, wieder fleißig heute? Selbstverständlich bringe ich eure Entlohnung wieder mit!" Zur Verwunderung der drei Halbstarken, fiel diese aber heute dürftiger aus: Der alte Mann bot ihnen 50 Cent für einmal Vermöbeln anstelle eines Euros so wie gestern. Etwas irritiert willigten sie aber trotzdem ein.

Wie Sie sich vorstellen können, führte der alte Mann seine Strategie fort. Als das Angebot für das Vermöbeln gegen Ende der Woche nur mehr bei 10 Cent pro Nase lag, reichte es den drei Halbstarken: „Für 10 Cent vermöbeln wir doch keinen alten Mann!" gaben sie frustriert bekannt und hatten daraufhin jegliches Interesse verloren, den alten Mann noch einmal bei seinem Frühstückseinkauf zu stören.

**Das Soma-Würfel-Experiment**
Was war in dieser hoffentlich nicht wahrheitsgetreuen, aber dafür lehrreichen Geschichte passiert? Der alte Mann hatte mit dem Angebot, sein Vermöbelt-werden zu bezahlen, jegliche intrinsische Motivation ausgelöscht: Verflogen war der Reiz des Verbotenen, des Kräftemessens, der Selbstdarstellung. Der einzige Grund, den alten Herren zu vermöbeln, der den drei Halbstarken blieb, war die Bezahlung. Und fiel diese geringer aus als erwartet, sank die Motivation ins Bodenlose. Dieses Phänomen, das mir meine ehemalige Führungskraft mithilfe dieses Beispiels so anschaulich erklärte, wies Edward Deci in einem seiner bekanntesten Experimente nach:

dem Soma-Würfel-Experiment [5]. Der Soma-Würfel ist ein Geduldspiel, bestehend aus sieben Plastikteilen, mit denen unzählige Kombinationsmöglichkeiten erstellt werden können.

Für sein Experiment teilte Deci seine Probanden in zwei Gruppen. Die Probanden beider Gruppen bat er, die Würfel auf Basis von drei vorgegebenen Kombinationsmöglichkeiten nachzubauen. Nach der ersten Sitzung ersuchte Deci seine Probanden abermals, die Würfel laut Vorgabe nachzubauen. Dieses Mal jedoch bot Deci einer Gruppe Geld für die richtige Lösung an. Die Reaktion dieser Probanden war die zu erwartende: Ihre Motivation stieg, sie beschäftigten sich deutlich länger und intensiver mit dem Würfel – angetrieben von der in Aussicht gestellten Belohnung. Wirklich interessant wurde dieses Experiment im dritten und letzten Durchgang. In diesem erklärte Deci nämlich seinen Probanden, dass das Geld für die Versuchsreihe nicht ausreiche und die Belohnung wieder eingestellt werden müsste. Die Würfel wären daher wieder ohne Bezahlung zusammenzubauen. Was glauben Sie, passierte? Genau: Das Interesse der Probanden am Soma-Würfel ging merkbar zurück. Sie beschäftigen sich deutlich kürzer mit dem Würfel – sogar kürzer als am ersten Tag, als von monetärer Belohnung noch gar keine Rede war. Bei der Motivation jener Gruppe hingegen, die noch nie dafür bezahlt wurde, konnte sogar ein geringfügiger Anstieg des Interesses beobachtet werden. Ihre Gruppenmitglieder beschäftigten sich etwas länger mit dem Geduldspiel als in den beiden Runden davor – vielleicht hatten sie nun tatsächlich etwas Feuer gefangen. „Wenn Geld als externe Belohnung für eine Tätigkeit eingesetzt wird, verlieren die Probanden das intrinsische Interesse an der Tätigkeit", so lautete Deci zentrale Erkenntnis aus dieser Studie [6].

Lassen Sie uns noch einmal kurz zur Geschichte mit den drei Halbstarken und dem alten Mann zurückkehren. Neben Decis nachgewiesenen Korrumpierungseffekt – eine Entwicklung, in der eine sekundäre Motivation die vorherige primäre verdrängt – macht diese Geschichte ein weiteres Phänomen deutlich: Wird Geld als Belohnung bereits im Vorfeld zugestanden oder zumindest erwartet, macht sich sehr schnell Verlustangst breit. Besteht die Gefahr, dass wir eine zugesagte Belohnung nicht bekommen könnten, ruft diese in unserem Gehirn das Angstzentrum, die Amygdala, auf den Plan. Die Amygdala ist bekannterweise unserem Arbeitsverhalten nicht dienlich. Triggert sie doch nur schnelle, aus der Vergangenheit abgeleitete Verhaltensmuster, die unser Überleben sichern sollen und keine innovativen oder kreativen Lösungen. Damit kommen wir in der modernen Arbeitswelt nicht weiter.

**Das Geheimnis der Motivation**

All diese Forschungsergebnisse zusammengebracht und für den Unternehmensalltag anwendbar gemacht, hat sie Dan Pink. Der renommierte Wirtschaftsjournalist befeuerte mit seinem Bestseller „Drive" die Diskussion rund um das Thema Mitarbeitermotivation auf sehr eindrückliche Weise [7]. Wenn Sie sich Pinks sehr sehenswerten TEDTalk zu seinem Buch ansehen, werden Sie feststellen, dass Pinks Sakko und sein blasslila Hemd eher an den Stil von Bill Clinton vor 20 Jahren als an Simon Sinek erinnern [8]. Sobald Sie das Erscheinungsdatum seines TEDTalks oder auch jenes seines Buches entdecken – es war das Jahr 2009 – wird die Verwunderung dem Verständnis weichen. Warum reden wir mehr als zehn Jahre nach Pinks Veröffentlichung noch immer über ihn? Weil das, was Pink auf den ersten Seiten seines Buches behauptet, dass nämlich Unternehmen noch nicht auf dem neuesten Stand seien zu verstehen, was uns genau motiviert, heute noch immer gilt [9]. Der Grad der Anwendung wissenschaftlicher Erkenntnisse im Bereich der Motivationsforschung hat sich seit dem Jahr 2009 kaum verändert – die Rahmenbedingungen allerdings schon: Sie fordern mehr denn je motivierte, kreative und innovative Mitarbeiter.

In seinem Buch schreibt Pink, dessen Erkenntnisse übrigens auch die Veränderungen bei Bosch mitauslösten, unter anderem über die Herausforderung von externen Anreizen. Er spricht in diesem Kontext von sogenannten „Wenn-Dann"-Belohnungen (ein Thema der transaktionalen Führung) und meint damit Anreize, die ausgeschüttet werden, wenn Menschen ein bestimmtes Verhalten oder vorher vereinbarte Leistungen oder Ergebnisse vorweisen. Pinks Empfehlung fällt ähnlich deutlich aus wie Decis Erkenntnis nach seinem Soma-Würfel-Experiment: „Sie („Wenn-Dann'-Belohnungen) können die intrinsische Motivation auslöschen, die Leistung schmälern, die Kreativität unterdrücken und wohlwollendes Verhalten in den Hintergrund drängen. Sie können uns auch mehr von dem geben, was wir eigentlich nicht möchten: Sie können unethisches Verhalten fördern, Abhängigkeiten erzeugen und Kurzzeitdenken begünstigen [10]." Gründe genug, um über Alternativen nachzudenken.

> **Praxistipp: Was wir als Führungskraft tun können**
> - *Setzen wir „Wenn-Dann"-Belohnungen nur für Routineaufgaben ein.* „Wenn-Dann"-Belohnungen sind dann wirkungsvoll, wenn es sich dabei um Aufgaben handelt, die keinerlei Kreativität erfordern. Also um Aufgaben, die wir in unserer linken Gehirnhälfte bewältigen. Handelt es sich um eine solche Aufgabenstellung, dann sollten wir das vor dem Leistungserbringer

auch zugeben. Wir sollten einräumen, dass es sich hier um eine wenig spannende Aufgabe handelt, die aber aus bestimmten Gründen – und auch diese gilt es anzugeben – erledigt werden muss.
- *Wenn wir monetär belohnen, dann sollten wir das nur für außergewöhnliche Leistungen und vor allem: Wir sollten es unerwartet tun!* Vergessen wir nicht, wie Verlustängste die Qualität der Arbeit beeinträchtigen können. Anstatt den Preis laut anzukündigen und den Fokus des Leistungserbringers damit weg von der eigentlichen Aufgabe und hin zum Preis zu lenken, sind wir gut damit beraten, die Belohnung erst nach außergewöhnlicher, vollbrachter Leistung zum Thema zu machen.
- *Fördern wir Belohnung unter Gleichgestellten.* Auch positives Feedback unter Kollegen ist keine Selbstverständlichkeit – wenngleich es ein wirkungsvoller Motivator sein kann. Grund genug, es gezielt zu fördern – zum Beispiel durch Kudo Cards. Dabei handelt es sich um Belohnungskärtchen, die digital versandt, in eine Kudo Box geworfen und beim Teammeeting verteilt oder auf einer Pinnwand sichtbar gemacht werden können. Welchen Weg wir auch wählen, Anerkennung kommt immer an!
- *Schaffen wir ein Arbeitsumfeld, das Selbstbestimmung, Weiterentwicklung und Sinnerfüllung zulässt.* Denken wir an die Fragen zu Beginn des Kapitels. Was motiviert Menschen wirklich? Wofür brennen sie? Versuchen wir, Mitarbeiter dort einzusetzen, wo sie ihre Fähigkeiten wirklich einbringen und weiterentwickeln können und setzen wir alles daran, ihnen so viele Wahlmöglichkeiten wie möglich einzuräumen. Lassen Sie uns nicht vergessen, dass Autonomie eine der drei wesentlichsten Voraussetzungen für Motivation ist (s. Abschn. 10.3).
- *Belohnen wir Mitarbeiter mit gemeinsamen Erlebnissen anstatt mit Geld.* Zum wichtigsten Produzenten gemeinsam nach Vietnam? Zum Entwicklerteam nach Israel? In der Start-up-Szene ist es eine gängige Praxis, Mitarbeiter mit gemeinsamen Erlebnissen anstatt mit Geld zu belohnen. Auch kleinere Erlebnisse haben eine Wirkung: Auch eine aufrichtige Wertschätzung, ein ermutigendes Feedback oder eine positive Erwähnung beim nächsten Teammeeting sind motivierend!

## 7.3 Motivation neu gedacht: Das Gehirn belohnen!

Jetzt kommt die wirklich gute Nachricht: Es gibt für Sie als Führungskraft einen Weg, Ihre Mitarbeiter zu motivieren (auch langfristig!), ihre Talente im Unternehmen zu halten und Bestleistung zu unterstützen. Dieser Weg führt über das Gehirn. Und er kann von Ihnen als Führungskraft entscheidend mitgestaltet werden!

Sie haben es vielleicht schon einmal selbst erlebt: der reflexartige Sprung an den Straßenrand, weil ein Radfahrer plötzlich um die Kurve biegt. Das Ducken vor der Frisbee-Scheibe, bevor Sie bewusst wahrnehmen, dass etwas geflogen kommt. Die wichtigste Aufgabe unseres Gehirns ist es, unser

Überleben zu sichern. Dafür hat es im Laufe der Evolution so manche sehr gut funktionierende Strategie entwickelt. Eine davon ist die in Sekundenbruchteilen stattfindende Bewertung der eintreffenden Informationsflut – und diese ist wahnsinnig umfangreich. 11 Mio. Bits werden unserem Gehirn pro Sekunde gemeldet! Um mit dieser Datenmenge umzugehen, klassifiziert unser Gehirn die Information als Bedrohung oder als Belohnung. Bei zu viel Bedrohung schalten wir auf ein archaisches Notfallprogramm – in dem wir wie eingangs beschrieben reflexartig oder im Extremfall mit Fight, Flight, Freeze reagieren. Allerdings braucht es keine so lebensbedrohliche Gefahr wie ein heranbrausendes Auto, um unser Gehirn in Alarmbereitschaft zu setzen. Geht es nach David Rock, Gründer und Leiter des Instituts für NeuroLeadership, reicht die Bedrohung von einem von fünf zentralen Merkmalen aus, um unser Gehirn entsprechend zu aktivieren [11]. Konzentriertes, kreatives Arbeiten und klare Gedanken lässt unser Gehirn dann nur mehr sehr eingeschränkt zu. Stattdessen feuert die Amygdala und schwächt Leistungsbereitschaft, Ausgeglichenheit, Kooperation und Lernbereitschaft. „Humans cannot think creatively, work well with others, or make informed decisions when their threat responses are on high alert", sagt Rock [12]. Er ist davon überzeugt, dass jeder Mensch – bewusst oder unbewusst – nach Status, Certainty, Autonomy, Relatedness und Fairness strebt. Zusammengefasst hat Rock diese Merkmale in dem Akronym SCARF® [13]. Werden diese Faktoren nicht erfüllt, entstehen Reaktionen wie die eben beschriebenen. Werden diese Faktoren hingegen erfüllt, empfinden wir Wertschätzung und Sicherheit und verhalten uns offener, kooperativer und lernbereiter – und eben daraus folgend: motivierter.

**Das SCARF®-Modell**
Mit seinem SCARF®-Modell hat Rock ein Hilfsmittel geschaffen, um unser eigenes Verhalten oder auch das unserer Mitarbeiter bewusst zu hinterfragen und zu steuern: „It helps alert you to people's core concerns (which they may not even understand themselves) and shows you to calibrate your words and actions to better effect [12]." Damit das gelingen kann, braucht es ein Bewusstsein für das, was unser Gehirn reagieren lässt.

- *Status* beschreibt unsere eigene Stellung im Verhältnis zu anderen. Dieses Verhältnis wird wesentlich durch die Bewertung der eigenen Leistung beeinflusst. Dementsprechend bedeutsam ist Wertschätzung oder Feedback für dieses Merkmal. So wie ein wertschätzender Umgang und eine gute Feedbackkultur dieses Grundbedürfnis erfolgreich nähren können, untergraben flapsige Bemerkungen oder unangemessene

Witzeleien diesen Faktor, da damit unweigerlich eine Abwertung des Gegenübers einhergeht. Daher gilt: Humor auf Kosten anderer gehören nicht in den professionellen Kontext.
- *Certainty* umfasst das Thema der Planbarkeit (was bringt die Zukunft) und jenes der psychologischen Sicherheit. Menschen sind in unterschiedlichem Ausmaß dafür geschaffen, mit Veränderungen oder Unsicherheiten umzugehen. Trotzdem strebt unser Gehirn immer danach, Muster zu erkennen und Vorhersagen treffen zu können. Dieses Mindestmaß an Sicherheit kann durch Spielregeln oder festgelegte Rahmenbedingungen unterstützt werden.
- *Autonomy* ist einer jener drei zentralen Eckpfeiler, den nicht nur Dan Pink, sondern auch Deci und Ryan und eben David Rock als essenziell für jegliche Leistungsbereitschaft und Motivation sehen. Autonom arbeiten zu können, bedeutet, selbst die Kontrolle über das eigene Leben zu haben und entsprechend eigenständig entscheiden zu können, was ich tue und wie ich es tue. Dies in einem größtmöglichen Ausmaß zu gewährleisten, ist Aufgabe der Führungskraft und kann zum Beispiel durch eine Einbindung der Mitarbeiter bei der Definition von Zielen erreicht werden.
- *Relatedness* beschreibt das Grundbedürfnis nach Verbundenheit. Im Arbeitskontext erleben wir Verbundenheit dann, wenn wir uns einem Team oder dem Unternehmen zugehörig fühlen. Das tun wir dann, wenn wir einen Beitrag leisten können, Interesse an meiner Person und nicht nur an meiner Leistung besteht oder Gemeinsamkeiten bekannt sind. Gemeinsame Erlebnisse sind eine sehr wirkungsvolle Gelegenheit, potenzielles Misstrauen abzubauen und Verbundenheit zu kultivieren.
- *Fairness* und Gerechtigkeit drücken eine ehrliche Haltung gegenüber anderen Menschen aus. So wie im Sport, bedingt ein fairer Umgang miteinander das Einhalten der vereinbarten Spielregeln oder das verantwortungsbewusste Agieren innerhalb definierter Leitplanken. Die Missachtung eines Fair Play hat unmittelbare Konsequenzen auf die Qualität der Zusammenarbeit. Führungskräfte haben hier eine sensible Aufgabe zu lösen: Während dieser Faktor ein konsequentes Vorgehen erfordert, ist gleichermaßen davon abzusehen, Fairness und Gerechtigkeit mit Gleichheit zu verwechseln. Einer meiner Seminarteilnehmer hat nachfolgendes Bild dafür entwickelt: Denken Sie an zwei Kinder, die beide über eine Mauer sehen möchten. Während man dem Dreijährigen einen Hocker zur Verfügung stellt, muss sich der Siebenjährige selbst auf die Zehenspitzen stellen. Stimmen Sie mir zu, wenn ich die unterschiedliche Behandlung der beiden als nicht gleich, aber als gerecht bezeichne?

**LEADERSHIP TIP TO TAKE AWAY: Verhalten einschätzen und steuern mit dem SCARF®-Modell**

Das SCARF®-Modell kann dabei unterstützen, sowohl die eigenen Gedanken, Gefühle und Reaktionen einzuordnen als auch jene unserer Mitarbeiter. Dadurch

- kann Verhalten erklärt und können (Konflikt-)Situationen besser geklärt werden,
- kann ein Umfeld/eine Kommunikation geschaffen werden, das/die diese Faktoren bedient
- und das/die Kooperation, Lernbereitschaft und Motivation fördert.

*Für die Selbstreflexion:*

- Auf welche der Faktoren reagieren Sie besonders sensibel?
- Was bedeutet eine Verletzung dieses Faktors für Sie?
- Warum ist Ihnen dieser Faktor so wichtig?

Mit einem gesteigerten Bewusstsein für Ihre eigenen Bedürfnisse steigt auch Ihre Empathiefähigkeit gegenüber Ihren Mitarbeitern. Sehr bald schon werden Sie feststellen, wie Sie Bedürfnisverletzungen bei Ihren Mitarbeitern sensibler nachempfinden können und sich vermehrt fragen werden, wie Sie diese vermeiden können.

*Als Führungskraft*

- Wissen Sie, welche der Faktoren Ihren Mitarbeiter besonders wichtig sind?
- Haben Sie Methoden zur Hand, wie Sie darauf eingehen können?
- Diskutieren Sie Ihre Beobachtungen mit Ihren Mitarbeitern und vereinbaren Sie Interventionen, darauf zu reagieren.

**Summary**

„Wir sind als Spieler geborgen, nicht als Schachfiguren", schreibt Dan Pink in seinem Bestseller „Drive" [14]. Er erinnert uns an unsere ureigene Natur, autonom, selbstwirksam und sinnerfüllt tätig sein zu wollen. In einem Wirtschaftssystem, das nach wie vor vielerorts unreflektiert von der Denke Frederick Taylors geprägt ist, wurde und wird uns das abtrainiert – mit verheerenden Konsequenzen: Menschen sind unmotiviert und nur sehr eingeschränkt bereit, sich aktiv und kreativ im Sinne des Unternehmens einzubringen. Eine Entwicklung, die sich in unserer modernen Arbeitswelt bitter rächt. Fehlende Innovationsfähigkeit, kränkelnde Kreativität und sinkende Produktivität katapultieren viele Unternehmen ins Off. Um hier die Trendwende zu schaffen, müssen wir dort ansetzen, wo Leistung und Innovation passiert: beim Menschen. Als Führungskraft ist es unsere Aufgabe, wieder für jene Rahmenbedingungen zu sorgen, die Menschen ihrer ureigenen Natur, Spieler statt Schachfigur zu sein, näherbringt. Dan Pinks AMP-Ansatz [15] oder David Rocks SCARF®-Modell können uns dabei unterstützen.

## Weiterführende Literatur und Anmerkungen

1. Die Reflexionsfragen sind angelehnt an: Häusling, André. Römer, Esther. Zeppenfeld, Nina. (2019) Praxisbuch Agilität: Tools für Personal- und Organisationsentwicklung. Haufe Lexware, S. 264 ff.
2. Frederick Winslow Taylor gilt als der Begründer Arbeitswissenschaft. Sein Bestreben war es, eine optimierte Arbeitsgestaltung zu schaffen, damit Menschen maximal leistungsfähig sein können. Taylor fasste seinen Ansatz 1911 in seinem berühmten Werk „Scientific Management" zusammen. Auf seiner Denke fußt auch heute noch die bewusste oder unbewusste Betriebsführung vieler Organisationen.
3. Meck, Georg (2015) Bosch-Chef: Geld kann demotivierend wirken. In: FAZ.NET. 19.09.2015. https://www.faz.net/aktuell/wirtschaft/bosch-chef-volkmar-denner-schafft-boni-ab-13812475.html.
4. Deci, Edward. Ryan, Richard (2007) Facilitating Optimal Motivation and Psychologial Well-Being Across Life's Domains. In: Canadian Psychology, Vol 49/2008, S. 14–23. https://selfdeterminationtheory.org/SDT/documents/2008_DeciRyan_CanPsy_Eng.pdf. Aufgerufen am 06.07.2022.
5. Pink, Daniel (2020) Drive. Was Sie wirklich motiviert. Ecowin Verlag, Salzburg-München. S. 15 f.
6. Edward Deci zitiert in: Pink, Daniel (2020) Drive. Was Sie wirklich motiviert. Ecowin Verlag, Salzburg-München. S. 19.
7. Pink, Daniel (2020) Drive. Was Sie wirklich motiviert. Ecowin Verlag, Salzburg-München.
8. Pink, Daniel (2009) The puzzle of motivation. In: TED2009. https://www.ted.com/talks/dan_pink_the_puzzle_of_motivation. Aufgerufen am 07.07.2022.
9. Pink, Daniel (2020) Drive. Was Sie wirklich motiviert. Ecowin Verlag, Salzburg-München. S. 19 f.
10. Pink, Daniel (2020) Drive. Was Sie wirklich motiviert. Ecowin Verlag, Salzburg-München. S. 247.
11. Dr. David Rock gilt als Begründer des Neuroleadership-Ansatzes, der versucht, Erkenntnisse der modernen Neurologie auf das Führungsverhalten von Führungskräften anzuwenden. Er leitet das international tätige Neuroleadership Institute und ist Autor zahlreicher Bücher, unter anderem des Bestsellers „Your Brain at Work".
12. Rock, David (2009) Managing with the Brain in Mind. In: Strategy + Business, Nr. 56, Autumn 2009. https://www.strategy-business.com/article/09306. Aufgerufen am 07.07.2022.
13. Rock, David (2008) SCARF®: A Brain-based Model for Collaboration with and Influencing others. In: NeuroLeadership Journal, Vol. 1/1. Dezember 2008, S. 44–52.

14. Pink, Daniel (2020) Drive. Was Sie wirklich motiviert. Ecowin Verlag, Salzburg-München. S. 133.
15. Der AMP-Ansatz nach Daniel Pink geht davon aus, dass jeder Mensch ein Umfeld von Autonomy, Mastery und Purpose (AMP) benötigt, um motiviert und damit leistungsfähig zu sein. Damit setzte Pink in den frühen 2000er-Jahren einen entscheidenden Kontrapunkt zur gängigen Motivationspraxis, die mithilfe von externen Anreizen Menschen zu mehr Leistung anspornen wollte.

# 8

# Wie erreichen wir zusammen Ziele?

*Das beste Resultat erzielen wir dann, wenn jeder in der Gruppe das tut, was für ihn selbst am besten ist und für die Gruppe. Gemeinsame Ziele können ein wesentlicher Hebel zu mehr Kooperation und Zusammenarbeit sein.*

**Wer bekommt die blonde Dame?**
Kennen Sie die wohl berühmteste Szene aus dem Film „A beautiful mind"? Jene, in der eine atemberaubend attraktive Dame gemeinsam mit ihren Freundinnen eine Bar betritt und sofort die Aufmerksamkeit einer Gruppe junger Männer auf sich zieht? Mit ihr gelangte das sogenannte Nash-Gleichgewicht auch in Nicht-Mathematikerkreisen zu spektakulärer Berühmtheit. John Nash, im Film dargestellt von Russel Crowe, war ein US-amerikanischer Mathematiker, der für die mathematische Erkenntnis, die er möglicherweise aus dieser Barszene zog, den Nobelpreis erhielt [1].

Selbstbewusst scherzend setzen sich Nashs Kommilitonen an seinen Tisch. Dieser, vertieft in seine Berechnungen und Formeln, lässt sich nur kurz aus seiner Gedankenverlorenheit reißen. Den Männern gegenüber, im schummrigen Licht der Bar, stehen die Damen: jung, hübsch, betörend. Eine unter ihnen ist besonders apart. Selbst Nash scheint interessiert. „Wen wird sie wählen?" fragen sich die jungen Männer und scherzen über den bevorstehenden Hahnenkampf. Sie versuchen die Frage mit Adam Smith und seiner Theorie der freien Marktwirtschaft zu beantworten: „Im Wettbewerb kommt der individuelle Ehrgeiz dem Gemeinwohl zugute." „Jeder kämpft für sich selbst, Gentlemen", so die Conclusio der jungen Männer. Zur Verwunderung der Freunde scheint sich die Dame für Nash zu interessieren. Für diesen ist die Situation jedoch zu etwas Höherem bestimmt. Mit verklärtem Blick verkündet er in dieser Szene: „Adam Smith muss revidiert werden. (…) Wenn wir alle hinter der Blondine her sind, blockieren wir uns gegenseitig und kein einziger von uns kriegt sie." „Nash, wenn das ein Versuch ist, dir die Blondine selbst unter den Nagel zu reißen …," kontern die Freunde. „Adam Smith hat sich geirrt", fährt Nash unbeirrt fort. „Weil man das beste Resultat dann erzielen wird, wenn jeder in der Gruppe das tut, was für ihn selbst am besten ist UND für die Gruppe [2]."

## 8.1 Kann mein Ziel auch dein Ziel sein?

Ob John Nashs Erkenntnis in dieser schummrigen Bar in Princeton bei der Partnerwahl dienlich sein kann, bleibt umstritten. In der Verhaltensökonomie findet das Nash-Gleichgewicht aber bis heute seine Anwendung. Es erinnert uns an die Abhängigkeit eines Systems von seinen Subsystemen und daran, dass das unbeirrte Streben nach individuellem Vorteil letzten Endes weder zum individuellen noch zum kollektiven Optimum führt.

Von Nashs mathematischem Beweis unbeeindruckt bleibt das Verhalten vieler Menschen in Organisationen. „Dienst nach Vorschrift – zu mehr sind sie nicht bereit", berichten mir Führungskräfte traditionell organisierter Unternehmen. 38,5 Wochenstunden seien der heilige Gral vieler Mitarbeiter, neue Ideen müsse man ihnen in den Mund legen und das Interesse an mehr Verantwortung gehe gegen null. Eine völlig konträre Situation erlebe ich in meiner Tätigkeit als Investor für junge Start-ups. Dort treffe ich auf junge, fähige Menschen mit einer vielversprechenden Aussicht auf Karriere. Sie verlassen ihre klassische Arbeitsumgebung oder entscheiden sich von vornherein dagegen, um ihre eigenen Ideen umzusetzen. Ideen, die ihnen nicht nur die Sicherheit einer Fixanstellung, sondern häufig auch ihre gesamten Ersparnisse kosten. Ideen, die sie so beflügeln, dass sie bereit sind, 80 Wochenstunden zu arbeiten und viele Hürden in Kauf zu nehmen. Ideen, die diese Teams zu einer Dynamik beflügeln, die ihresgleichen sucht. In diesen Teams ist jeder ein Höchstleister – und jeder ein Teamplayer. Diese Menschen scheinen Nash verstanden, ja verinnerlicht zu haben. Sie brauchen weder die belehrenden Worte eines Investors noch plakative Mission Statements auf Hochglanz-Strategiepapieren.

Warum aber sind für die einen Kooperation und Zusammenarbeit drängende Bedürfnisse und für die anderen eine Gefahr für den eigenen Vorteil? Ist es nur die Möglichkeit, eigenverantwortlich zu arbeiten und zu gestalten? Diese Faktoren tragen natürlich dazu bei. Allerdings existiert ein weiterer Faktor, der dieses Bedürfnis maßgeblich beeinflusst. Die moderne

Hirnforschung erinnert uns daran. Sie hat bewiesen, dass Kooperation nicht nur ein strategisch kluges Verhalten, sondern ein tief in uns verwurzeltes Grundbedürfnis ist und gibt Führungskräften damit ein äußerst wirksames Werkzeug an die Hand [3].

**Kooperation als Grundbedürfnis**
Ein Proband spielt gemeinsam mit drei oder vier anderen Teilnehmern ein virtuelles Ballwurfspiel. In der Instruktion wird ihm mitgeteilt, dass es sich bei den anderen Spielern um andere Probanden handle, mit denen er über das Internet verbunden sei und jetzt, in Echtzeit, mit ihnen spiele. Die erste Phase des Spiels verläuft erwartungsgemäß: Die Bälle werden allen Teilnehmern zugespielt, alle Spieler sind gleich eingebunden. Im weiteren Verlauf des Spieles werden unserem Probanden keine Bälle mehr zugeworfen. Sein Männchen steht unbeteiligt herum. Der hier beschriebene Versuch ist das sogenannte Cyberball-Paradigma, ein standardisiertes Modell zur Untersuchung sozialer Ausgrenzung.

Naomi Eisenberger und Matthew Liebermann, zwei Wissenschaftler der University of California, wollten wissen, was in den Gehirnen dieser ausgeschlossenen Probanden vor sich geht. Mithilfe von funktioneller Magnetresonanztherapie maßen sie die Sauerstoffversorgung unterschiedlicher Gehirnregionen. Dabei machten die beiden Wissenschaftler eine bemerkenswerte Entdeckung: Im dorsalen anterioren cingulären Cortex, dem Schmerzzentrum unseres Gehirns, war bei den ausgeschlossenen Probanden eine besonders gute Sauerstoffversorgung zu beobachten. Die Forscher schlussfolgerten daraus, dass unser Gehirn den Verlust von Verbundenheit wie körperlichen Schmerz einstuft und verarbeitet – daher die hohe Aktivität in diesem Areal. Kurioserweise änderte sich die Hirnaktivität der Probanden auch nicht wesentlich, als ihnen mitgeteilt wurde, dass es sich bei den anderen Spielern nicht um Menschen, sondern nur um einen Computeralgorithmus handelte. Das Fazit der Forscher: Das Bedürfnis nach Verbundenheit ist tief in uns verwurzelt. Bleibt es unbefriedigt oder wird es gestört, reagiert unser Gehirn wie bei körperlichem Schmerz [4]. Die positive Nachricht: Es funktioniert auch in die andere Richtung! Wird das Bedürfnis nach Zugehörigkeit befriedigt, reagieren die neuralen Belohnungszentren. Kooperation erfüllt dieses Grundbedürfnis!

Spätestens damit ist die Beweislage eindeutig: Kooperation und Zusammenarbeit sind in unser aller Sinne, und die aktive Gestaltung dieser ist ein wichtiges Führungsinstrument! Warum Kooperation vielerorts trotzdem nicht funktioniert, erkläre ich Ihnen anhand von drei Situationen, die ich in meinen Coachings immer wieder erlebe. Die dahinterliegenden

Paradigmen nenne ich Kooperationskiller, weil sie genau das tun: Sie verhindern – häufig aus Unwissenheit oder aus fehlender Achtsamkeit – wahre Zusammenarbeit in Unternehmen.

## 8.2 Kooperationskiller: Ziele

Ziele sind ein unglaublich wirksames Führungsinstrument. Richtig eingesetzt geben sie Orientierung, sie motivieren und sie stellen sicher, dass sich alle Beteiligten in dieselbe Richtung bewegen – kurzum: Ziele schaffen Verbundenheit! Denken Sie an die beschriebene Dynamik in Start-ups. Mit Leidenschaft und enormen Einsatz verfolgen diese Teams ihre Ziele. Die gemeinsame Ausrichtung und das Wissen um die Notwendigkeit jedes Einzelnen schaffen Verbundenheit und machen Kooperation und Zusammenarbeit zum Selbstverständnis.

Ziele haben eine Wirkung – falsch eingesetzt, eine katastrophal negative. Anstatt Kooperation zu fördern, bewirken sie dann genau das Gegenteil: Sie schaffen Entkopplung und zerstören den Wunsch nach Zusammenarbeit, indem sie beispielsweise die Dominanz der Führungskraft und die Unmündigkeit der Mitarbeiter demonstrieren. Passiert das, lässt die Wirkung für gewöhnlich nicht lange auf sich warten. Spätestens bei der nächsten Strategieklausur stellen Sie fest: Ihre Mitarbeiter können sich mit den Zielen nicht identifizieren, sie verstehen darüber hinaus nicht, wie ihre Leistung auf die Ziele einzahlt und hegen demzufolge auch wenig bis kein Interesse, die vorgegebenen Ziele zu erfüllen. Zusammenarbeit beschränkt sich auf das Notwendigste, von Verbundenheit keine Spur. Ich lade Sie nun ein, sich mit mir drei konkrete Situationen aus der Praxis anzusehen und zu erkennen, warum es einer Kooperation dort von vornherein schwierig gemacht wurde.

### 8.2.1 Ziele, die aus Sicht der Mitarbeiter sinnlos sind

Auf die Frage, warum das Logistikteam nun in kleinen Subteams organisiert werden solle, antwortete mir der Bereichsleiter mit einem Achselzucken. „Der Vorstand will das so", sagte er. „Mehr Agilität steht im Strategiepapier."

Situationen wie diese entstehen immer dann, wenn nur oben gedacht wird und unten gemacht werden soll. Diese Form der Arbeitsteilung ist über hundert Jahre alt. Damals war die Zeit jedoch eine andere: Neue Massenmärkte waren am Entstehen. Konkurrenten stellten kaum ein Problem dar.

Komplexität konnte reduziert werden, indem man Geschäftsideen arbeitsteilig in vorgegebenen Prozessen umsetzte. Henry Ford führte diese Idee Frederick Taylors spektakulär fort und konnte dadurch die Wertschöpfung um ein Vielfaches steigern.

Die gegenwärtige Welt ist jedoch deutlich komplexer. Vereinfachung funktioniert nur mehr in Einzelfällen, Kundenorientierung und Individualisierung gelten wieder als Erfolgsfaktoren. Für Unternehmen heißt das, flexible Strukturen sicherzustellen und Verantwortung und Entscheidungsgewalt dort anzusiedeln, wo die Leistung tatsächlich erbracht wird: beim Mitarbeiter. Wird weiterhin nur oben gedacht, entstehen Situationen wie jene, in denen wir als Key Accounter unserem Premium-Kunden erklären müssen, dass die Auslieferung der Ware nun zwei Tage länger dauert, weil die Unternehmensführung den Logistikprozess agil gestalten möchte. Die Konsequenzen kennen wir: Der Kunde sieht sich nach Alternativen um und Mitarbeiter verspüren statt Verbundenheit Scham, Ärger und Ohnmacht.

> **Praxistipp: Was wir als Führungskraft tun können**
> - *Beziehen wir unsere Mitarbeiter aktiv in die Ausarbeitung von Zielen ein.* Lassen Sie uns nicht vergessen, dass jedes Ziel der Wertschöpfung dienen muss und diese sich wiederum an den Bedürfnissen der Kunden zu orientieren hat. Und wer weiß besser darum als jene unserer Mitarbeiter, die seit Jahren in einer engen Beziehung zum Kunden stehen?
> - *Lassen wir unsere Mitarbeiter ihre eigenen Ziele entwickeln.* Mitarbeiter verstehen in der Regel sehr genau, wie ihre Leistung auf das unternehmerische Gesamtziel einzahlen kann. Voraussetzung: Letzteres muss bekannt und verstanden sein!
> - *Wir haben Experten eingestellt. Trauen wir ihnen unternehmerisches Denken zu!* Wenn wir Mitarbeiter einstellen, um ein 30-köpfiges Logistikteam zu leiten, ein Budget oder Ressourcen von mehreren Hunderttausend Euro zu verwalten oder unsere Premium-Kunden zu betreuen, dann sollten wir ihnen auch die Fähigkeit zum unternehmerischen Denken zutrauen.

### 8.2.2 Ziele, die zum Nachteil der Mitarbeiter sind

„Wir müssen bis Quartalsende den Umsatz um 2 % erhöhen", damit eröffnet der Teamleiter eine kurzerhand einberufene Teamsitzung. Vollkommene Ernüchterung in den Gesichtern der Anwesenden. Konnten sie nicht bereits letztes Quartal ein mehr als zufriedenstellendes

Umsatzwachstum erzielen? Weitere 2 % würde ihnen noch mehr Überstunden und noch mehr Druck bescheren.

Es ist eine Tatsache: Kooperation lohnt sich in vielen Organisationen nicht mehr! Im Gegenteil – manchmal schadet sie sogar. Was sollte diese Mitarbeiter dazu bewegen, durch persönlichen Mehreinsatz, zusätzlichen Überstunden, die vielerorts aufgrund von Überstundenpauschalen nicht einmal honoriert werden, durch eigeninitiativ getriebenes Ausprobieren und Verbessern, den Umsatz zu erhöhen? Pflichtgefühl? Vielleicht. Motivation, Kreativität, Verantwortungsübernahme – diese Dinge kommen mit reinem Pflichtgefühl allerdings selten im Gepäck. Wird das Ziel trotzdem erreicht – selbst dann, wenn sich für die Mitarbeiter kein wirklicher Sinn erschließen lässt – dann wird die Leistung selten honoriert. Dann werden vielleicht ein paar Worte des Lobes ausgesprochen und das Ziel auf Grün gesetzt. Danke, weiter geht's.

Lassen Sie uns über die Frage nachdenken: Wie müssen wir Ziele gestalten, damit sie der Organisation UND dem Mitarbeiter nützen? John Nash hat es empirisch bewiesen: Das beste Resultate erzielen wir dann, wenn jeder in der Gruppe das tut, was für ihn selbst am besten ist UND für die Gruppe. 2 % Umsatzsteigerung bis Quartalsende ist für Mitarbeiter mit großer Wahrscheinlichkeit nicht das Beste. Die Möglichkeit, Fähigkeiten einzusetzen, zu gestalten und sich zugehörig zu fühlen, hingegen schon. Verwehren wir unseren Mitarbeitern die Erfüllung dieser Bedürfnisse, verzichten wir nicht nur auf das Potenzial ihrer Talente, Leidenschaft und Stärken, sondern auch auf das beste Ergebnis. John Nash hat es uns ausgerechnet!

---

**Praxistipp: Was wir als Führungskraft tun können**

- *Stage it.* Lassen Sie uns ein Umfeld schaffen, das es den Experten, die unsere Mitarbeiter nun einmal sind, erlaubt, die beste Version von sich selbst zu sein. Sorgen wir als Führungskräfte für Rahmenbedingungen, die unseren Mitarbeitern maximale Performance unter dem Einsatz ihrer Talente, Leidenschaften und Stärken ermöglicht. Eigene Ziele sind eine wesentliche Voraussetzung dafür. Was unsere Mitarbeiter noch dazu brauchen? Fragen wir sie am besten selbst und lassen wir sie mitgestalten (mehr zum Thema Staging lesen Sie in Abschn. 1.2).
- *Machen wir die Arbeit unserer Mitarbeiter transparent.* Wird Leistung erbracht, ist es eine zentrale Aufgabe der Führungskraft, diese auch sichtbar zu machen und zu würdigen – nicht nur durch das wohlwollende Schulterklopfen, sondern auch durch transparente Kommunikation zur richtigen Adresse wie beispielsweise zur Bereichsleitung, zur Geschäftsführung oder zum Kunden.

- *Feiern wir Erfolge.* Kaum etwas ist genüsslicher als die Jause am Gipfel und kaum etwas motivierender als das Bewältigen einer Krise aus eigener Kraft. Feiern wir gemeinsame Anstrengungen, die etwas Gutes bewirkt haben. Dabei kann es sich um erreichte Ziele gleichermaßen handeln wie um das Ausmerzen von Hindernissen, die uns schon lange blockieren, oder das Auferstehen nach einer Krise. Leider vergessen wir in der Hektik des Alltags viel zu häufig, Erreichtes nicht nur abzuhacken, sondern uns auch daran zu erfreuen.

**DEEP DIVE: Die taube, blinde und „dumme" Organisation – ein revolutionäres Verständnis von Organisation**

Was bedeutet es für eine Organisation, wenn Mitarbeiter ihre Fähigkeiten nicht innerhalb ihrer Arbeitszeit, sondern in ihrer Freizeit, im Sportverein, beim Aufsetzen des eigenen Servers oder in diversen ThinkTanks, Netzwerken oder Hackatons einsetzen? Exakt, der Organisation kommen diese Fähigkeiten nicht zugute. Und was bedeutet es für eine Organisation, wenn Mitarbeiter Trends im Kaufverhalten der Kunden nicht erkennen, sich nicht für die Konkurrenz interessieren und Veränderungsbedarf zwar wahrnehmen, aber nicht kommunizieren? Genau, notwendige Anpassungen werden ausbleiben, es wird zu keiner Weiterentwicklung kommen. Die Zukunftsfähigkeit des Unternehmens ist stark gefährdet. „Die Organisation ist auf die psychischen Systeme ihrer Mitglieder unverzichtbar angewiesen, da sie selbst nicht über Mittel der sinnlichen Wahrnehmung verfügt." Nikolas Luhmann, einflussreicher Soziologe und bedeutsamer Vertreter der Systemtheorie, erkannte bereits in den 1990er-Jahren, dass eine Organisation taub, blind und stumm ist, wenn ihre Mitarbeiter die Aufgaben der Wahrnehmung nicht übernehmen und nicht entsprechend kommunizieren [5].

**Organisation als Ko-Evolution**

Was Luhmann hier prägte, war ein revolutionär neues Verständnis einer Organisation: Organisationen als Hüllen, bestehend aus Prozessen, Abläufen, Strukturen und Maschinen, die wiederum nur durch Menschen zum Einsatz kommen und Nutzen bringen können. Noch einen Schritt weiter geht der deutsche Psychologe Fritz B. Simon. Er wendet das Phänomen der strukturellen Kopplung auf die Beziehung von Mitarbeiter und Organisation an. „Was in der Organisation geschieht, kann psychische Folgen für ihre Mitglieder (z. B. deren Motivation) haben, und dasselbe gilt in umgekehrter Richtung." Wie in einer Ehe, in der keiner den Partner oder die Partnerin ungestraft wegdenken könne, verhalte sich auch die Beziehung Mitarbeiter – Organisation als eine Ko-Evolution, als ein zirkulärer Prozess, wo jeder in der Interaktion mit dem anderen dessen Handlungs- und Überlebensbestimmungen bestimme [6]. Wie in der eingangs beschriebenen Barszene aus dem Hollywoodblockbuster ist der Erfolg jedes Einzelnen an den Erfolg der Organisation gebunden und umgekehrt.

**Systemtheorie in der Praxis**
Was bedeutet diese Erkenntnis für Zusammenarbeit in Organisationen?

- Akzeptiert man diese Abhängigkeit, werden Organisationen beginnen, ihre Rechnungen mit ihren Mitarbeitern zu machen.
- In dem Bewusstsein, dass sie nur so innovativ, kreativ und wandelbar wie ihre Mitarbeiter sein können, werden sie es als ihre Aufgabe erkennen, für optimale Rahmenbedingungen zu sorgen.
- Sie werden zunehmend davon absehen, Mitarbeiter zum Handlanger für in Beton gemeißelte Strategien zu denunzieren und anfangen, partizipative Strukturen zu ermöglichen.

**Organisationen funktionieren nur mit Kooperation**
Schenkt man Simon Glauben, ist die Verantwortung nicht nur auf der Seite des Unternehmens bzw. dessen Führung zu suchen, sondern auch bei den Mitarbeitern selbst. Auch Mitarbeiter müssen damit beginnen, ihren Wohlstand, ihre Zufriedenheit und ihr Potenzial zur Verwirklichung auch in Abhängigkeit zur Organisation zu sehen. Das Bestreben, vereinbarte Arbeitszeit mit möglichst wenig Aufwand über die Bühne zu bekommen und gewährtes Entgegenkommen auszunutzen, wann immer es möglich ist, darf in dieser Welt keinen Platz mehr haben.

In der Praxis spießt sich dieser Ansatz häufig an der berühmten Henne-Ei-Problematik. Was kommt zuerst? Ist es die Organisation, die den ersten glaubwürdigen Schritt tut oder sind es die Mitarbeiter, die unternehmerische Verantwortung an den Tag legen. Wie immer kann auch in diesem Fall am besten mit dem irischen Dramatiker George Bernhard Shaw geantwortet werden: „Die besten Reformer, die die Welt je gesehen hat, sind die, die bei sich selbst anfangen."

### 8.2.3 Ziele, die Mitarbeiter zu Erfüllungsgehilfen degradieren

*„Sie haben unser Budget um 10 % gekürzt. Wir schieben am besten das Projekt XY ins nächste Quartal."*

Präsentieren wir als Führungskräfte anstatt von Problemen fertige Lösungen, tappen wir zeitgleich in mehrere Fallen. Zum einen zeigt unser Verhalten, dass wir die Welt als Konstrukt komplexer Interdependenzen noch nicht verstanden haben. Wie in längst vergangenen Zeiten beanspruchen wir für uns die Deutungshoheit und glauben mittels Analyse kausale Wirkungszusammenhänge zu erkennen und Lösungen anbieten zu können. Das mag für einige auch komplizierte Herausforderungen zweckdienlich, wenngleich fast immer gruppendynamisch ungünstig sein. Zudem lassen sich viele unserer gegenwärtigen Herausforderungen oft keinen klaren Kausalitäten mehr zuordnen. Sie sind komplex und können weder im Alleingang noch in gedanklichen Monokulturen gelöst werden. Im Gegenteil: Die VUCA-Welt fordert die Perspektiven vieler und darüber hinaus die Bereitschaft zum Ausprobieren und Experimentieren. Dazulernen inbegriffen.

Eine weitere Falle ist jene, Menschen als Objekt und nicht als Subjekt zu behandeln. Passiert das, und wir haben dafür sensible Sensoren, geht wahre Kooperationsbereitschaft unmittelbar gegen null. „In dem Moment, in dem man sein Gegenüber zum Zweck seiner Bewertungen, Ziele, Ratschläge oder gar seiner Maßnahmen macht, beraubt man ihm seiner Subjekthaftigkeit", warnt der Neurobiologe Gerald Hüther [7]. Unabhängig moralischer Fragen passiere dann nämlich genau das, woran viele Unternehmen leiden: an Mitarbeitern ohne inneren Antrieb, an Pflichterfüllern, an der Abwesenheit von Kreativität, Innovationskraft und Verantwortungsbereitschaft.

---

**Praxistipp: Was wir als Führungskraft tun können**

- *Lassen wir unsere Mitarbeiter die Probleme lösen!* Wir sollten es vermeiden, unseren Mitarbeitern Arbeit abzunehmen, indem wir Problemlösungen im Vorfeld ausarbeiten und vorgeben. Gehen wir stattdessen aktiv auf unsere Mitarbeiter zu, erklären wir ihnen die Herausforderungen und entwickeln wir gemeinsam Szenarien dafür, wie das Problem anzugehen ist.
- *Nähern wir uns der Wahrheit.* In einer komplexen Welt mit vielen noch unbekannten Entwicklungen braucht es das Know-how, die Perspektive und die Einschätzung vieler. Das gilt auch für das Ausarbeiten von dynamischen Teamstrategien und Zielen. Rahmenbedingungen können sich rasch ändern – dementsprechend müssen auch Strategien und Ziele permanent angepasst werden. Wie? Mögliche Antworten dazu liefern Szenarienbildung und Experimente. In der agilen Welt bezeichnet man dies als dynamische Steuerung. In Zeiten von VUCA ist es die Empirik, die die Antwort auf Unbekanntes sein kann.

---

Eine unterhaltsame wie aussagekräftige Übung, um Arbeitsweisen und die Zusammenarbeit im Team zu hinterfragen, ist die *Marshmallow-Challenge* (in Bayern auch bekannt als Nudelturm ☺)[8]. Sie funktioniert wie folgt:

1. Bilden Sie dafür Teams von 3 bis 6 Personen.
2. Statten Sie jede Gruppe mit nachfolgendem Material-Kit aus: 20 Spaghetti, 1 m Bindfaden, 1 m Tesafilm, 1 Schere, ein Marshmallow normaler Größe
3. Erklären Sie die Aufgabe: In 9 Min. muss mit den gegebenen Materialien ein möglichst hoher Turm gebaut werden. Das Marshmallow muss an der Spitze des Turmes sitzen.

Teilen Sie im Anschluss an das Experiment die zum Teil sehr unterhaltsamen Ergebnisse von Studien: Zum Beispiel erwiesen sich Kinder tendenziell als die besseren Baumeister als CEOs. Während Kinder sofort damit beginnen, erste Prototypen zu bauen, klären CEOs in der Regel zuerst einmal die Machtverhältnisse in ihren Gruppen. Danach wird geplant, gebaut – das Marshmallow setzen sie erst zuletzt an die Spitze, was häufig zum Zusammenfall des Turmes führt. Kinder hingegen probieren wiederholt die Tragfähigkeit ihres Gebildes, indem sie das Marshmallow immer wieder auf den Spaghetti-Turm setzen.

- *Sehen wir uns dafür verantwortlich, Rahmenbedingungen statt Lösungen zu schaffen.* Lassen Sie uns darauf achtgeben, unseren Mitarbeitern Autonomie zu gewähren. Das tun wir immer dann, wenn wir unsere Mitarbeiter nicht nur arbeiten, sondern auch Entscheidungen fällen lassen. Das Risiko dabei ist häufig geringer als befürchtet: Selbst wenn sich eine Entscheidung eines Mitarbeiters als ungünstig herausstellt, bietet sich ihm damit ein Lernfeld, das nicht nur dem Mitarbeiter, sondern der ganzen Organisation zugutekommen wird.

**LEADERSHIP TIP TO TAKE AWAY: 15 % Solutions. Erzeugen Sie ein Momentum!**

Nicht selten verlaufen visionäre Ideen im Sand, weil die Größe der Aufgabe und eine Vielzahl an Abhängigkeiten erste Initiativen abwenden. „Bevor wir mit dieser Kommunikation nach außen gehen, muss auf Führungsebene geklärt werden ….", heißt es dann. Dann wird so lange auf Grundsatzentscheidungen gewartet, bis jegliche Anfangsenergie verpufft ist und eigentlich keiner mehr so richtig weiß, welches Ziel man eigentlich verfolgte.

Die 15 % Solutions nach Henri Lipmanowicz und Keith McCandless sind eine wirkungsvolle Methode, um dieser Entwicklung entgegenzuwirken und ein Momentum gleich zu Beginn zu erzeugen [9]. Im Kern geht es dabei darum, sich auf jene Dinge zu konzentrieren, die jeder ohne Hilfe sofort tun kann.

Meine Erfahrung: Ich habe es mir zur Routine gemacht, in meinen Teams nach den 15 % zu fragen und meine Mitarbeiter dazu zu ermutigen.

- Was sind deine 15 %?
- Wo hast du die Freiheit, nach eigenem Ermessen zu handeln?
- Was kannst du tun, ohne nach zusätzlichen Ressourcen oder Erlaubnis fragen zu müssen?

**Summary**

Jeder kämpft für sich allein. Mehr Geld für mehr Leistung. Dieser Zugang hat in unseren Organisationen lange Zeit funktioniert. Es benötigte den Druck junger Arbeitnehmergenerationen, die mehr Autonomie und Sinnerfüllung fordern und die Herausforderungen einer VUCA-Welt, die hier zu einem radikalen Umdenken aufrufen. Heute wissen wir: Wir brauchen die Kreativität und Leistungsbereitschaft aller, wollen wir die Probleme der Gegenwart und Zukunft lösen. Für die Wissenschaft ist diese plötzliche Dringlichkeit nicht verwunderlich; bewies doch bereits der US-amerikanische Mathematiker John

> Nash in den 1950er-Jahren mit seinem Nash-Gleichgewicht, dass wir das beste Resultat dann erzielen, wenn jeder in der Gruppe das tut, was für ihn selbst am besten ist und für die Gruppe. Ein wesentlicher Hebel hin zu mehr Kooperation und damit besseren Ergebnissen sind Ziele. Sie gilt es intelligent einzusetzen! Gelingt uns das als Führungskräfte, leisten wir einen wesentlichen Beitrag für den Erfolg unseres Unternehmens, weil sie zu mehr Kreativität, Experimentierfreudigkeit und Gemeinschaftsgefühl in unseren Teams sorgen werden.

## Weiterführende Literatur und Anmerkungen

1. John Forbes Nash Jr. war ein US-amerikanischer Mathematiker, der in den 1950er-Jahren mit dem Nash-Gleichgewicht bekannt wurde. Dabei handelt es sich um ein elementares Lösungskonzept, das vor allem in der Spieltheorie, darüber hinaus aber auch in der Mikroökonomie seine Anwendung findet. Die Grundaussage des Nash-Gleichgewichts lautet: Das beste Resultat erzielen wir dann, wenn jeder in der Gruppe das tut, was für ihn selbst am besten ist UND für die Gruppe.
2. Engel, Mathias. (2016, 06.11.) Das Nash-Gleichgewicht. Aus dem Film „A beautiful Mind". (Video) YouTube. https://www.youtube.com/watch?v=ea0AUAGYlNg. Aufgerufen am 06.07.2020.
3. Purps-Pardigol, Sebastian. (2021): Leben mit Hirn. Wie Sie Ihre Potenziale entfalten, egal, was um Sie herum geschieht. Campus Verlag, Frankfurt. S. 64.
4. Eisenberger, Naomi, et al (2006): An experimental study of shared sensitivity to physical pain and social rejection. In: Pain 126 (2006), S. 132–138. https://www.scn.ucla.edu/pdf/Eisenberger,Jarcho,Lieberman,Naliboff(2006).pdf. Aufgerufen am 07.07.2022.
5. Luhmann erwähnt in: Simon, Fritz B. (2009): Einführung in die systemische Organisationstheorie. 2. Auflage. Carl-Auer Verlag, Heidelberg. S. 39.
6. Simon, Fritz B. (2009): Einführung in die systemische Organisationstheorie. 2. Auflage. Carl-Auer Verlag, Heidelberg. S. 39 f.
7. Huether, Gerald. (2016, 26.04). Mitarbeiter müssen sich als Subjekt wahrgenommen fühlen. (Video). YouTube. https://www.youtube.com/watch?v=tccFK4CGDD8. Aufgerufen am 06.07.2022.
8. Wujec, Tom (2010) Baue einen Turm, forme ein Team. In: TED2010. https://www.ted.com/talks/tom_wujec_build_a_tower_build_a_team?language=de. Aufgerufen am 06.07.2022.
9. Die 15 % Solutions wurden von Henri Lipmanowicz und Keith McCandless entwickelt. Auf ihrer Website finden sich noch mehrere gute Tools für eine moderne Zusammenarbeit in Unternehmen. https://liberatingstructures.de/liberating-structures-menue/15-solutions/.

# 9

# Welche Struktur braucht optimale Zusammenarbeit?

*Die Hypothese ist die wirksamste Verteidigung gegen die Angriffe der VUCA-Welt. Damit Hypothesen in Organisationen angewandt werden können, braucht es nicht nur eine offene Kultur, sondern auch entsprechende Strukturen.*

**Der „Joe Mode"**
Steven Christakos/My Electric Adventure @schristakos, July 28, 2019
*"Elon can we get the auto lane correction feature without sound? Young kids in car, want to keep feature on but not wake them up"*

Elon Musk @elonmusk
*Hoping to get „Joe Mode" into V10. The default, of course, is normal volume, but selecting "Joe Mode" would lower the volume of strident beeps & chimes by half.*
2:50 AM Jul 28, 2019 [1]

Was Sie hier lesen, ist eine Konversation zwischen einem Tesla-Kunden und dem CEO des Tesla-Konzerns auf Twitter. Soweit bekannt, handelt sich bei Christakos um einen „durchschnittlichen" Tesla-Kunden – er steht in keinem besonderen Verhältnis zu Musk, noch scheint er mit seinen gut 1000 Followern auf Twitter besonders meinungsbildend zu sein. Musk reagiert trotzdem. Er delegiert die Anfrage nicht an irgendeinen Servicemitarbeiter. Er antwortet auch nicht ausweichend oder floskelhaft. Musk nimmt die Bedürfnisse eben dieses einen durchschnittlichen Kunden sehr ernst. Die Art und Weise, wie Musk Anfragen wie diese in seinem Unternehmen weiter verfolgt, bleibt uns verborgen. Tatsache jedoch ist: Tesla setzte den „Joe Mode" um. Seitdem haben sich wohl bereits viele Eltern darüber gefreut, dass ihre schlafenden Kinder auf dem Rücksitz nicht mehr von den Warnmeldungen des E-Autos aus dem Schlaf geholt werden.

## 9.1 Das Joe Mode-Paradigma

Warum sprechen wir über diese Episode? Weil sie uns zum Nachdenken anregen kann, welches grundlegende Paradigma dem Handeln in unseren Organisationen zugrunde liegt. Ist es eine Denkweise, die Verantwortungen und unternehmerisches Handeln an bestimmte Positionen knüpft? Mit dieser Haltung hätte Musk wohl auf seinen Kundendienst verwiesen und sich persönlich nicht um eine nützliche Antwort bemüht. Oder treibt uns so wie Musk ein „Joe Mode Paradigma", das uns nicht nur zu Kundennähe und hoher Servicebereitschaft anregt, sondern uns auch daran erinnert, dass jede Kundenanfrage wertvolle Information über Kundenbedürfnisse in sich birgt. Informationen, die in der gegenwärtigen VUCA-Welt über die Existenz von Unternehmen entscheiden können. Denken Sie an ehemals sehr profitable Geschäftsmodelle, denen innerhalb kürzester Zeit ihre Existenzgrundlagen entzogen wurden. Einige Geschäftsmodelle der Telekommunikationsbranche sind ein Beispiel dafür. Telekom-Anbieter konnten noch vor einem Jahrzehnt schwindelerregende Gewinne mit dem Verkauf von Datenvolumen für SMS erzielen. Innerhalb weniger Jahre brach die Nachfrage nach SMS vollkommen ein. Der Grund: Alternative Messenger-Dienste wie WhatsApp, Signal, Viber schätzten die Kommunikationsbedürfnisse der Kunden besser ein. Oder denken Sie an die Geschichte von Kodak, dem amerikanischen Unternehmen, das einst zu den bedeutendsten Herstellern fotografischer Ausrüstung gehörte. Die Geschäftsleitung verkannte die Idee von Steve Sasson, einem ihrer jungen Ingenieure, Fotokameras mit digitaler Technologie auszustatten. 2012 meldete Kodak Insolvenz an, obwohl heute noch jede Digitalkamera der Welt auf das Patent von Steve Sasson zurückgeht [2].

Kunden-, aber auch Mitarbeiterbedürfnisse als wertvoll zu erkennen, ist heute erfolgsentscheidend, jedoch noch immer nicht selbstverständlich. Mancherorts scheitert eine Kultur der Veränderung nämlich bereits am Zuhören. An Aussagen wie: „Das haben wir so entschieden", „Das haben wir immer schon so gemacht" oder „Der Erfolg der letzten Jahre gibt uns recht". Anderenorts bemühen sich veränderungswillige Teamleiter, die Anliegen ihrer Mitarbeiter oder Kunden zu vertreten und zermürben an starren Strukturen, fehlenden Ansprechpartnern oder deren Bereitwilligkeit, lösungsorientierte Entscheidungen zu treffen.

Welches Paradigma leben wir in unseren Organisationen? Werden unsere Anregungen angehört, aber verschwinden diese einfach in einer Schublade? Oder müssen wir mit ansehen, wie unsere Vorschläge oder jene von Kollegen obsolet geführt werden, weil unser Unternehmen weder die kulturelle noch die strukturelle Reife besitzt, anstatt mit Ja/Nein-Entscheidungen mit Hypothesen zu arbeiten. Haben unsere Organisationen Hypothesenbildung als Waffe gegen die Unplanbarkeit von VUCA schon eingeführt? Kodak hätte die Pleite wohl erspart bleiben können, wenn sich die Führungskräfte darauf eingelassen hätten, der Idee ihres Ingenieurs in Form einer Hypothese eine Chance zu geben.

Bleibt die Frage: Welche Strukturen hätte Kodak gebraucht? Welche Strukturen brauchen unsere Organisationen, um in Zeiten von VUCA adaptiv, zukunftsfähig und antizipierend zu sein? Wie müssen wir unsere Zusammenarbeit organisieren, damit wir wahrgenommene Veränderungsimpulse aufnehmen und bearbeiten können? Welche strukturellen Voraussetzungen müssen wir schaffen, um so wie Tesla und Musk ein „Joe Mode Paradigma" leben zu können? Um diesen Fragen auf den Grund zu gehen, müssen wir uns zuerst ansehen, was eigentlich in uns Menschen passiert, wenn wir mit Veränderungsimpulsen konfrontiert werden.

## 9.2 Kognitive Dissonanzen

Die Frage von Steven Christakos nach leiseren Warnmeldungen. Die Idee von Steve Sasson, digitale anstelle von analogen Kameras zu bauen. Eine Pandemie wie jene, die wir seit 2020 erleben. Geänderte Bedürfnisse, neue Technologien oder Umweltbedingungen bedrohen unsere Komfortzone. Sie führen in den meisten Fällen zu einer tendenziell negativen Gefühlslage, in der zwei kognitive Inhalte schwer miteinander vereinbar sind: Sind wir als Unternehmer von der Qualität unserer Produkte so überzeugt wie die Vorstände von Kodak, empfinden wir die neuen Ideen unserer jungen Ingenieure möglicherweise als unausgereift und störend. Ruhen wir uns schon seit Jahrzehnten auf den etablierten und kaum hinterfragten Strukturen in unserem Unternehmen aus, erwischen uns Digitalisierungszwänge wie jene, die die Corona-Pandemie forderte, kalt. Beten wir heimlich immer noch für die Rückkehr in eine Pre-Corona-Welt?

**Alles für den Frieden im Gehirn**
Die Psychologie beschreibt das Phänomen dieser negativen Gefühlslage mit dem Terminus der kognitiven Dissonanz. Damit „lässt sich ein

aversiver motivationaler Zustand beschreiben, der das Individuum dazu motiviert, diesen unangenehmen Zustand abzubauen" [3]. In anderen Worten: Empfinden wir unsere Komfortzone als bedroht, versuchen wir, den Frieden und die Ruhe in unserem Gehirn wieder herzustellen und legen uns dafür Argumente wie „Dafür findet sich noch kein Markt" oder „Kein Kunde ist bereit, dafür den angemessenen Preis zu bezahlen" zurecht. Ob wir damit das Problem wirklich lösen? Nein! Wir fühlen uns dadurch einfach wieder wohler! Im Umkehrschluss bedeutet das: Überführen wir unser Unterbewusstsein nicht, verweilen wir wie der Kodak-Vorstand in unserer Komfortzone und finden dafür jede Menge plausibler Gründe.

Das gilt für Individuen gleichermaßen wie für Organisationen: Beide streben nach der Aufrechterhaltung weitgehend konstanter Verhältnisse. Verfolgt wird dieses Bedürfnis auch dann, wenn das Problem erkannt wird. In der Psychologie wird dieser angestrebte Gleichgewichtszustand als „Homöostase" beschrieben. In Unternehmen sind es Strukturen und Prozesse, die diesem Bestreben dienen. Sie sollen sicherstellen, dass Leistungen erbracht, Produkte ausgeliefert und Löhne bezahlt werden. Verändert sich nun der Kontext, entstehen neue Bedürfnisse oder schaffen neue Technologien neue Möglichkeiten, müssen Strukturen verändert und Prozesse angepasst werden. Im Idealfall besitzen Organisationen sogar die Fähigkeit, neue Entwicklungen zu antizipieren und mitzugestalten.

**Strukturelle Trägheit**
Dass Anpassungen jeglicher Art in der Praxis häufig überfordern, zeigen nicht nur die Erfahrungen, sondern auch die Daten: Zwei Drittel aller Transformationsprojekte scheitern [4]. Damit wies McKinsey empirisch nach, was wir in Unternehmen häufig spüren: Veränderungen überfordern. Begeben wir uns auf Ursachenforschung, stellen wir fest, dass es häufig nicht die Prozessarchitekturen oder IT-Landschaften sind, die überfordert sind, sondern die Menschen: Sie erkennen die Dringlichkeit der Veränderung nicht, es fehlt der persönliche Bezug zum Veränderungsziel, sie sehen keine Erfolge oder spüren keinen Mehrwert. Durchgeführt werden die Veränderungen trotzdem – ohne das Engagement der Mitarbeiter, aber mit ordentlichem Druck von oben. Je häufiger diese Negativerfahrungen gemacht werden, desto veränderungsresistenter werden Mitarbeiter. Die Folgen beobachten wir in vielen Organisationen: Unbeteiligte, entkoppelte Mitarbeiter, die nicht bereit sind, eine Veränderung zu tragen und eine daraus resultierende Trägheit der Organisation.

Eine aus meiner Erfahrung bewährte Organisationsform, die es schaffen kann, diese strukturelle Trägheit zu überkommen und Mitarbeiter zu aktivieren, ist die Holokratie [5]. Der Schlüssel zum Erfolg ist bei dieser Organisationsform der Mensch selbst. Er und seine Fähigkeiten (und nicht vorgegebene Strukturen) bestimmen seine Aufgaben. Sie geben vor, wer Entscheidungen trifft und wer wo arbeitet. Ein Dienst nach Vorschrift ist in der Holokratie schlichtweg unmöglich. Gleiches gilt für Trägheit und Passivität. Beides würde sofort an die Oberfläche kommen. Damit schafft die Holokratie ein System, mit dem Organisationen bestmöglich auf die Anforderungen einer höchst dynamischen VUCA-Welt reagieren können.

> **DEEP DIVE: Holokratie: Eine Organisationsform zwischen Autokratie und reiner Demokratie [6]**
>
> Als Brian Robertson, Begründer der Holokratie, seinen damaligen Arbeitgeber verließ, sehnte er sich nach der Freiheit, endlich auf die von ihm wahrgenommenen Kundenbedürfnisse reagieren und so Veränderung, ja Weiterentwicklung vorantreiben zu können. Unglücklicherweise erkannte er schon nach kurzer Zeit, dass er sich wieder in einem ähnlichen System fand – wenngleich auch nicht mehr als Angestellter, sondern als Chef. Zu viele Fragen, Anliegen und Probleme stapelten sich auf seinem Schreibtisch. Er selbst und seine Manager waren zum Nadelöhr für Veränderung in seinem Softwareunternehmen geworden. Wohl waren sie gewillt, Anliegen anzuhören und Konsequenzen daraus zu ziehen. Die Strukturen in seinem Unternehmen arbeiteten jedoch dagegen: Sie verhinderten eine schnelle Verarbeitung, ließen das Potenzial von Wissen und der Kreativität seiner Mitarbeiter zum großen Teil ungenützt.
>
> Robertsons Lösung auf diese Erkenntnis war die Holokratie. Eine fundamental neue Organisationsform, die sowohl Handlungsfähigkeit als auch Entscheidungsmacht auf alle Beteiligten verteilt. Der Begriff selbst findet seinen Ursprung im griechischen Wort „holon", das ein Ganzes, das wiederum ein Teil eines größeren Ganzen ist, bezeichnet. Dementsprechend stellt sich das Modell auf dem Papier dar:
>
> - Eigenständige Einheiten, dargestellt als Kreise, dienen einem klar definierten Zweck.
> - Sie agieren weitgehend selbstorganisiert, sind allerdings dem darüberliegenden größeren Kreis verantwortlich.
> - Wie diese Verantwortung zu leben ist, regelt ein umfangreiches Regelwerk, die „Holocracy Constitution". Sie gibt Spielregeln vor und verteilt Autoritäten.
> - Bezeichnend für die Holokratie ist außerdem ein besonderer Entscheidungsprozess (integrative Entscheidungsfindung). Er basiert auf der Annahme, dass keine Entscheidung absolut ist, sondern sich erst bewähren muss, das heißt, ob sie ein Problem löst oder auf ein Ziel einzahlt. Darüber hinaus gelten die Stimmen aller Beteiligten als gleichwertig.
>
> Die Holokratie findet vor allem in kleineren Unternehmen und Start-ups ihre Anwendung.

## 9.3 Holokratie: ein Modell, um Veränderungsimpulse zu verarbeiten

Die Holokratie ist ein modernes System hierarchiefreier Zusammenarbeit. Im Unterschied zu traditionell organisierten Unternehmen orientiert sich Zusammenarbeit in holokratischen Strukturen nicht an Funktionen oder Abteilungen, sondern ausschließlich an Aufgaben. Aufgaben werden in Rollen zusammengefasst und diese wiederum in Kreisen organisiert. Jeder Mitarbeiter kann mehrere Rollen einnehmen. Die Existenz von Rollen und Kreisen ist mit ihrer Wirksamkeit beschränkt. Das heißt, ist eine Aufgabe nicht länger notwendig oder zielführend, wird auch die damit verbundene Rolle abgeschafft. Diese Vorgehensweise garantiert eine permanente Anpassung an die Realität und verhindert aus der Tradition des Unternehmens entstandene Strukturen, die der Organisation und ihrem Zweck nicht länger dienlich sind. Nichts soll der Arbeit im Wege stehen, so lautet eines der Ziele dieses Ansatzes.

Wie Luhmann vertritt Brain Robertson die These, dass Organisationen ohne ihre Mitarbeiter „taub, blind und stumm" sind: „Nur durch unsere menschlichen Fähigkeit, die Wirklichkeit um uns herum zu spüren, können Organisationen wahrnehmen, worauf sie in ihrer Welt antworten müssen [6]." Dementsprechend war es Robertson wichtig, Rahmenbedingungen zu schaffen, die es allen Mitarbeitern gleichberechtigt ermöglichen, ihre Wahrnehmungen und ihre Veränderungsimpulse im Dienste der Organisation einzubringen. Die Holokratie sieht dafür zwei Varianten für vor:

- Ist die beobachtete notwendige Anpassung innerhalb des Verantwortungsbereiches der Rolle möglich, kann diese vom Rolleninhaber entschieden und durchgeführt und in sogenannten operativen Treffen mit anderen Rollen abgestimmt werden.
- Übersteigt die notwendige Veränderung die Expertise, die Entscheidungsfähigkeit oder den Verantwortungsbereich der Rolle, muss dieser in sogenannten Steuerungstreffen neu angepasst werden (s. Abb. 9.1).

Damit schafft sich die Holokratie gegenüber traditionellen Strukturen zwei klare Vorteile: Flexibilität und Schnelligkeit. Warum? Weil Entscheidungen dort getroffen werden können, wo Expertise vorhanden ist.

# 9 Welche Struktur braucht optimale Zusammenarbeit?

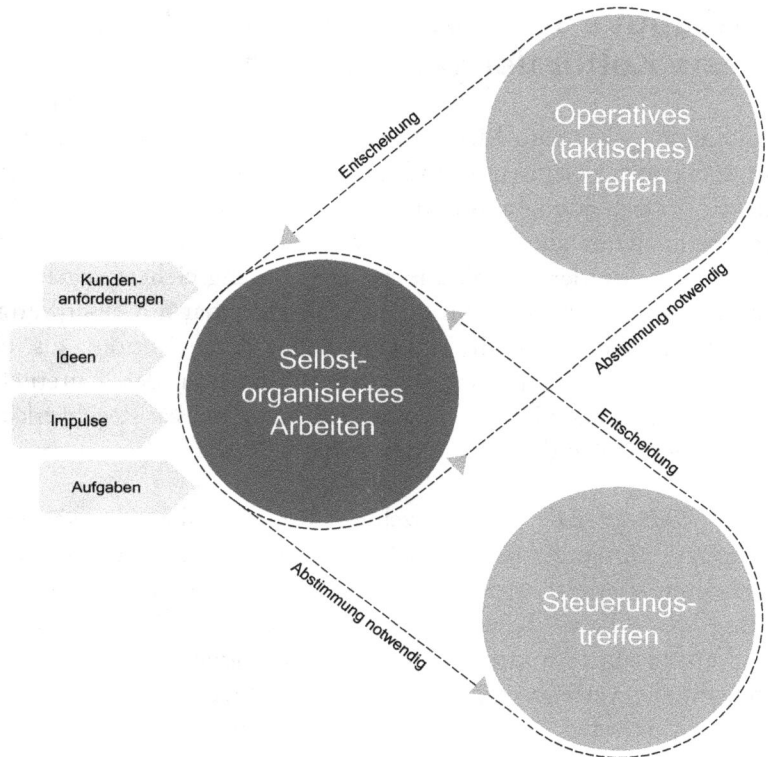

**Abb. 9.1** Umgang mit Veränderungsimpulsen in der Holokratie

---

**Praxistipp: Was wir als Führungskraft tun können**

Häufig bedarf es keiner Generalüberholung von Strukturen, sondern nur eines regelmäßigen Reflektierens mit gezielten Anpassungen. Nachfolgende Fragen können uns bei dieser Reflexion unterstützen:
- Wie sieht das in unseren Unternehmen aus? Wo sammeln und werten wir Anliegen verschiedenster Art (von Kunden, von Mitarbeitern, von Lieferanten) aus?
- Was behindert uns bei einer raschen Behandlung dieser Anliegen?
- Arbeiten wir mit Hypothesen? Wagen wir uns experimentierend an neue Ideen und stellen wir damit evolutionäres Lernen sicher?
- Wie wird mit den Ergebnissen und Erkenntnissen umgegangen?

## 9.4 Adaptive Strukturen – die Grundlage für eine Kultur der Veränderung

Die Holokratie ist bestrebt, Macht und Entscheidungsfähigkeit von wenigen Führungspersonen gleichmäßig und der Organisation dienlich zu verteilen und damit Entscheidungsautonomie zu etablieren. Wie aber verhindert man in einem derart autonomen System Anarchie oder blinden Aktionismus? Die Antwort der Holokratie ist ein umfangreiches Regelwerk, die sogenannte „Holocracy Constitution" [7]. Vergleichbar mit einer Verfassung eines Nationalstaates ist auch die „Holocracy Constitution" als oberste Autorität zu verstehen, an der sich alle Mitarbeiter des Unternehmens orientieren. Nachfolgend sind die vier Leitlinien dieses Regelwerks, auch bekannt als vier Säulen der Holokratie, dargestellt [8].

- *Double Linking:* Die den einzelnen Rolleninhabern gewährte Entscheidungsautonomie verlangt nach einer konsequenten Abstimmung mit den anderen relevanten und wichtigen Akteuren. Das Prinzip des Double Linking stellt dieses sicher. Es charakterisiert sich dadurch, dass jeder Kreis Vertreter in relevante andere Kreise entsenden muss. Diese Vertreter sorgen für die Verteilung von aktuellen Informationen aus dem eigenen Kreis und vertreten dessen Interessen. Innerhalb eines Kreises ist jede Stimme gleichberechtigt.
- *Trennung von Steuerungstreffen und operativen Treffen:* Aus holokratischer Sicht ist es für eine funktionierende Zusammenarbeit in Unternehmen entscheidend, sowohl das WAS als auch das WIE der Zusammenarbeit konsequent zu thematisieren und zu gestalten. Dafür hat die Holokratie zwei unterschiedliche Treffen vorgesehen: operative Treffen und Steuerungstreffen. Während in den operativen Treffen ausschließlich die Aktivitäten des Tagesgeschäfts diskutiert werden (WAS), nehmen sich Steuerungstreffen des WIEs der Zusammenarbeit an. Sie klären Fragen rund um Zuständigkeiten, Befugnisse, Schnittstellen oder Ressourcenallokationen und stellen auch eine regelmäßige Reflexion und Adaption dieser Faktoren sicher.
- *Zuständigkeiten und Rollen:* Die starke Ausrichtung der Holokratie auf Rollen und Zuständigkeiten bedarf einer klaren Definition dieser. Ist eine Rolle nicht klar definiert oder kommt sie dem Bedarf nach notwendiger Präzisierung oder sogar Neudefinition nicht nach, entstehen Konflikte. Um diesen Konflikten vorzubeugen, ist das permanente Schärfen und Anpassen von Rollen eine zentrale Aufgabe in den Steuerungstreffen.

- *Dynamische Steuerung:* Für wichtige Entscheidungen wird das Prinzip der integrativen Entscheidungsfindung angewandt: Alle Stimmen der Beteiligten werden gehört und einbezogen. Ziel ist es nicht, optimale oder grundsätzliche Entscheidungen zu treffen. Die Entscheidungsfindung basiert vielmehr auf der Grundidee, dass keine Entscheidung endgültig ist, sondern sich erst bewähren muss und daher auch jederzeit änderbar ist. Gerade in komplexen Entscheidungsszenarien, vor die uns die moderne Arbeitswelt häufig stellt, bildet diese Form der Entscheidungsfindung eine Antwort auf nicht-antizipierbare Entwicklungen. Anstelle von optimalen Lösungen werden Hypothesen entwickelt, die sich im Hinblick auf Umsetzbarkeit und Relevanz erst bewähren müssen.

> **LEADERSHIP TIP TO TAKE AWAY: Reflexion mit den vier Säulen der Holokratie. Starten Sie Ihre Mini-Revolution!**
>
> Wir müssen unsere Organisationen nicht auf Holokratie umstellen, um von den Vorteilen dieses Konzepts in unserer eigenen Welt zu profitieren. Ob wir in kleinen oder mittelständischen Unternehmen arbeiten oder in Konzerne eingebettet sind – Mini-Revolutionen können wir beinahe unabhängig vom Kontext starten. Ziel dieser Initiativen soll es sein, die Zusammenarbeit in unserem unmittelbaren Umfeld zu verbessern. Dafür gilt es, die Hindernisse für eine optimale, veränderungsbereite Zusammenarbeit zu identifizieren. Die vier Säulen der Holokratie können uns dabei helfen [8]. Stellen Sie sich nachfolgende Fragen:
>
> - *Double Linking:* Stellen wir sicher, dass Entscheidungen an alle kommuniziert werden, die davon betroffen sind? Haben wir dafür eine Struktur vorgesehen? Müssen wir Silos aufbrechen und Schnittstellen durchlässig machen? Wichtig ist es, Transparenz dort zu schaffen, wo sie notwendig ist. Laden Sie wichtige Akteure dazu ein.
> - *Trennung von Steuerungstreffen und operativen Treffen:* Thematisieren wir in unseren Meetings nur das WAS? Oder sprechen wir über das WIE Arbeit erbracht wird? Oder leben wir in Annahmen? Reflektieren wir regelmäßig unsere Kommunikation und versuchen wir auch diese permanent weiterzuentwickeln? Legen wir besonderes Augenmerk auf Schnittstellen und gestalten wir diese Zusammenarbeit bewusst? Haben wir für die Analyse, Gestaltung und Weiterentwicklung dieser Faktoren ein eigenes Format vorgesehen?
> - *Zuständigkeiten und Rollen:* Sind Zuständigkeiten immer wieder unklar? Fühlt sich niemand verantwortlich oder wird parallel am Gleichen gearbeitet? Wie oft reden wir über die Erwartungen, die wir an eine Rolle haben – nur am ersten Arbeitstag oder sogar erst dann, wenn Konflikte auftreten? Diskutieren wir auch unterschiedliche Perspektiven und lassen wir neue Lösungswege zu?
> - *Dynamische Steuerung:* Werden Entscheidungen immer wieder vertagt, weil kein Konsens gefunden werden kann? Wird an Entscheidungen unreflektiert festgehalten? Hinterfragen wir Glaubenssätze? Sind wir bereit,

> uns auf Hypothesen einzulassen oder suchen wir noch immer nach einer optimalen Lösung? Gibt es immer noch Aussagen wie: „Das hat der Vorstand so entschieden …"

**Summary**

Die Hypothese ist die wirksamste Verteidigung gegen die Angriffe der VUCA-Welt. Sie ermöglicht es uns, neuartige Herausforderungen anzugehen, die Anwendbarkeit neuer Technologien oder Ideen zu testen und uns in eine unbekannte Zukunft vorzutasten. Damit Hypothesenbildung in Unternehmen angewandt werden kann, braucht es nicht nur die entsprechende Kultur, sondern auch dafür notwendige Strukturen. Sind diese nicht vorhanden, versanden Veränderungsimpulse, wird innovativen Ideen keine Chance gegeben und das Weiterentwicklungspotenzial von Organisationen deutlich gehemmt. Unternehmen wie zum Beispiel Kodak könnten wohl auf eine andere Historie zurückblicken, hätte es die Idee seines Ingenieurs, Steven Sasson entwickelte die erste Digitalkamera, in einer Hypothese getestet. Eine Möglichkeit, diese Kardinalfehler zu vermeiden und die strukturelle Trägheit in Unternehmen zu überwinden, kann die Holokratie sein. Selbst in einzelnen Teilbereichen angewandt, können ihre Ansätze zu mehr Flexibilität und Schnelligkeit im Unternehmen führen.

## Weiterführende Literatur und Anmerkungen

1. Villasanta, Arthur (2019) Elon Musk Reveals Best Mode on Tesla. What is Joe Mode. In: International Business Times. Okt. 2019. https://www.ibtimes.com/elon-musk-reveals-best-mode-tesla-what-joe-mode-2827356. Aufgerufen am 06.07.2022.
2. Winkler, Willi (2010) Der Mann, der das Pixel erfand. In: SZ Wissen, Ausgabe 11/2008. https://www.sueddeutsche.de/digital/digitalkamera-entwickler-sasson-der-mann-der-das-pixel-erfand-1.546440. Aufgerufen am 06.07.2022.
3. Festinger zitiert in: Fischer P. et al. (2013) Sozialpsychologie für Bachelor. Springer Verlag, Heidelberg. S. 16.
4. Ewenstein, Boris et al (2015): Changing Change Management. In: McKinsey Digital, July 2015. https://www.mckinsey.com/~/media/mckinsey/featured%20insights/leading%20in%20the%2021st%20century/changing%20change%20management/changing_change_management.pdf?shouldIndex=false. Aufgerufen am 06.07.2022.
5. Die Holokratie ist ein Organisationsmodell nach dem US-Amerikaner Brain Robertson. Im Unterschied zu klassischen Modellen setzt die Holokratie ihren Fokus nicht auf Strukturen oder Funktionen, sondern auf Aufgaben und Rollen. Je nach Kompetenz und Bereitschaft können sich Mitarbeiter an Aufgaben

beteiligen; die Rollen bestehen jedoch nur so lange, so lange sie relevant für die Aufgabe sind. Zentrales Regelwerk der Holokratie ist die Holokratieverfassung.
6. Robertson, Brian (2016): Holocracy: Ein revolutionäres Management-System für eine volatile Welt. Vahlen Verlag, München.
7. Die Holokratieverfassung (Holocracy Constitution) ist das zentrale Regelwerk der Holokratie. Es regelt Fragen der Kommunikation, der Entscheidungsfindung, der Rollen, der Holokratie-Prozesse u. v. m. Das umfangreiche Werk wird kontinuierlich erweitert und ist unter nachfolgendem Link lizenzfrei downloadbar: https://holacracyreference.s3.us-east-2.amazonaws.com/Holacracy-Constitution-v4.1.pdf.
8. HolocracyOne: Holocracy. Discover a better way of working. https://static1.squarespace.com/static/5ede47f86ac02e2ce979a47f/t/5f08c453f178a82cd34b47b9/1594410067325/Holacracy-WhitePaper-v5.pdf. Aufgerufen am 06.07.2022.

# 10

# Wie delegiere ich richtig und an wen?

*In modernen Arbeitswelten bedeutet Delegieren nicht mehr nur, jemandem eine Aufgabe zu übertragen. Delegieren ist dann wirkungsvoll, wenn wir für Rahmenbedingungen sorgen, die den Willen und die Bereitschaft erzeugen, Tätigkeit erledigen zu wollen und Verantwortung für die Zielerreichung zu übernehmen.*

**Wie man seinen Samstagnachmittag rettet**
Sie wissen bestimmt, dass wir die großen Lektionen des Lebens häufig in ganz alltäglichen Lebenssituationen lernen. Diese Erfahrung machte auch der umtriebige Tom Sawyer in Mark Twains gleichnamigen Klassiker, als er eines wunderschönen Samstagnachmittags mit Pinsel und Eimer in der Hand vor dem 35 m langen und zwei Meter hohen Gartenzaun seiner Tante Polly stand [1]. Die gute Tante hatte sich das Streichen des Zaunes als Samstagsstrafe einfallen lassen, weil Tom wieder einmal zu spät und zu schmutzig nach Hause gekommen war. Als Tom vor diesen unendlich scheinenden Laufmetern an Brettern stand, musst er wohl oder übel erkennen, dass für seine Pläne an diesem Nachmittag kaum noch Zeit bleiben wird.

Aber er wäre nicht Tom Sawyer, würde er sich entmutigt seinem Samstagnachmittags-Schicksal hingeben. Nach dem missglückten Versuch, seine Aufgabe gegen das Wasserholen seines Freundes Jim einzutauschen, war ihm klar, dass er auf raffiniertere Methoden zurückgreifen musste, wollte er diese Aufgabe heute noch erfolgreich delegieren. Die nächste Gelegenheit dafür bot sich alsbald. Sein Freund Ben, pfeifend und offensichtlich besonders gut gelaunt, bog kurze Zeit später um die Ecke. Wie von der Tarantel gebissen sprang Tom von seinem Rastplatz hoch, nahm Pinsel und Eimer und begann mit äußerster Sorgfalt und Hingabe – ja beinahe leidenschaftlich – den Zaun zu streichen. Als Ben ihn aufforderte, mit ihm Schwimmen zu gehen, verneinte Tom – angeblich überzeugt davon, mit seiner Tätigkeit die wesentlich wertvollere Nachmittagsbeschäftigung gefunden zu haben: „(..) Warum sollt ich das nicht gern tun?", antwortete Tom auf Bens Frage, ob er wirklich lieber Zaunstreichen als Schwimmengehen würde. „Bist du vielleicht der Meinung, dass es bei Burschen wie ich und du jeden Tag vorkommt, dass sie einen Zaun streichen dürfen [2]?"

Kennen Sie das Ende der Geschichte? Tom tauschte den Pinsel gegen Bens Apfel und beobachtete für den Rest des Nachmittags seinen Freund beim Erledigen seiner Samstagsstrafe – mit Genugtuung, wie wir Tom Sawyer kennen. „Und hätte Tom das Zeug zum großen Philosophen gehabt", schrieb Mark Twain weiter, „dann würde er nun auch begriffen haben, dass man unter Arbeit immer nur das versteht, was man tun muss, unter Vergnügen aber das, was man auch lassen kann." [3]

**Aus etwas Kleinem etwas Bedeutsames machen**
Wäre Delegation doch immer so einfach wie in Tante Pollys Garten an diesem sommerlichen Samstagnachmittag! Wie häufig treffen wir in der Realität schon auf Mitarbeiter, die so neugierig sind wie Toms Freund Ben (oder so gewiefte Menschen wie Tom Sawyer)? Stoßen wir dafür nicht viel häufiger auf Widerwillen oder Desinteresse? Oder auf eine Auslastungssituation, in der wir beim besten Willen keine zusätzlichen Aufgaben mehr delegieren können, weil alle unserer Mitarbeiter schon bis über beide Ohren in Linientätigkeiten und Projektarbeiten stecken? Selbstverständlich ist die Realität viel komplexer als Tom Sawyers kleine Welt. Trotzdem können wir so manches von ihm lernen. Lassen Sie uns einmal genauer hinsehen:

Die Aufgabe, die Tom Sawyer hier loszuwerden versuchte, kann man als eine wenig interessante Aufgabe – Sie erinnern sich an Frederick Taylor? – bezeichnen: Ihre Erledigung erfordert wenig Kreativität, die Arbeitsschritte sind monoton und der Sinn erschließt sich für womöglich nicht unmittelbar. Sie wissen bestimmt noch, wie Taylor auf diese Art von Arbeit reagierte: mit externen Anreizen, genau! Nicht so Tom Sawyer! Anstatt einen Dollarschein zu zücken, den Ben wahrscheinlich angesichts der Dimensionen des Zaunes für nicht angemessen gehalten hätte (oder würden Sie einen Zaun von 38 m Länge für einen Dollar streichen?), wertete Tom die Arbeit durch sein Verhalten auf – und machte sie dadurch für Ben attraktiv. Toms Delegationsgeschick ging aber noch weiter: Er drängte ihm die Aufgabe nicht auf (er bot sie ihm nicht einmal an!), sondern ließ Ben selbst entscheiden, ob er die Aufgabe übernehmen wollte. Auch in der Art und

Weise der Durchführung räumte ihm Tom Sawyer Freiheit ein – die einzige Maßgabe war der angeblich hohe Anspruch von Tante Polly. Ein Anspruch, der hohe Kompetenz erforderte! So hoch, „dass es unter zweitausend Jungen vielleicht einen gibt, der so etwas richtig fertig bringt", behauptete Tom und lieferte Ben damit einen weiteren Grund, motiviert zu sein [2]. Autonomie, Kompetenz und soziale Eingebundenheit sind für Edward Deci und Richard Ryan, die beiden Forscher, die wir bereits im Kap. 7 kennenlernten, DIE drei Gründe, die Menschen zu Leistungen motivieren. Dazu aber später mehr. Lassen Sie uns vorher Delegation noch im Kontext gegenwärtiger Arbeitswelten betrachten.

## 10.1 Delegation in Zeiten von Selbstorganisation

Mehr als hundert Jahre sind seit Tom Sawyers Geniestreich der gewieften Delegation vergangen. Hundert Jahre, in der sich die Arbeitswelt von einer prä-industriellen, hierarchischen zu einer digitalisierten, vielerorts bereits durch Netzwerkstrukturen und Selbstorganisation geprägten Arbeitswelt entwickelt hat. Damit einher ging ein sehr fundamentaler Wandel dessen, was man unter Führung versteht. Mit im Boot dieses Wandels sitzt das Thema Delegation. Delegation findet sich heute in einem Kontext wieder, in dem die arbeitenden Menschen, die Aufgaben im Rahmen ihrer Kompetenzen selbst wählen wollen, die Autonomie fordern und die Frage nach dem Sinn und Zweck stellen. In diesem Kontext der Selbstorganisation und des Expertentums werden viele Aufgaben aufgrund ihrer Komplexität und Neuartigkeit nur mehr von den jeweiligen Experten verstanden. Eine Top-down-Delegation ist damit auch aus diesem Grund zu hinterfragen. Fazit: Delegation heute hat mit dem reinen Übertragen einer Tätigkeit so wie zu Zeiten Frederick Taylors kaum noch etwas gemein.

Ist Delegation damit nicht mehr notwendig und nicht mehr zeitgemäß? Viel entscheidender als hier schwarz/weiß zu denken, ist es, Delegation weiterzudenken. Wie muss Delegation in einer hochkomplexen Welt aussehen? Wie delegieren wir an anspruchsvolle Talente? Wie können wir bereits mit der richtigen Delegation hervorragenden Ergebnissen den Weg ebnen? Gleichermaßen, wie Führung in Zeiten von Selbstorganisation nicht weniger wichtig wurde, sondern sich nur veränderte, ist wirkungsvolles Delegieren nach wie vor eine zentrale und wichtige Führungsaufgabe – wenngleich auch unter veränderten Vorzeichen. Vorzeichen, die den Anspruch an die Führungskräfte erhöhen!

**Was heißt modernes Delegieren eigentlich genau?**
Im modernen Verständnis meint Delegieren das Übertragen von Verantwortung und Kontrolle in Abhängigkeit der Kompetenz und dem Zweck der Aufgabe. In der praktischen Umsetzung bedeutet das für mich als Führungskraft, dass ich für die zu delegierende Aufgabe jenen Mitarbeiter finden muss, von dem ich glaube, dass er das gewünschte Ergebnis aufgrund seiner Kompetenz und sonstigen Voraussetzungen gemäß dem übergeordneten Ziel (z. B. Strategie) bestmöglich herbeiführen kann. In einem nächsten Schritt ist es entscheidend, dieser Person jenes Umfeld zu schaffen (emotional wie physisch), in der er seine Kompetenzen optimal zum Einsatz bringen kann. Da dieses Umfeld in der Praxis einer hohen Dynamik ausgesetzt sein wird, ist die Bereitschaft der Führungskraft, hier als greifbarer Möglichmacher zur Verfügung zu stehen, erfolgskritisch.

Soweit die eine Seite der Medaille. Damit Delegation funktioniert, bedarf es aber auch den Willen des Gegenübers! Es braucht die Bereitschaft unserer Mitarbeiter, Verantwortung zu übernehmen und den Willen, die eigenen Kompetenzen zum Wohle dieser Tätigkeit einzusetzen. Diesen Willen zu schaffen, ist ebenso Aufgabe der Führungskraft! Und damit wären wir wieder bei Tom Sawyer: Schaffen wir es nicht so wie Tom, den Leistungswillen in unseren Mitarbeitern durch intrinsische Motivation zu wecken, wird die Qualität der Arbeit leiden: Die Ergebnisse werden nicht unseren Erwartungen entsprechen, wir werden den Eindruck haben, alles nachkontrollieren zu müssen, wir werden ins Micromanagement stolpern und jegliches Bedürfnis unserer Mitarbeiter, sich proaktiv einzubringen, zusätzlich untergraben. Was können wir als Führungskräfte also tun, um gar nicht erst in diesen Teufelskreis von Kontrolle, Demotivation und geringer Leistungsbereitschaft zu kommen? Hier noch einmal die zentralen Führungsaufgaben der Reihe nach, mit denen Sie dieser Dynamik entgegenwirken können.

> **Was wir als Führungskraft tun können**
>
> 1. *Für klare Verhältnisse und Transparenz sorgen.* Anstatt klar zu kommunizieren, wer wie was im Unternehmen entscheidet, wird das Thema Delegation häufig durch unausgesprochene Erwartungshaltungen, gelebte, aber undefinierte Verhaltensmuster (Unternehmenskultur), Ängste und Unsicherheiten vernebelt. Wenn ich das Projekt verantworte, darf ich dann auch über das Budget eigenmächtig entscheiden? Oder gilt hier eine unausgesprochene Regel? Und was bitte heißt regelmäßig berichten? Sorgen wir hier für Klarheit, klären wir Rollen und fordern wir transparente Vereinbarungen – zum Beispiel mit einem Delegation Board (s. Abb. 10.1).

2. *An die richtigen Personen delegieren.* In der Praxis neigen wir dazu, immer wieder an die gleichen Menschen zu delegieren. Verständlicherweise! Wir kennen sie als zuverlässig, kompetent, vertrauenswürdig. Anstatt uns hier zu häufig auf Erfahrungen und unser Bauchgefühl zu verlassen, sollten wir uns als Führungskräfte zum Ziel setzen, die geeignetsten Personen für die zu delegierenden Aufgaben zu finden. Neben der mitzubringenden Kompetenz ist auch die Einschätzung sonstiger Umstände wichtig: Ist die auserwählte Person hinsichtlich Auslastung und ihres körperlichen und mentalen Zustands gerade dazu in der Lage? Ist er willens, die Verantwortung zu übernehmen?
3. *Rahmenbedingungen für Autonomie schaffen.* Selbstorganisation, als organisationale Ausprägung größtmöglicher Autonomie in Unternehmen, braucht sehr klare Vorgaben. Frameworks können als unverrückbare Leitplanken dienen, innerhalb derer Autonomie gelebt werden kann. Als Führungskraft ist es unsere Aufgabe – ähnlich wie die des Scrum Masters im Scrum Framework – für diese Leitplanken zu sorgen und ihre Einhaltung einzufordern. Damit schaffen wir nicht nur Voraussetzungen für autonomes Arbeiten, sondern auch ein Umfeld der Sicherheit. Letzteres geben wir ihnen auch, wenn wir die Grenzen ihrer Befugnisse eindeutig kommunizieren: Welche Entscheidungen können autonom getroffen werden? Bei welchen Entscheidungen benötigt es die Zustimmung der Führungskraft?

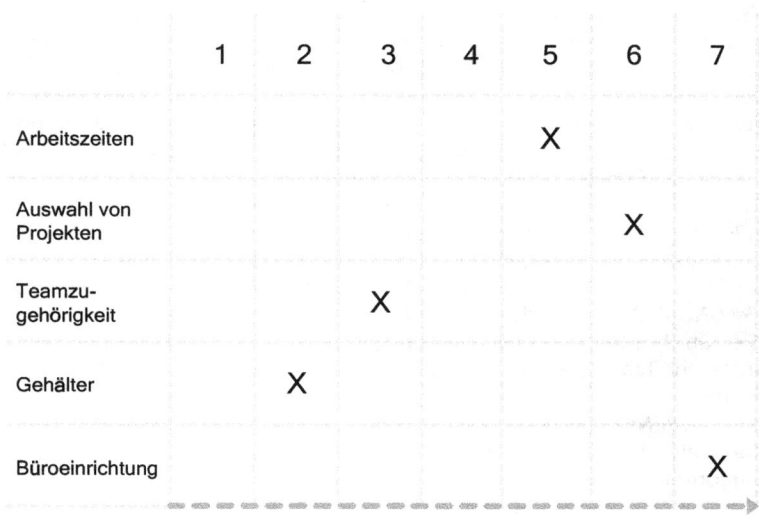

**Abb. 10.1** Das Delegation Board nach Jurgen Appelo. (Quelle: Eigene Darstellung, (angelehnt an Appelo, Jurgen (2018) Managing for Happiness. Vahlen Verlag, München. S. 68.))

## 10.2 Die 7 Ebenen der Delegation

Eine grundlegende Herausforderung im Kontext von Delegation ist mangelnde Transparenz. Transparenz und Klarheit können die sieben Ebenen der Delegation nach Jurgen Appelo bringen [4]. Sie im Unternehmen zur Sprache zu bringen und gegebenenfalls auf Kernbereiche im Unternehmen anzuwenden, erlebe ich immer wieder als sehr wertvoll. Darüber hinaus schärft ein diesbezüglich offener Diskurs auch das Bewusstsein dafür, dass für konsequente Delegation ein bestimmter Reifegrad im Unternehmen vorhanden sein muss. Genauso wenig wie Mitarbeiter, die durch viele Jahre traditioneller Unternehmensführung geprägt wurden, nicht über Nacht selbstorganisiert arbeiten können, sind viele Mitarbeiter (und Führungskräfte!) überfordert, wenn plötzlich neu delegiert wird, das heißt, wenn sowohl Verantwortung als auch Kontrolle komplett übertragen wird. Gründe genug, das Thema transparent im Team zu diskutieren. Ein Delegation Board, wie in Abb. 10.1 dargestellt, kann diese Diskussion gewinnbringend unterstützen.

> **DEEP DIVE: Die 7 Ebenen der Delegation nach Jurgen Appelo [4]**
> 1. *VERKÜNDEN:* Sie haben als Führungskraft eine Entscheidung (für andere) getroffen, die Sie lediglich verkünden wollen.
> 2. *VERKAUFEN:* Sie haben als Führungskraft eine Entscheidung (für andere) getroffen und möchten Ihr Gegenüber nun von Ihren Beweggründen überzeugen. Damit bedienen Sie bei Ihrem Gegenüber den Faktor Verbundenheit.
> 3. *BEFRAGEN:* Sie holen bereits im Vorfeld zur Entscheidung die Meinung Ihres Gegenübers ein. Die Entscheidung selbst treffen Sie allein – wenngleich auch unter Berücksichtigung der anderen Meinungen.
> 4. *SICH EINIGEN:* Sie streben einen Konsens zur Entscheidungsfindung an.
> 5. *BERATEN:* Als Führungskraft bieten Sie Ihre Meinung im Entscheidungsfindungsprozess an – bei der Entscheidung selbst bleiben Sie außen vor. Sie wird von Ihrem Team/Ihrem Gegenüber getroffen.
> 6. *ERKUNDIGEN:* Sie überlassen den Entscheidungsprozess gänzlich Ihrem Team (Sie tun Ihre Meinung nicht kund und geben keinerlei Empfehlungen) und bitten Ihr Team, Sie nach getroffener Entscheidung von der Wahl zu überzeugen.
> 7. *DELEGIEREN:* Sie übertragen die Verantwortung der Entscheidung und die Kontrolle gänzlich Ihrem Team. Das heißt, Sie möchten auch nicht über das Ergebnis informiert werden.
>
> Um transparent zu machen, bei welcher Aufgabe welche Ebene der Delegation angewandt wird, kann ein sogenanntes Delegation Board, wie in Abb. 10.1 dargestellt, dienlich sein. Listen Sie in einer Matrix Ihre Kernarbeitsbereiche

(z. B. Gehälter, Einstellung neuer Mitarbeiter, Auswahl von Projekten, Vertrieb etc.) auf der y-Achse. Die sieben Ebenen der Delegation stehen auf der x-Achse. Erarbeiten Sie gemeinsam mit Ihrem Team, für welchen Arbeitsbereich welche Ebene der Delegation zutrifft.

## 10.3 Richtig delegieren – intrinsisch belohnen

Viele von uns haben noch eine Sozialisierung erlebt – ganz egal ob im Elternhaus, in der Schule oder später im Beruf, die dem Grundsatz von „Zuckerbrot und Peitsche", also der Logik von Belohnung und Bestrafung zugrunde liegt: Wenn du schlecht bist, bekommst du Nachhilfe. Wenn du dein Zimmer aufräumst, darfst du Fernsehen. Wenn du deine Ziele erreichst, bekommst du einen Bonus. In unserer Gesellschaft ist dieses Muster so sehr verinnerlicht, dass wir es häufig – bewusst oder unbewusst – als ein klassisches Führungsszenario in der transaktionalen Führung auf das Delegieren von Tätigkeiten anwenden.

Die moderne Motivationslehre lehrt uns jedoch, dass „Zuckerbrot und Peitsche" zu Ergebnissen führt, die wir gerade nicht anstreben: zu mittelmäßiger Qualität und ausbleibender Kreativität, zu wenig kooperativem und auf den eigenen Nutzen maximiertes Verhalten und letztendlich zu unzufriedenen und fordernden Mitarbeitern (s. Kap. 7).

**Selbstbestimmung durch richtiges Delegieren**

Aus alten Mustern befreien können uns hier die Erkenntnisse von Edward Deci, Mitbegründer der Selbstbestimmungstheorie und bereits in Kap. 7 vorgestellter Vorreiter im Bereich der modernen Motivationslehre [5]. Deci sagt: „Frage nicht, wie du andere motivieren kannst. Frage, wie du Bedingungen schaffen kannst, in denen andere sich selbst motivieren werden [6]." In ihrer Selbstbestimmungstheorie liefern Deci und Ryan auch das Framework mit, mit dem diese Bedingungen geschaffen werden können. Geht es nach den beiden Forschern, wird menschliche Motivation immer durch drei grundlegende Säulen beeinflusst: Autonomie, Kompetenz und soziale Eingebundenheit. Wird ein Arbeitsumfeld von diesen drei Säulen getragen, kann intrinsische Motivation entstehen, das heißt, Menschen arbeiten aus eigenem Antrieb an einer Sache, zeigen Kooperationsbereitschaft, den Willen zu lernen und häufig besser Ergebnisse.

- *Autonomie:* Als Führungskraft kennen wir den Wunsch nach Gestaltung und Einflussnahme – ohne ihn hätten wir uns wohl beruflich anders orientiert. Ist dieses Bedürfnis bei manchen unserer Mitarbeiter womöglich auch weniger stark ausgeprägt, ist es dennoch vorhanden. Warum? Weil es sich dabei um ein angeborenes Grundbedürfnis handelt. Dementsprechend sollten wir es als Führungskraft unseren Mitarbeitern zugestehen – und Selbstorganisation möglich machen. Damit können Mitarbeiter innerhalb bestimmter Rahmenbedingungen über das Was, Wie, Wann und mit wem selbst entscheiden. Ihr Bedürfnis nach Autonomie wird erfüllt.
- *Kompetenz:* Menschen möchten sich gut und wirkungsvoll erleben. Sie möchten mitgestalten, ihren Beitrag zu Ergebnissen erleben und auch eine persönliche Weiterentwicklung erfahren. Detaillierte Handlungsanleitungen oder zu viele gut gemeinte Ratschläge untergraben dieses Bedürfnis. Wesentlich wirkungsvoller ist ein klarer Handlungsspielraum innerhalb vergebener Leitplanken, der Experimentieren und Lernen erlaubt. Nur dann nämlich gewinnen Mitarbeiter das Vertrauen in ihre Kompetenzen und wagen mutig zu behaupten: Es ist herausfordernd, aber ich schaffe das! Diese Motivation, diesen Willen, gute Ergebnisse zu liefern, erzielen wir als Führungskraft nur dann, wenn wir unseren Mitarbeitern die Möglichkeit einräumen, die eigene Wirksamkeit zu erleben und weiterzuentwickeln.
- *Soziale Eingebundenheit:* Die Dringlichkeit der Frage, ob die persönliche Arbeit eigentlich Sinn macht, mag Schwankungen unterliegen, dennoch ist die Sinnfrage allen Menschen eigen. Würde man es merken, wenn mein Beitrag wegfällt? Dient meine Arbeit irgendjemanden? Kann ich damit etwas für ein besseres Morgen, eine funktionierende Gesellschaft, eine intaktere Umwelt oder eine enkeltaugliche Wirtschaft beitragen? Können solche Fragen beantwortet werden, steigern sie die intrinsische Motivation der Tätigkeit. Als Führungskräfte können wir dies unterstützen, indem wir einen Kontext ermöglichen, in dem das Warum und Wofür transparent diskutiert wird.
(Kommen Ihnen die drei Säulen bekannt vor? Dan Pink greift in seinem Buch „Drive" auf Deci und Ryans Erkenntnisse zurück, nennt seine drei Säulen allerdings Autonomie, Perfektionierung und Sinnerfüllung [7]. Mehr zu Pink finden Sie im Kap. 7).

**Alte Muster hinterfragen**

Was bedeuten Deci und Ryans Erkenntnisse nun für den Führungsalltag? In einem neuen, meiner Meinung nach zeitgemäßem Verständnis von Delegieren gilt es nun, Rahmenbedingungen zu schaffen, die diese drei Faktoren bestmöglich berücksichtigen. Als moderne Führungskraft sollten uns dabei nicht nur das kurzfristige Interesse motivieren, bessere Ergebnisse zu erhalten, wir sollten unseren Mitarbeitern auch bewusst die Möglichkeit schaffen, von der Aufgabe ebenso zu profitieren – in dem sie Freude am Tun verspüren, Selbstwirksamkeit erleben, sich weiterentwickeln und sich eingebunden sowie wertgeschätzt fühlen. Warum das im Interesse der Organisation ist? Weil auch die Organisation immer nur so motiviert, kreativ und innovativ ist, wie ihre Mitarbeiter es sind (s. Fritz B. Simons Ansatz einer systemischen Organisation in Kap. 8). Daher sind Organisationen nicht nur auf motivierte, sondern auch auf fähige Mitarbeiter angewiesen – und diese werden nicht bleiben, wenn wir als Führungskräfte so tun, als befinden wir uns noch in Frederick Taylors Zeiten. (Sie erinnern sich? Die Unternehmenskultur ist das wichtigste Entscheidungskriterium bei der Jobwahl und maßgeblich dafür, ob Mitarbeiter im Unternehmen bleiben. Mehr dazu im Kap. 3).

Um zu illustrieren, dass wir in puncto Delegation noch nicht in der modernen Arbeitswelt angekommen sind, möchte ich vier typische Verhaltensweisen beim Delegieren von Aufgaben beschreiben, die ich noch sehr häufig beobachte. Vielleicht finden Sie sich in dem ein oder anderen Beispiel wieder und erkennen jetzt die Konsequenzen dieses Verhaltens?

1. *Wir versuchen die Attraktivität der zu delegierenden Aufgabe mit einer Belohnung zu erhöhen.* Wir wissen bereits, dass wir als Führungskraft auf die Bereitschaft zur Kooperation und zur Verantwortungsübernahme unseres Gegenübers angewiesen sind – zumindest dann, wenn wir hohe Leistungsbereitschaft und gute Ergebnisse erwarten. Vergessen wir daher besser nicht, dass eine Belohnung tendenziell dazu neigt, beides zu untergraben (s. Kap. 7).

**Praxistipp: Besser wäre es …**

- … wir reden Klartext, wenn die Aufgabe kognitiv wenig herausfordernd ist. Räumen wir es offen ein und erklären wir in diesem Fall erst recht, warum die Aufgabe für das Team oder die Organisation von Bedeutung ist.
- … wir verzichten auf externe Anreize, wenn die Aufgabe die Kreativität und kognitive Leistung fordert. Nehmen wir uns stattdessen die Zeit für einen angstfreien Raum zum Experimentieren und Ausprobieren und sichern wir so Lernerfolge.
- … wir räumen unseren Mitarbeitern so viel Freiraum wie möglich ein und lassen wir sie frei entscheiden, WIE sie die Aufgabe erledigen. Zur Sicherheit und Orientierung bieten wir ihnen Leitplanken.

2. *Wir erhöhen den Druck, wenn der Mitarbeiter nicht selbst in die Gänge kommt.* Wenn wir wieder einmal glauben, unser Mitarbeiter hätte den Ernst der Lage noch nicht verstanden, sollten wir uns daran erinnern, was in unserem Gehirn vor sich geht, wenn wir den Druck erhöhen: Druck und Drohungen lösen Unsicherheit aus und diese erzeugt Angst. Angst aktiviert die Verteidigungsmodi der Amygdala (Fight, Flight, Freeze) und schränkt unsere Fähigkeiten zur kreativen Lösungsfindung, zur Kooperation oder für nachhaltige Lösungen ein oder blockiert sie gänzlich.

> **Praxistipp: Besser wäre es ...**
> - ... wir fragen nach und teilen unsere Beobachtungen mit (z. B. „Unser Wunsch war es, schneller voranzukommen. Diesen Wunsch konnten wir uns nicht erfüllen ...").
> - ... wir bieten echte Unterstützung an (z. B. zusätzliche Ressourcen zur Verfügung stellen, zusätzliche Kompetenz einbinden etc.) und ermöglichen Selbstwirksamkeit. Die Frage, was Mitarbeiter von uns brauchen, damit sie bessere Leistung erbringen können, sollte für uns als Führungskraft eine zentrale sein.
> - ... wir fragen uns, ob mangelnde Motivation unserer Mitarbeiter am Arbeitskontext liegt. Berücksichtigt dieser Decis drei Faktoren (Autonomie, Kompetenz und soziale Eingebundenheit)?

3. *Wir machen die Umsetzung der Aufgabe so einfach wie möglich.* Damit nur ja nichts mehr schiefgehen kann! Was wir dabei vergessen: Menschen möchten die Möglichkeit haben, sich zu verbessern und sie streben nach Autonomie. Mit einer detaillierten Aufbereitung der Arbeitsschritte untergraben wir die Kompetenz der Experten, die wir eingestellt haben, wir verweigern ihnen die Befriedigung des Grundbedürfnisses nach Selbstwirksamkeit und berauben sie der Freiheit, über das WIE in ihrem Tun selbst zu entscheiden.

> **Praxistipp: Besser wäre es ...**
> - ... wir lassen unsere Mitarbeiter ihre Ziele – in Abhängigkeit von der vereinbarten Strategie – selbst bestimmen.
> - ... wir lassen unseren Mitarbeitern zumindest bei der Art und Weise der Umsetzung größtmögliche Gestaltungsspielräume, wenn schon das Selbstbestimmen von Zielen nicht möglich ist.

4. *Unsere Mitarbeiter wollen Autonomie, dann sollen sie sie haben.* Ein autonomes, selbstorganisiertes Arbeitsumfeld bringt Rechte und Pflichten auf beiden Seiten: Den Willen von Mitarbeitern, Verantwortung zu übernehmen und die Bereitschaft von Führungskräften, Kontrolle abzugeben. Damit ist nicht der Verzicht auf Führung gemeint. Auch bei funktionierender Selbstorganisation liegt es nach wie vor in der Verantwortung der Führungskraft, für einen arbeitsermöglichenden Kontext zu sorgen und als ein ebensolcher Partner zur Seite zu stehen.

**Praxistipp: Besser wäre es ...**
- ... wir machen uns, noch bevor wir Arbeiten delegieren, darüber Gedanken, ob der Arbeitskontext die drei Säulen nach Deci und Ryan erfüllt. Wenn nicht, sollten wir etwas verändern!
- ... wir verantworten einen arbeitsermöglichenden Kontext, indem wir Hindernisse aus dem Weg räumen, notwendige Entscheidungen treffen oder Ressourcen bereitstellen.
- ... wir suchen aktiv das Gespräch mit unseren Mitarbeitern, anstatt darauf zu warten, dass sie mit Problemen auf uns zukommen. Dieses aktive Zugehen meint nicht Kontrolle, sondern ein sich Anbieten als Sparring- und Gesprächspartner.
Die Holokratie bietet hier wirksame Ansätze, um eine Dialogkultur im Unternehmen aktiv zu gestalten (s. Abschn. 9.3).

**LEADERSHIP TIP TO TAKE AWAY: Die Führungskraft als 4. Säule im Kontext von selbstbestimmtem Arbeiten**

Optimale Rahmenbedingungen für selbstorganisiertes und selbstwirksames Arbeiten nach Deci und Ryan sind im alltäglichen Arbeitskontext nicht immer und vor allem nicht immer vollständig herzustellen [5]. Aus diesem Grund möchte ich den drei von Deci und Ryan vorgestellten Säulen noch eine vierte Säule hinzufügen: Es ist die Führungskraft selbst. Sie kann ganz entscheidend zur Motivation von Mitarbeitern beitragen. Ihr Beitrag umfasst nachfolgende zwei Kernaufgaben:

1. *„Das Schaffen von und überprüfen der Rahmenbedingungen,* die Autonomie, Kompetenz und soziale Eingebundenheit ermöglichen. In anderen Worten: Es ist die zentrale Aufgabe der Führungskraft, ein Arbeitsumfeld zu schaffen, das von den drei Säulen der Selbstbestimmungstheorie getragen wird und diese aktiv zu reflektieren. Zur Überprüfung sind nachfolgende Fragen hilfreich:
   - *AUTONOMIE/DÜRFEN:* Sind die Voraussetzungen für Autonomie vorhanden? Lassen es die Strukturen und Prozesse zu? Sind die notwendigen Ressourcen vorhanden? Ist die Zusammenarbeit mit internen und externen Schnittstellen geklärt?

- *KOMPETENZ:* Ist der Mitarbeiter für die Aufgabe geeignet? Bringt er das kognitive Wissen, das notwendige Können und die Erfahrung mit? Brennt er für das Thema? Welche Entwicklungsmöglichkeiten braucht er?
- *EINGEBUNDENHEIT/WOLLEN:* Sieht er einen Sinn in der Aufgabe? Kann er sie in den Unternehmenskontext einordnen? Kann er sich mit der Aufgabe identifizieren? Ist sie mit seinen Werten kongruent?
2. *Das Führen des Mitarbeiters* durch aufmerksames Beobachten, regelmäßiges Feedback, Coaching, Austausch und das Beseitigen von Hindernissen, die die Produktivität des Mitarbeiters stören. Selbst dann, wenn ein optimaler Kontext für selbstbestimmtes Arbeiten geschaffen werden kann, bedarf es der permanenten Begleitung durch die Führungskraft, die sich unter anderem auch als Coach für den Mitarbeiter versteht: Beobachten Sie, stehen Sie als Feedbackgeber und Ansprechpartner zur Verfügung und räumen Sie Hindernisse für produktives Arbeiten aus dem Weg.

**Summary**

„Und hätte Tom das Zeug zum großen Philosophen gehabt", schrieb Mark Twain über Tom Sawyer, „dann würde er nun auch begriffen haben, dass man unter Arbeit immer nur das versteht, was man tun muss, unter Vergnügen aber das, was man auch lassen kann" [3]. Twain nahm damit vorweg, was Deci und Ryan viele Jahre danach bewiesen: Dort, wo Menschen die Wahl haben und Autonomie leben können, entsteht Wohlbefinden, Leistungsbereitschaft und Freude. Dort keimt intrinsische Motivation und die Arbeit kann zum Vergnügen werden. Diese Tatsache sollte auch die Art und Weise unseres Delegierens beeinflussen. In modernen Arbeitswelten führt die traditionell unreflektierte Art der Arbeitsübertragung nämlich nicht mehr zu jenen Ergebnissen, die wir benötigen. Vielmehr müssen wir verstehen, dass Delegieren nur dann wirkungsvoll ist, wenn wir Rahmenbedingungen schaffen, die den Willen und die Bereitschaft in unseren Mitarbeitern erzeugen, diese Tätigkeit erledigen zu wollen und selbst Verantwortung für die Zielerreichung zu übernehmen.

# Weiterführende Literatur und Anmerkungen

1. Twain, Mark (1986) Tom Sawyer. Neuer Kaiser Verlag, Klagenfurt.
2. Twain, Mark (1986) Tom Sawyer. Neuer Kaiser Verlag, Klagenfurt. S. 17.
3. Twain, Mark (1986) Tom Sawyer. Neuer Kaiser Verlag, Klagenfurt. S. 19.
4. Appelo, Jurgen (2018) Manging for Happiness. Übungen, Teams und Werkzeuge um jedes Team zu motivieren. Vahlen, München. S. 66–69.
5. Deci, E. L., & Ryan, R. M. (2008) Facilitating optimal motivation and psychological well-being across life's domains. Canadian Psychology, 49, 14–23. https://selfdeterminationtheory.org/SDT/documents/2008_DeciRyan_CanPsy_Eng.pdf. Aufgerufen am 07.07.2022.

6. Edward Deci (2015): Promoting Motivation, Health and Excellence. In TEDxFlourCity. YouTube https://www.youtube.com/watch?v=VGrcets0E6I 9:07ff. Aufgerufen am: 09.02.22.
7. Pink, Daniel (2020) Drive. Was Sie wirklich motiviert. Ecowin Verlag, Salzburg-München.

# Teil III

# New Leadership auch in Zukunft? So kann's weitergehen

**Keine heile Welt in Sicht**
Zukunftsforscher lassen wenig Hoffnung, dass wir in den nächsten Jahrzehnten zu den rückblickend betrachtet beschaulichen Zeiten der 1990iger oder anfänglichen 2000 Jahre zurückkehren werden. Im Gegenteil: Unsicherheiten, komplexe Vorkommnisse und undurchschaubare Entwicklungen nehmen neue Dimensionen an. Viel zu häufig, versuchen wir nach wie vor mit einem überholten Mindset, mit altbewährten Tools oder traditionellen Strukturen auf diese Herausforderungen zu reagieren. Ohne Erfolg. Ohnmacht, Selbstzweifel, Resignation macht sich breit – auch unter Führungskräften.

**Die gute Nachricht**
Es fehlt nicht an der Handhabe für all diese Herausforderungen. Wir betrachten Krisen nur häufig aus dem falschen Blickwinkel und versuchen, Situationen mit den falschen Methoden zu lösen. Fast so als möchte man einen Nagel mit der Hand einschlagen. Als Führungskräfte sind wir nicht nur dafür verantwortlich, unseren Mitarbeitern einen arbeitsbegünstigenden Rahmen zu bieten, wir brauchen diesen auch selbst! Für welche strukturellen Voraussetzungen es sich zu kämpfen lohnt, lesen Sie in diesem Kapitel. Welches das aus meiner Sicht wirkungsvollste Mittel zur persönlichen Weiterentwicklung ist, ebenso.

## New Leadership auch in Zukunft? So kann's weitergehen:

**Einschätzungen eines erfolgreichen Startup Gründers**

„Ja, wir brauchen Führung. Heute und in Zukunft!", sagte mir Florian Michajlezko in einem Interview ganz klar. Der Kölner hat mit 24 Jahren gemeinsam mit seinen Kollegen das mittlerweile weltweit erfolgreiche Unternehmen „ergobag" gegründet, das Florian und seine Kollegen heute unter der Dachmarke FOND OF GmbH führen. ergobag produziert ergonomische Schulranzen. Ich kenne Florian noch aus der Gründungsphase. In unserem Interview sprachen wir über die wirklich wesentlichen Kompetenzen von Führungskräften, was aus seiner Erfahrung hilfreich ist, um die Orientierung in dieser dynamischen Zeit nicht zu verlieren und wie es mit Führung in Zukunft weiter gehen wird.

# 11

# Was bringt mich als Führungskraft weiter?

*Als Führungskräfte ist es unsere Pflicht, für unsere geistige und körperliche Fitness zu sorgen.*
*Diese Verantwortung für uns selbst ist nicht delegierbar!*

„Zuvor, als einer von vielen Mitarbeitern, war ich glücklich und zufrieden [1]." So erinnert sich Ted Mosby in der bekannten US-amerikanischen Sitcom „How I met your mother" zurück an die Zeit, bevor er seine leitende Funktion in diesem Architekturbüro übernahm [2]. Damals hatte er Spaß mit seinen Kollegen, jetzt war er plötzlich allein. Adressiert wurde er dann, wenn es etwas zum Freigeben oder Entscheiden gab – bei informellen Gesprächen, kreativem Austausch oder der Diskussion von Ideen war er nun außen vor. Dafür hatte das Arbeitsvolumen deutlich zugenommen – Mosbys Arbeitstage nahmen kein Ende. Wenn er nächtens im Bett neben seiner Freundin in den klaren Sternenhimmel starrte, tauchten nur noch Designideen vor seinem geistigen Auge auf. Wenn er zum wiederholten Mal den After-Work-Drink mit den Freunden absagte, reagierten diese bereits mit einem leicht ironischen „Ja, klar. Nächste Woche ganz bestimmt." Und dort, wo an Mosbys Silhouette einst ein Sixpack zu erahnen war, begann sich jetzt ein kleines Bäuchlein zu wölben. Egal ob körperlich oder geistig – Ted Mosbys gesamtes Wohlbefinden schien mit dieser Beförderung in Schieflage geraten zu sein: Aus dem einst so leidenschaftlichen Architekten wurde ein zynischer Chef, der sich von seinen Mitarbeitern zunehmend entfremdete und dessen Kreativität nur mehr äußerst selten für Überraschungen sorgte.

## 11.1 Zweifel und Demotivation unter Führungskräften

Diese in dieser bekannten Sitcom humorvoll aber pointiert dargestellte Entwicklung beobachte ich auch außerhalb von Hollywood regelmäßig bei vielen Führungskräften: Menschen treten motiviert und leistungsbereit ihre Führungsposition an und finden sich innerhalb sehr kurzer Zeit in einer Situation großer Ernüchterung, weitverbreiteter Selbstzweifel und zunehmender Demotivation wieder. Nicht selten ist diese Entwicklung von zunehmender Isolation begleitet. Während sich Führungskräfte wie Ted Mosby früher einer Gruppe zugehörig fühlten und in regelmäßigem Austausch mit Kollegen standen, haben viele Führungskräfte die Wahrnehmung, nach der angepeilten Beförderung nun allein zu kämpfen. Der unbeschwerte Austausch mit Kollegen scheint nicht mehr möglich. Silodenken, interne Konkurrenz oder schlichtweg Unsicherheit verhindern die Kommunikation zu anderen Führungskräften oder Vorgesetzten. Je höher Führungskräfte die Karriereleiter klettern, desto ausgeprägter ist dieses Phänomen, desto seltener finden sich Sparring-Partner, mit denen Herausforderungen reflektiert werden können. Die Homeoffice-Situation zu Pandemiezeiten verstärkte diesen Trend natürlich noch zusätzlich.

Was ich hier wahrnehme, ist ein inverser Kommunikationstrichter: Während an der Basis viel Information ausgetauscht wird – in manchen Fällen sogar zu viel – nimmt der offene und authentische Diskurs ab, je höher Führungskräfte die Karriereleiter klettern (s. Abb. 11.1).

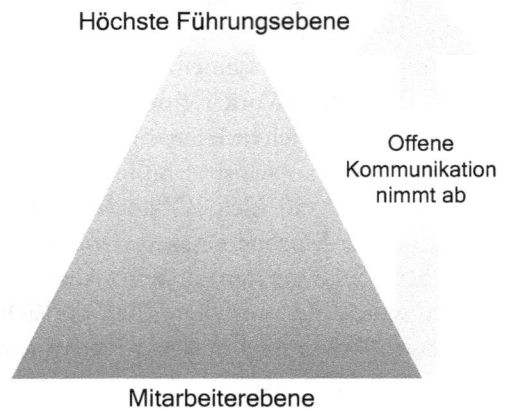

**Abb. 11.1** Der inverse Kommunikationstrichter

**Im Sog des Selbstzweifels**

Dass das Phänomen abnehmender Motivation und Zufriedenheit unter Führungskräften mehr als Drehbuchstoff ist, bestätigen auch Studien, wie zum Beispiel das Führungskräfteradar der Bertelsmann Stiftung: Von knapp 1000 befragten Führungskräften räumen 30 % Führungszweifel ein. Die Führungskräfte empfinden ihre Führungsverantwortung zunehmend als Belastung, sind sich nicht sicher, ob die Aufgabe ihren Kompetenzen entspricht, und können ihren eigenen Ansprüchen nicht gerecht werden [3]. Auf den ersten Blick scheinen diese Ausprägungen persönliche Herausforderungen zu sein, auf den zweiten erschließt sich jedoch die Relevanz für Unternehmen. Die besagte Studie untersuchte nämlich auch den Zusammenhang zwischen Führungszweifel und Führungswirkung und konnte hier eine signifikante Korrelation feststellen: „Führungszweifel gehen mit geringerer Führungswirkung einher." Ein Zusammenhang, den man laut Studie so interpretieren kann, dass „es bei zweifelnden Führungskräften weniger Verbesserung in der Produktivität und Zufriedenheit der Mitarbeitenden gibt" [4]. Ein weiteres, sehr interessantes Ergebnis der Studie ist, dass Führungskräfte, die Selbstzweifel hegen, eine tendenziell negative Wahrnehmung ihrer Mitarbeiter haben. Ob die geringe Motivation der Mitarbeiter nun an der schlechten Führung liegt oder die Führungsverantwortung als Ballast wahrgenommen wird, weil die Mitarbeiter kein Engagement zeigen, bleibt dahingestellt. Was wir aber in der Praxis häufig erleben, ist eine negative Dynamik mit sinkender Motivation und steigender Frustration, die letzten Endes häufig zu innerer Kündigung und nicht selten zum tatsächlichen Verlassen des Arbeitsplatzes führt [5].

Diese Ergebnisse sind äußerst besorgniserregend – für die Betroffenen und für den Wirtschaftsstandort Deutschland. Denn so wie Schiffe nach wie vor Kapitäne benötigen, brauchen Unternehmen Führungskräfte – und zwar engagierte und wirksame Führungskräfte, die ihr Potenzial einsetzen wollen und können! Zusätzlich verschärft wird die Situation durch den Trend unter Millennials, Führungsverantwortung abzulehnen. Dabei handelt es sich bei den Millennials um jene Kohorte, die jetzt in die Führungsetagen nachrücken müsste. Warum Millennials Führung ablehnen? Die Gründe dafür sind divers. Ganz bestimmt nicht förderlich sind die zahlreichen Negativbeispiele älterer Kollegen oder Eltern, deren permanente Überbelastung zu beeinträchtigter Gesundheit, gescheiterten Ehen oder anderen negativen Konsequenzen geführt haben.

**Schleichende Inkompetenz bei Führungskräften**
An sich zweifelnde Führungskräfte sind leider keine Einzelfälle. Wiederholt lerne ich in meiner Arbeit hochtalentierte und bestens ausgebildete Führungskräfte kennen, bei denen sich nach geraumer Zeit in ihrer Position die Wahrnehmung einschleicht, dass sie ihre Selbstwirksamkeit immer mehr verlieren. Diese persönliche Einschätzung entspricht nicht immer, aber in manchen Fällen auch tatsächlich der Realität. Ich spreche in diesem Zusammenhang von schleichender Inkompetenz. Wenn Rahmenbedingungen die eigenen Stärken permanent untergraben, wenn es die fehlende Gesundheit oder die permanente operative Überlastung nicht zulassen, Leistung zu bringen, beginnt eine Erosion. Eine Erosion dessen, was uns erfolgreich gemacht hat. Eine Erosion jener Kompetenzen, Talente und Stärken, die uns zur kompetenten Führungskraft gemacht haben. Setzt diese Erosion ein, sind wir immer seltener in der Lage, diese eigentlichen Vorteile und Stärken zum Einsatz zu bringen. Unser Selbstzweifel wird genährt und die Negativdynamik nimmt ihren Lauf. Und so werden aus ehemals motivierten, selbstbewussten, gestaltungsbereiten Führungskräften entscheidungsmüde, wenig visionäre und unkreative Manager. Die Ursachen dieser Erosion sind meiner Beobachtung nach sowohl auf individueller als auch auf struktureller Ebene zu finden.

## 11.2 Strukturelle Voraussetzungen für wirksame Führung

Engagierte und wirksame Führung ist immer auch ein Ergebnis begünstigender Rahmenbedingungen. Hinken wir als Führungskräfte täglich der Operation hinterher und kämpfen wir mit permanenter Überlastung, ist wirksame Führung schlichtweg ein Ressourcenthema. Und wofür es keine Ressourcen gibt, das kann auch nicht umgesetzt werden. Einen vergleichbaren Aushebelungseffekt haben starre Entscheidungsstrukturen: Nicht selten werden Führungskräfte zwar damit beauftragt, agilere Strukturen einzuführen – um in puncto Entscheidungskompetenz aber alles beim Alten zu belassen.

**Praxistipp: Was wir als Führungskräfte tun können**

Damit wir als Führungskräfte wirksam sein können, brauchen wir auch optimale Rahmenbedingungen. Hier finden Sie einige, die mir sehr wesentlich erscheinen:

- *Transparenz und Klarheit:* Als Führungskraft muss ich wissen, wohin die Reise geht. Dafür nutzlos ist eine Strategie, die nicht mehr ist als ein paar generisch wohlformulierte Worte auf einer PowerPoint-Folie. Eine Strategie, die Orientierung bieten soll, muss nicht nur transparent kommuniziert, sondern auch sichtbar gelebt und verfolgt werden. Hidden Agendas zerstören nicht nur das Vertrauen unter Kollegen, sie untergraben von vornherein die Wirksamkeit unserer Arbeit und sind schlichtweg unfair und unseriös.
- *Ein klarer Führungsauftrag:* Wie in Abschn. 2.2 dargestellt, steigern wir unsere Wirksamkeit, wenn wir uns an einer persönlichen Führungsvision orientieren. Darüber hinaus sollte auch ein klarer Führungsauftrag vonseiten des Unternehmens unsere Arbeit anleiten. Hier müssen wir aktiv in den Dialog treten: Was erwartet das Unternehmen von Führungskräften? Gibt es Führungsleitlinien? Was sind unsere konkreten Rahmenbedingungen? Wie können wir gemeinsame Ziele und Rollen definieren? Inwieweit korrelieren diese Bedürfnisse mit unseren Vorstellungen? Diese Fragen sollten wir zu Beginn unserer Zusammenarbeit klären und immer wieder diskutieren, bis Klarheit bei allen Beteiligten herrscht.
- *Angepasste Entscheidungsstrukturen:* Als Führungskräfte sind wir angetreten, um Verantwortung zu übernehmen und zu gestalten. Eine Grundvoraussetzung dafür ist die Autonomie, selbstständig Entscheidungen treffen zu können. Klären wir mit unseren Vorgesetzten unseren Entscheidungsrahmen und stimmen wir diesen mit den vereinbarten Zielen ab. Sind wir berechtigt, die notwendigen Entscheidungen zu treffen, um die vereinbarten Ziele erreichen zu können? Wenn nicht, dann müssen wir das korrigieren und uns dafür einsetzen.
- *Regelmäßige Kommunikation:* Wenn wir uns darüber einig sind, dass es einerseits die Kunden und andererseits die Mitarbeiter sind, die Unternehmenserfolg ausmachen, müssen wir mit beiden gut kommunizieren können. Interessanterweise sind viele Unternehmen sehr professionell im Umgang mit Kunden und mangelhaft in der Kommunikation mit den eigenen Mitarbeitern. Nach wie vor passiert Kommunikation vorwiegend von oben nach unten – also entlang der Informationskaskade [6]. Bottom-up-Kommunikation oder auch der Austausch innerhalb ähnlicher Hierarchieebenen ist hingegen immer noch zu wenig gelebte Praxis. Häufige Gründe dafür sind Silodenken, unausgesprochene Glaubenssätze oder eine Unternehmenskultur, die diese Art der Kommunikation nicht zulässt. Bemühen wir uns hier um einen Wandel! Fordern wir regelmäßig Gespräche mit unseren Vorgesetzten ein! Erfragen wir Feedback und behalten wir dabei im Hinterkopf, dass wir damit nicht nur uns selbst, sondern auch unserer Organisation einen wertvollen Dienst erweisen.

**Rahmenbedingungen für Führungskräfte schaffen!**
Für diese Rahmenbedingungen zu sorgen – das muss eine der zentralen Aufgaben der Geschäftsführung bzw. von Personalverantwortlichen in Unternehmen sein – aber auch wir Führungskräfte stehen hier in der Verantwortung, diese einzufordern und uns dafür einzusetzen! So wie Mitarbeiter arbeitsbegünstigende Rahmenbedingungen brauchen, können auch wir nur wirksam führen, wenn auch wir einen entsprechenden Kontext vorfinden. Ich hoffe sehr, dass das Bewusstsein endlich reift, dass fehlende Rahmenbedingungen für Führungskräfte unvermeidlich zu wenig wirksamer Führungsarbeit führt – und damit zu verschenktem Leistungspotenzial von sehr teuren Mitarbeitern! Es ist mir unverständlich, dass nach wie vor viele Unternehmen händeringend nach guten Führungskräften suchen, viel Geld dafür in die Hand nehmen und ihnen aber dann nicht die Rahmenbedingungen bieten wollen, um ihr Potenzial abzurufen. Das ist ähnlich schildbürgerlich wie sich einen äußerst leistungsstarken Rechner zu kaufen, dessen Kapazität dann aber aufgrund einer eingeschränkten Internetanbindung nicht genutzt werden kann.

## 11.3 Individuelle Möglichkeiten, um Führungsleistung zu steigern

Als Führungskräfte sind wir bereit, Verantwortung zu übernehmen. Diese Verantwortung gilt natürlich unseren Mitarbeitern, den vereinbarten Zielen, aber auch unseren eigenen Ressourcen gegenüber. Denn nur wenn wir geistig und körperlich fit sind, können wir die fordernde Führungsaufgabe ausführen. Ich bin davon überzeugt, dass uns diese Führungsverantwortung dazu auffordert, einen nachhaltigen Umgang mit unserem Körper zu leben und unseren Geist regelmäßig zu nähren. Beides ist Voraussetzung für die hohe Leistungsfähigkeit, zur der wir uns verpflichtet haben und für die permanente Weiterentwicklung, die eine VUCA-Welt von uns fordert.

> **DEEP DIVE: Selfcare – Pflicht und Recht zugleich**
>
> So ist es auch wenig verwunderlich, dass die Themen Selfleadership, Selfmanagement oder Selfcare in den vergangenen Jahren dramatisch an Bedeutung gewonnen haben. Dazu beigetragen haben womöglich auch die hohen Burn-out-Zahlen unter Führungskräften, wie auch der sich ankündigende Mangel an Führungskräften innerhalb jüngerer Generationen. Hier ist das Bestreben wahrnehmbar, Wege zu finden, die Nachwuchsführungskräfte erst gar nicht in diese Spirale von Überforderung und Burn-out bringen

soll. Eine Herausforderung, die in Zeiten von VUCA keine einfache ist: Die Notwendigkeit permanenter Anpassung und Veränderung sind natürlich starke Treiber für eine hohe Dynamik. Sie fordert ihren Tribut aufseiten der Stabilität. Sich hier zu verlieren ist einfach; Stabilität von außen wird nicht länger geboten – Stabilität muss mehr und mehr von innen kommen. Eine Aufgabe, die ein hohes Maß an Selfcare erfordert.

**Selfcare als Voraussetzung für Empathie**
Selfcare ist jedoch nicht nur wichtig, um als Führungskraft selbst langfristig in dieser heraufordernden Arbeitswelt überleben zu können, Selfcare ist auch essenziell, um unseren Mitarbeitern gegenüber professionell und hilfreich sein zu können. Als Führungskräfte müssen wir anerkennen: Wir können nur für andere gut sein, wenn wir auch selbst gut funktionieren. Womöglich kennen Sie das auch aus eigener Erfahrung: Haben wir körperliche Schmerzen, schwindet unsere Geduld, wir sind gereizt und weniger leistungsfähig. Gleiches gilt für psychische Belastungen. Können wir uns gedanklich von einem Problem nicht lösen, schwinden unsere Aufmerksamkeit und unsere Bereitschaft zuzuhören.
Ähnliches gilt für unsere Fähigkeit, empathisch zu sein. Nehmen wir unsere eigenen Bedürfnisse zu wenig wahr und übergehen wir sie regelmäßig, haben wir tendenziell auch größere Schwierigkeiten damit, unseren Mitarbeitern Bedürfnisse zuzugestehen. Eine weitere Voraussetzung ist unsere Kompetenz zur Selbstreflexion. Sind wir untrainiert darin, unser eigenes Verhalten zu reflektieren, wird es uns auch wesentlich schwerer fallen, den physischen, emotionalen und mentalen Zustand anderer zu antizipieren oder zu akzeptieren. Diese fehlende Empathie bleibt nicht ohne Konsequenzen für das Unternehmen: Mitarbeiter fühlen sich nicht als „ganzer Mensch" gesehen, ihre Weiterentwicklung leidet und Konflikte werden weniger konstruktiv geregelt.

**Selfcare ist Pflicht und keine Belohnung**
So wie wir strukturelle Rahmenbedingungen benötigen, um wirksam zu führen, brauchen wir körperliches Wohlbefinden und einen wachen und genährten Geist, um unser ganzes Potenzial abrufen zu können. Darauf zu achten, ist ein Teil unserer Führungsverantwortung und diese Verantwortung ist auch nicht delegierbar! Bodo Janssen hat es in unserem Gespräch auf den Punkt gebracht: „Nur wer sich selbst führen kann, kann andere führen [7]!"
Aus eigener Erfahrung weiß ich, dass wir uns dieser Verantwortung viel zu wenig bewusst sind. Noch das eine Telefonat, nur noch die wenigen E-Mails, dann gönnen wir uns eine Runde um das Firmengebäude oder ein Essen in Ruhe. Sport machen wir am Abend, oder morgen, oder gar nicht. Viel zu oft kommt es nicht mehr zum entspannenden Spaziergang, zum genussvollen Essen oder zum ausgleichenden Sport, weil Telefonate länger dauern, als man zugeben mag, Postfächer voller sind, als es uns lieb ist und auch dieser Tag wieder nur 24 h übrig hatte. Nach wie vor betrachten wir Selfcare als Belohnung und nicht als Verantwortung. Hier sollten wir schnellstens umdenken! (Einen wertvollen Leadership-Tipp dazu finden Sie im Kap. 4.)
*Erneut: Die Verantwortung für mich selbst ist nicht delegierbar!*

**Coaching – die wirksamste Unterstützung für persönliche Weiterentwicklung**

Eine der für mich wirksamsten Methoden für einen reflektierten und wachen Geist und Selfcare ist das Coaching. Ich empfehle jeder Führungskraft einen Coach – unabhängig davon, ob sie sich gerade in einer besonders herausfordernden Situation befindet oder eigentlich alles ganz gut läuft. Coaching ist für mich eines der wertvollsten Tools, das wir im Bereich der Führungskräfteentwicklung haben. Wo sonst haben wir als Führungskräfte Raum für völlige Autonomie, für gedankliches Experimentieren, für Perspektivenwechsel und wirkliches „Independent Thinking" (vgl. dazu Abschn. 6.3)? Wo sonst finden wir einen Sparringpartner, dessen einziges Bestreben es ist, uns lösungsorientiert weiterzubringen? Coaching ist Tool und Raum zugleich: ein skalpellscharfes Werkzeug für die Reflexion und ein geschützter Raum für Kreativität, Weiterentwicklung und Kommunikation, der dem erlebten Kommunikationsdefizit entgegenwirken kann. Dabei ist es wichtig zu verstehen, dass Coaching nie defizitär, sondern immer lösungsorientiert ist. Anlass eines Coachings ist nie ein durch eine dritte Person wahrgenommenes Kompetenzdefizit des Klienten. Auslöser eines Coachings ist immer der Klient selbst – er verspürt den dringenden Wunsch nach Reflexion, Austausch und Impulsen. Coaching ist die höchste Form der professionellen und individuellen Weiterentwicklung und das Beste, was jeder Führungskraft passieren kann.

Coaching kann in unterschiedlichen Ausprägungen stattfinden, die je nach Reifegrad des Coachees äußerst wirksam sein können:

- **Individuelles Coaching:** Coaching in Einzelsessions erlaubt ein hohes Augenmerk auf die individuellen Herausforderungen des Coachees. Vertrauen und damit die Bereitschaft, sich zu öffnen, wird in der Regel schneller hergestellt als bei Gruppencoachings. Ich pflege mit vielen meiner Klienten eine langjährige Coachingbeziehung, was die Wirksamkeit des Coachings noch einmal wesentlich erhöht. Dabei gilt es zu erwähnen, dass diese Zusammenarbeit nie zu einer Abhängigkeit führen darf. Im Gegenteil: Professionelles Coaching erzeugt keine Abhängigkeit, sondern Selbstständigkeit durch Kompetenzerweiterung und Professionalisierung im Job.
- **Peer Coaching** meint die gezielte Unterstützung durch Kollegen. Diese Unterstützung kann ad hoc gesucht werden, indem wir uns als Führungskräfte unseren Kollegen zuwenden und sie um ihr Feedback (z. B. Wie wirke ich in dieser Situation?) oder ihre Ideen (z. B. Wie würdest du diesen Konflikt lösen?) bitten. Wichtig ist, dass wir uns als Coachee in der Verantwortung sehen, auf Kollegen zuzugehen. In der Praxis besteht hier

noch häufig große Zurückhaltung – das Einholen anderer Meinungen wird als ein Eingestehen von Schwäche missverstanden und deshalb vermieden. Das bedauere ich sehr! Meiner Erfahrung nach wird im Bereich des Peer Coachings sehr viel Potenzial liegengelassen – gerade in großen Unternehmen. Anstatt gezieltes Coaching anzubieten, wird immer noch in Gießkannenschulungen, also in wenig individualisierbaren Trainings, investiert, die in keinem Fall jenen Impact für die persönliche Weiterentwicklung haben können, den ein Coaching bietet.

Neben dem spontanen Einholen von Feedback oder Ideen kann Peer Coaching auch in geplanten Formaten stattfinden. Ein Beispiel dafür ist die kollegiale (Fall-)Beratung. Dafür treffen sich Führungskräfte gleicher oder unterschiedlicher Hierarchien, um eine konkrete berufliche Herausforderung zu besprechen: Der Initiator schildert seinen „Fall" und die Kollegen bieten ihre Ideen und Lösungsvorschläge an. Vorgegangen wird nach einer klaren Struktur, die den Vorteil mit sich bringt, dass man immer zu einer Lösung kommt. Was im Endeffekt die Lösung des Problems ist, darüber entscheidet der Initiator. Er bestimmt, was ihm nützt. Unterstützt werden kann die kollegiale Beratung mit ausgewählten Tools aus der systemischen Beratung.

- **Selbstcoaching:** Die Erweiterung der Selbstcoachingkompetenz ist für mich ein wesentlicher Bestandteil der Zusammenarbeit zwischen einem Coach und einem Coachee. Dafür stellt der Coach seinem Klienten ausgewählte selbstanwendbare Methoden zur Verfügung. Selbstcoaching kann im turbulenten Alltag von Führungskräften ein wertvolles Tool sein, das mit zunehmendem Reifegrad des Coachees auch immer häufiger dazu führen kann, dass Coachees Herausforderungen selbstständig lösen. Selbstcoaching kann die professionelle Zusammenarbeit mit einem Coach wirksam ergänzen.

Achten Sie bei der Suche nach einem Coach auf dessen Ausbildung und gegebenenfalls auf eine Zertifizierung. Der Deutsche Bundesverband für Coaching (DBVC) ist führend auf dem Bereich Business Coaching und Leadership und bietet eine Datenbank mit über 500 professionellen Coaches. Mehr zum DBVC finden Sie unter www.dbvc.de.

> **LEADERSHIP TIP TO TAKE AWAY: Stressabbau mit der Box-Atmung**
>
> Entspannen durch Atmen. Unser Atem ist ein wirkungsvolles Werkzeug zur Regulation unseres Stresslevels. Setzen wir unseren Atem gezielt ein, sind wir dadurch in der Lage, unseren Cortisolspiegel und damit auch unser Stresslevel zu senken. Als leidenschaftlicher Apnoetaucher mache ich mir diese

Funktionalität nicht nur beim Tauchen, sondern auch in meinem Arbeitsalltag zunutze. Bin ich beim Atmen gut im Training, gelingt es mir auch im Alltag sehr schnell, durch gezieltes Atmen Entspannung herbeizuführen. Ein unglaublich wirkungsvolles und wenig zeitraubendes Tool – besonders in herausfordernden Zeiten!

Sie müssen kein Apnoetaucher werden, um sich die Kraft der Atmung zunutze zu machen. Probieren Sie die Box-Atmung aus (s. Abb. 11.2). Die Übung kostet Sie nur wenige Minuten und bringt Ihnen mehr Entspannung als ein Kaffee oder eine Zigarette.

1. Setzen Sie sich aufrecht auf Ihren Stuhl. Im Idealfall berühren Sie mit dem Rücken die Rückenlehne Ihres Stuhls. Stellen Sie beide Beine ca. hüftbreit auf den Boden.
2. Beginnen Sie nun in einem 4er-Zyklus (Box) zu atmen:
    - Atmen Sie 4 s durch die Nase ein.
    - Halten Sie Ihren Atem für 4 s.
    - Atmen Sie 10 s durch den Mund aus.
    - Halten Sie den Atem für weitere 4 s.

Wiederholen Sie die Übung beliebig oft. Für den Beginn reichen ein paar Minuten. Fühlen Sie sich wohl dabei, steht es Ihnen frei, die Atemübung beliebig auszudehnen. Ich praktiziere sie häufig für 20 min – der Effekt ist überwältigend.

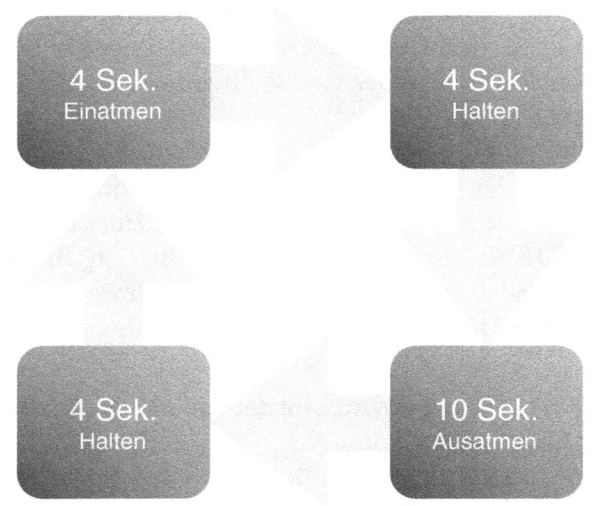

**Abb. 11.2** Die Box-Atmung

> Für die Zweifler unter uns: Atmung ist kein angstfreies Töpfern oder Esoterik. Atemtechniken triggern nachgewiesenerweise das parasympathische System, das für die Entspannung in uns verantwortlich ist.

> **Summary**
>
> Selbstzweifel ist unter Führungskräften weit verbreitet. Ein Problem, das nicht nur für den Betroffenen hinderlich, sondern auch für die Organisation schädlich ist, da zweifelnde Führungskräfte nachweislich weniger wirksame Führungskräfte sind. Hier gilt es gegenzusteuern – auf individueller und auf struktureller Ebene. Zum einen sind wir als Führungskräfte angehalten, Rahmenbedingungen einzufordern, die uns wirkungsvolles Arbeiten ermöglichen. Ein klarer Führungsauftrag, entsprechende Entscheidungsstrukturen und transparente Kommunikation sind einige Beispiele dafür. Zum anderen müssen wir als Führungskräfte verstehen, dass Selfcare keine Belohnung, sondern unsere Pflicht ist. Dass wir selbst die Verantwortung dafür tragen, für einen körperlichen und mentalen Zustand zu sorgen, der uns hohe Leistungsfähigkeit ermöglicht. Zu dieser sind wir nämlich als Führungskräfte angetreten! Das aus meiner Sicht wirksamste Mittel für professionelle und persönliche Weiterentwicklung ist das Coaching. In einer zunehmend herausfordernden Arbeitswelt sollte jede Führungskraft Zugang zu solchen Entwicklungsinstrumenten haben.

## Weiterführende Literatur und Anmerkungen

1. Bays, Carter. Craig, Thomas (2006) How I Met Your Mother. Staffel 2, Episode 13. (Film) New York City: CBS. Minute 1:35.
2. "How I Met Your Mother" ist eine amerikanische Sitcom aus den Jahren 2005 bis 2014. Der Hauptdarsteller, Ted Mosby, erzählt darin in insgesamt neuen Staffeln seinen Kindern all jene Ereignisse, die dazu geführt haben, dass er ihre Mutter kennengelernt hat.
3. Bertelsmann Stiftung (2020) Führungsmüde? Deutschlands Führungskräfte (ver-)zweifeln an ihrer Rolle. Seite 1. https://www.bertelsmann-stiftung.de/fileadmin/files/CCC/24_02_2020_BSt_ID876_Fuehrungskraefte-Radar_layout_V4.pdf. Aufgerufen am 01.06.22.
4. siehe [3] Seite 4.
5. siehe [3] Seite 3.
6. Als Informationskaskade bezeichnet man die in Unternehmen weit verbreitete Top-down-Kommunikation. Information wird von höheren Hierarchieebenen an darunterliegende verteilt. Ihr gegenüber steht eine Bottom-up-Kommunikation bzw. der Austausch auf gleichen hierarchischen Ebenen.
7. Bodo Janssen, persönliches Interview durchgeführt vom Autor und Birgit Schreder-Wallinger am 18.07.2022.

# 12

## Alles wird gut. Ein Gespräch über die Zukunft mit Gründer Florian Michajlezko

„*Mein größtes Learning war die Gewissheit, dass es die Menschen sind, die über Erfolg und Misserfolg einer Idee entscheiden.*" *Florian Michajlezko, Gründer von FOND OF GmbH*

Alles begann auf der Geburtstagsparty eines Freundes. Florian Michajlezko sprach mit einem Freund über dessen Neffen und seinen wenig ergonomischen Schulranzen. Eine Freundin, Physiotherapeutin von Beruf, stieg in das Gespräch ein: Immer mehr Kinder mit Rückenproblemen kämen in ihre Praxis. Mit ein Grund dafür – die Schulranzen, mit denen die Kinder Tag für Tag ihre Schulbücher in und aus der Schule schleppten. Warum die damals bereits gängigen Trägersysteme aus dem Bergsport bei Schulranzen nicht zur Anwendung kamen, das konnte keiner der drei beantworten.

Florian Michajlezko war damals 24 Jahre alt. Als Student der Betriebswirtschaftslehre war er auf der Suche nach einer zündenden Geschäftsidee. Sein Ziel war es, sich selbstständig zu machen und diese Schultaschen-Problematik ließ ihn nicht mehr los. Drei Jahre später hatte Michajlezko gemeinsam mit drei Freunden ein Unternehmen gegründet: ergobag. Das damals erste Unternehmen für ergonomische Schulrucksäcke. Der Rest liest sich wie eine klassische Start-up-Erfolgsgeschichte: Innerhalb kürzester Zeit wuchs das Unternehmen auf 50 Mitarbeiter, der Umsatz ging steil nach oben und neben den Ursprungsmärkten Deutschland, Österreich und die Schweiz belieferten die Kölner sehr bald internationale Märkte. Heute stehen Michajlezko und seine Partner hinter der Marke FOND OF, einer Dachmarke, die neben ergobag noch weitere vier

Marken beinhaltet, 300 Menschen beschäftigt und diverse Zielgruppen von Kindergarten bis Lifestyle bedient.

Ich kenne Florian Michajlezko noch aus seiner Gründungsphase. In nachfolgendem Interview sprachen wir über seine Erfahrungen als Unternehmer, über die Kompetenzen, auf die Führungskräfte schon heute nicht mehr verzichten können und darüber, wie wir es schaffen, selbstbewusst und zuversichtlich in eine ungewisse Zukunft zu gehen [1].

1. Florian, seit der Gründung von ergobag hat sich diese Wirtschaftswelt in vielem verändert, einfacher ist sie aber nicht unbedingt geworden. Sind Unternehmer und Führungskräfte heute mehr gefordert als damals?

*Wir reden schon sehr lange von der sogenannten VUCA-Welt und den damit einhergehenden Veränderungen und Unsicherheiten. Die letzten drei Jahre haben jedoch noch mal eine ganz neue Dimension von Unsicherheit aufgezeigt. Die neue Realität mit zusammenbrechenden Lieferketten, Unternehmen, die ganze Belegschaften für Monate ins Homeoffice schicken mussten und die extreme Inflation, das sind schon besondere Herausforderungen für Organisationen und Führungskräfte. Da viele dieser Entwicklungen auch starken Einfluss auf das private Umfeld von Menschen haben, gewinnen meines Erachtens die „basic"-Fähigkeiten einer guten Führungskraft wieder mehr an Bedeutung. Hierzu zählt für mich allem voran ein ehrliches Interesse am Menschen. Ganz früher nannte man das einmal Nächstenliebe. Hinzu kommen für mich Eigenschaften wie Authentizität und Zuverlässigkeit sowie ein grundsätzliches Vertrauen in das Gute und Positive dieser Welt. Wer diese „basics" in sich trägt, dem ist es auch möglich, in dieser Zeit hoher Unsicherheit Menschen den notwendigen Halt zu geben und sie hinter sich und einer Mission zu versammeln.*

2. Wo es viele Fragen gibt, gibt es häufig auf viele Antworten. Neue Organisationsmodelle, die Möglichkeiten der Digitalisierung und viele andere Angebote und Trends versprechen Lösungen für diese Herausforderungen, die du gerade genannt hast. Hier ist es ein Leichtes, sich zu verirren. Worauf kommt es an? Was stiftet Nutzen und was kann man auslassen?

*Es gibt immer wieder Wellen von neuen, fancy Organisationsmodellen. Jedes Tool, das Effizienz steigert, ohne die menschliche Komponente zu vernachlässigen, ist meines Erachtens zu begrüßen. Allerdings gibt es weder Blaupausen noch Best-Practice-Beispiele, die immer funktionieren. Am Ende des*

*Tages sollte jedes Unternehmen seine eigene authentische Kultur entwickeln und leben. Wenn sich dann der Großteil der Mitarbeiter wohl fühlt, wenn die Frequenz und Qualität von Feedbackgesprächen und Entwicklungsmöglichkeiten bereitwillig angenommen werden, wenn Verantwortung klar verteilt ist und die Organisation dann auch noch effizient arbeitet, dann ist das doch ein großer Erfolg! Allerdings – auch in diesen Unternehmen müssen Strukturen immer wieder hinterfragt und adjustiert werden.*

3. Was war dein größtes Learning als Unternehmer und jemand, der Menschen führt? Hast du irgendwann einmal so richtig umdenken müssen?

*Mein größtes Learning war die Gewissheit, dass es die Menschen sind, die über Erfolg und Misserfolg einer Idee entscheiden. Viele Investoren behaupten, in Menschen und nicht in Produkte oder Ideen zu investieren. Wohl dem, der es wirklich macht!*

*Früher war ich der Meinung, dass du mit einem ok starken Team mit schlauen Leuten und einer guten Idee obendrauf eine große Chance hast, erfolgreich zu sein. Das glaube ich heute nicht mehr. Neugründungen haben deswegen eine so hohe Fehlerquote, weil nur wenige Menschen in der Lage sind, mit wenig Ressourcen, mit einem durchschnittlichen Team, mit dem du zu Beginn aufgrund der noch nicht vorhandenen Markenattraktivität einfach arbeiten musst, mit hoher Unsicherheit – mit all den Herausforderungen, die du als Start-up einfach hast, den „product-market-fit" hinzubekommen. Den bekommst du nämlich nur hin, wenn du wirklich gut zuhörst, deine Zielgruppe und deinen USP ganz genau kennst und auch bereit bist, deine Geschäftsidee immer wieder anzupassen. Das fordert dich als Mensch, da geht's weniger um fachliche Qualifikation. Deswegen glaube ich, dass die Komponente Mensch gerade in Start-ups besonders bedeutsam ist.*

*Ab einer bestimmten Unternehmensgröße übernimmt dann die Kultur und der Geist des Unternehmens (natürlich erlebbar durch die Führungsteams und Mitarbeiter) die Rolle und Energie der Gründer. So haben alle großen Unternehmen auch nach Ausscheiden der Gründer die Erfolgsgeschichte fortgeschrieben. Auch bei Tesla wäre es wahrscheinlich so, würde Elon Musk das Unternehmen verlassen.*

4. Welche Rahmenbedingungen stellst du deinen Mitarbeitern zur Verfügung, damit sie sich mit den Anforderungen der Zeit mitentwickeln können?

*Wir bieten unseren Führungskräften verschiedene Trainings an, die je nach Führungserfahrung variieren. Darüber hinaus umfasst unser Angebot Coachingeinheiten, die zum besseren Verständnis der persönlichen Fähigkeiten und Wünsche im Leben beitragen – unabhängig von den rein beruflichen Zielen und Vorstellungen.*

*Ein beispielhaftes Format ist die Heldenreise. Sie begleitet Menschen bei ihrer Entwicklung und betrachtet dabei den ganzen Menschen: den Professionisten als auch die Privatperson. Die zentrale Frage dabei ist: Wie kannst du deine dir angeborenen Fähigkeiten mit den Erfahrungen und Erkenntnissen, die du im Laufe deines Lebens machst und gewinnst, zum Beispiel getriggert durch große Ereignisse wie die Geburt von Kindern ... wie kannst du diese Fähigkeiten für deinen Beruf optimal nutzbar machen?*

*Dahinter liegen die Überzeugungen, dass Menschen, die sich ständig weiterentwickeln und dass Menschen, die sich selbst gut kennen, sich einschätzen können und mit sich im Reinen sind, auch besser auf ihre Mitmenschen eingehen können. Verbundenheit mit sich selbst fördert die Fähigkeit, andere Bedürfnisse, Haltungen und Perspektiven einzunehmen und zu verstehen.*

5. Was bringst du als jemand, der Menschen tagtäglich inspiriert, persönlich durch anspruchsvolle Zeiten und Krisen?

*Meine Kinder und meine Familie sind Quell unglaublichen Glücks und Nährstoff für meinen Optimismus. Ich sehe Krisen und anspruchsvolle Zeiten als Herausforderung, an denen ich gern wachse. Ich fühle mich nicht als Spielball des Universums, sondern glaube fest daran, mein Leben und mein Glück selbst in der Hand zu haben – wohl wissend, dass ich keine Schicksalsschläge verhindern kann. Ich kann jedoch immer entscheiden, wie ich mit Herausforderungen umgehe. Diese Selbstbestimmtheit gibt mir ein Gefühl von Freiheit und Glück.*

6. Blicken wir in die Zukunft. Wie wird sich Führung entwickeln? Wird Führung menschlicher werden?

*Das Spannungsfeld der Führung zwischen Exzellenz und Intuition wird sich ähnlich träge verändern wie die menschliche Natur – nämlich kaum. Bei Führung und im Job gilt „leider" das Gleiche wie beim Sport, der Musik, der Medizin oder jeder anderen Disziplin: Je mehr Zeit ich einer Sache widme, desto besser werde ich darin. Selbstverständlich sind manche von Natur aus begabter als andere – aber auch mit viel Talent werde ich nur dann zur wirklich guten Führungskraft, wenn ich das Führen trainiere.*

*Anders stellt es sich bei den zentralen Aufgaben von Führungskräften dar. Hier ist ein Wandel zu begrüßen und voranzutreiben. In der Vergangenheit und teilweise auch in der Gegenwart waren Führungskräfte viel zu oft damit beschäftigt, Antworten auf tagtäglich gestellte operative Fragen der Mitarbeiter zu finden. Diese Zeit ist vorbei. Die Zukunft braucht Führungskräfte, die Themen aus unterschiedlichen Perspektiven beleuchten und durch kluge Fragen ihre Teams dazu befähigen, Antworten selbst zu finden, anstatt alle bereitzustellen. Diese Führungskräfte agieren als Mentoren und nicht als Prediger. Sie stellen ihre Erfahrungen und nicht ihre Meinungen zur Verfügung. Damit ermöglichen sie es ihren Teams oder auch einzelnen Mitarbeitern, sich Herausforderungen zu stellen und über eigene Wege zu möglichst guten Ergebnissen zu finden. Diese Kompetenzen von Führungskräften und Mitarbeitern werden wir dringend benötigen, wird doch unsere Welt immer unsicherer und werden die großen Themen unserer Welt immer komplexer. Gleichzeitig brechen meinungsbildende Institutionen wie zum Beispiel die Kirche weg, die den Menschen früher Halt boten – auch in großen Krisen. Was hier übrig bleibt, ist ein Vakuum an Führung und an Ethik und Werten. Auch wenn wir ein starkes Fundament in großen Teilen der Welt geschaffen haben, braucht es gute Führung, damit dieses Fundament auch noch länger tragfähig bleibt. In aller Kürze: Ja, wir brauchen Führung! Heute und in Zukunft!*

7. Was würdest du jedem Menschen mitgeben, der gestalten möchte?

*Ich wünschte mir, jeder Mensch wäre motiviert zu gestalten! Zumindest sollte jeder Mensch verstehen, dass er angehalten ist, sein eigenes Leben zu gestalten. Machen wir uns deshalb unsere Handlungsoptionen stets bewusst und agieren wir als Spieler und nicht als Schachfiguren in unserem eigenen Leben.*

*Darüber hinaus plädiere ich für mehr Liebe (oft sichtbar in Form von Respekt) und Dankbarkeit. Nehmen wir uns die Zeit, unser Handy immer wieder mal für eine Stunde wegzulegen und dafür nachts in den Himmel oder am frühen Morgen auf das weite Meer zu schauen. Vielleicht beginnen wir dann endlich zu verstehen, dass wir Menschen nicht das Maß aller Dinge sind und unser Dasein schneller vorbei sein kann als das vieler anderer Lebewesen auf unserem Planeten. Diese sind wohl bei Weitem nicht so intelligent wie wir, ihre Instinkte scheinen aber besser zu funktionieren als die unsrigen.*

8. Und du persönlich? Was tust du persönlich, um auch in Zukunft noch so erfolgreich zu sein?

*Ich verändere meine Definition von Erfolg.*

**LEADERSHIP TIP TO TAKE AWAY: von Florian Michajlezko**

„Ich gebe dir einen Recruiting-Tipp", sagte mir Florian Michajlezko, als ich ihn um einen Tipp für dieses Format bat. „Wie passend", dachte ich mir. Widme ich doch der Funktion und Bedeutung der Führungskraft als Recruiter ein ganzes Kapitel in diesem Buch (Bevor Sie es suchen ... werfen Sie einen Blick in Abschn. 3.1). Florian lehnt seinen Tipp an den Supermarkt-Test von Guy Kawasaki an. Dieser stellt ein sehr einfach nachvollziehbares Alltagsszenario vor, mithilfe dessen wir eine Entscheidung treffen können, ob wir mit dem potenziellen Bewerber gern zusammenarbeiten möchten. Florian wählt für dieses Szenario eine Situation, die für sein Leben authentisch ist und wie folgt funktioniert: Stellen Sie sich vor, Ihr Handy läutet in einer Situation, in der Sie prinzipiell die Zeit hätten, den Anruf anzunehmen. Sie sehen den Namen des Anrufers auf Ihrem Display. Wie reagieren Sie?

- Sie drücken den Anrufer weg, weil Sie froh sind, eine gute Ausrede zu haben und sich das Gespräch zu ersparen.
- Sie zögern, nehmen das Gespräch aber dann doch an; versuchen es aber so kurz wie möglich zu halten.
- Sie freuen sich über den Namen am Display. Sie nehmen den Anruf gern an, weil Sie sich mit der Person am anderen Ende der Leitung gern austauschen.

„Ich stelle nur mehr Menschen ein, deren Anruf ich jederzeit gern annehmen würde", erklärte mir Florian die praktische Umsetzung seines Recruiting-Tipps. Dabei sei noch erwähnt: Ob der Teilnehmer fachlich qualifiziert ist, das sieht Florian nicht in seiner Kompetenz. „Wenn ich einen Informatiker einstelle, dann entscheidet natürlich unser bester Informatiker darüber, ob der Kandidat fachlich qualifiziert ist." Worum Florian sich kümmert, ist der Culture Fit. Und dafür eignet sich der Telefon-Anrufer-Check hervorragend.

**Summary**

„Das fordert dich als Mensch, da geht es viel weniger um fachliche Qualifikation", sagt Florian Michajlezko und weist darauf hin, dass es in Start-ups ganz konkret und in einer immer komplexer werdenden VUCA-Welt generell immer mehr um die menschlichen Fähigkeiten gehe, die Führungskräfte erfolgreich machten. Ein ehrliches Interesse am Menschen, Authentizität und Zuverlässigkeit sowie ein grundsätzliches Vertrauen in das Gute und Positive dieser Welt sind für ihn die „basics", die gute Führungskräfte mitbringen. Diese Fähigkeiten weiterzuentwickeln und für die Organisation nutzbar zu machen, stehe auch im Fokus jener Führungskräfteprogramme, die Florian Michajlezko und seine Partner ihren Mitarbeitern anbieten. Michajlezko gründete im Alter von 24 Jahren gemeinsam mit Freunden „ergobag", das damals erste Label für ergonomische Schulranzen. Mittlerweile sind die Gründer mit ergobag und vier weiteren Marken international erfolgreich tätig.

## Weiterführende Literatur und Anmerkungen

1. Florian Michajlezko, persönliches Interview durchgeführt vom Autor am 03.08.2022.

# Erratum zu: New Leadership

**Erratum zu:**
**O. Titzmann, *New Leadership*,**
**https://doi.org/10.1007/978-3-662-66064-5**

Kapitel 1 sowie Part 1 und Part 2 wurden versehentlich vor Ausführung aller Korrekturen veröffentlicht und wurden deshalb nachträglich aktualisiert. Grundlegende Inhalte waren nicht betroffen.

---

Die aktualisierte Version des Buches finden Sie unter
https://doi.org/10.1007/978-3-662-66064-5
https://doi.org/10.1007/978-3-662-66064-5_1

© Der/die Autor(en), exklusiv lizenziert an Springer-Verlag GmbH, DE, ein Teil von Springer Nature 2023
O. Titzmann, *New Leadership*, https://doi.org/10.1007/978-3-662-66064-5_13

# Epilog: Braucht uns die Zukunft noch?

Die Szenerie wirkt hektisch. 250 Tänzer bewegen sich zur Musik von Igor Strawinsky. Sie laufen, sie wirbeln durcheinander, sie springen und werfen sich zu Boden – jeder für sich. Mitten unter ihnen eine dunkel gekleidete Tänzerin mit auffallendem Kopfschmuck. Mal tanzt sie in einer Lichtung, die ihr das Ensemble scheinbar zufällig überlässt, mal verschwindet sie im schnellen Tanz der anderen Darsteller. Angetrieben werden die Tänzer von den mittlerweile durchgehenden Schlägen des Schlagwerks, den gewaltigen Tönen der Bläser und den metallischen Klängen der Streicher. Gemeinsam bewegen sie sich auf das finale Crescendo zu. Die Musik ist laut, eindringlich, beinahe ohrenbetäubend. Plötzliche Stille. Das gesamte Ensemble geht augenblicklich zu Boden. Nur die Töne einer Flöte halten die Spannung. Da ein finaler Tutti-Schlag des gesamten Orchesters. Zeitgleich wird die dunkel gekleidete Tänzerin plötzlich kraftvoll in die Höhe gehoben. Sie ist tot. Sie ist „Le sacre du printemps" [1].

**Wenn Führung Großartiges hervorbringt**
Vor mittlerweile 20 Jahren starteten die Berliner Philharmoniker ein Projekt mit über 200 Berliner Jugendlichen [2]. Der Großteil von ihnen war zwischen 11 und 17 Jahren. Die meisten besuchten Berliner Brennpunktschulen – viele hatten Migrationshintergrund oder lebten in schwierigen familiären Verhältnissen – ihre Eltern waren von Arbeitslosigkeit betroffen oder waren auf Sozialhilfe angewiesen. Nach nur sechs Wochen standen diese Jugendlichen auf der Bühne der Arena Treptow und tanzten die zuvor beschriebene Szene zu den Klängen der Berliner Philharmoniker – dirigiert von niemand geringerem als Sir Simon Rattle.

„How can they reach their full potential?" war die Frage, die Royston Maldoom, den Choreographen und Tanzpädagogen dieses Projektes, antrieb. Fast keiner seiner Tänzer war mit klassischer Musik vertraut, die meisten hatten keinerlei Tanzerfahrung. Viele brachten weder Selbstvertrauen noch Körperspannung mit. Dennoch: In beeindruckender Art und Weise gelang es Maldoom, aus dieser untrainierten Gruppe von Jugendlichen in nur sechs Wochen ein Ensemble zu formen, das auf einer Bühne eine herausragende Leistung erbrachte.

Wie Maldoom vorging, zeigt die prämierte Dokumentation des Projektes, *Rhyhtm is it! [3]*: Maldoom war präsent. Deutlich und klar kommunizierte er, dass ihm dieses Projekt wichtig sei. Er sah seine Tänzer – ihren Körper, ihren Ausdruck und ihr Verhalten und half ihnen durch einen klaren Dialog, sich selbst zu sehen und zu reflektieren. Er bot ihnen eine Vision, indem er ihnen erklärte, wie Tanzen ihr Leben verändern könne. Er sorgte für Orientierung, indem er strenge Disziplin einforderte. Er trieb sie an, mehr zu geben und er bot ihnen die Möglichkeit, stark zu sein und zu glänzen. Und er übernahm Verantwortung: „If we fail to take them to that place now, when they come up other groups, some of whom have done much more dancing and are more self-disciplined, they are going to feel very, very bad. And that in essence, will be our fault [4]."

**Am Ende des Tages ist es harte Arbeit**
So wie uns die Begeisterung für eine künstlerische Darbietung manchmal auf die dahinterliegende Choreografie oder die seitenlange Partitur vergessen lässt, so lassen wir uns auch von dem Erfolg erfolgreichen Unternehmen oder Teams häufig auf eine Fährte locken, auf der wir beginnen zu glauben, dass dahinter „nur" Leidenschaft und die Fähigkeiten der Beteiligten stehen. Beeindruckt beobachten wir selbstorganisierte Teams und staunen über deren symbiotisches Zusammenarbeiten und ihre innovativen Ergebnisse. Interessiert verfolgen wir die Social-Media-Profile von Start-up-Gründern, die von Purpose, Leidenschaft und Work-Life-Balance erzählen. Worauf wir vergessen, ist die harte Arbeit, die konsequente Führung und beharrliche Strategieorientierung. Lassen wir uns von diesen Eindrücken dazu verleiten, Führung generell zu hinterfragen, tun wir uns nicht nur Gutes. Davon bin ich überzeugt.

Es ist richtig, dass Start-ups häufig ohne strukturelle Hierarchien auskommen. Gerade in der Gründungsphase zeigt sich ein hoher Zusammenhalt und eine ausgeprägte Orientierung an einem gemeinsamen Ziel. Das Fehlen struktureller Hierarchien bedeutet allerdings nicht, dass keine Führung vorhanden ist. Ich arbeite bereits seit mehreren Jahren als Begleiter und Investor mit Start-ups zusammen und kann Ihnen versichern: In jedem Start-up gibt es die Person oder Personengruppe, die mit ihrer Vision dem ganzen Team Orientierung bietet. Die den Fokus der Arbeit aller Beteiligten immer wieder auf diese Vision ausrichtet und das ganze Gefüge in Balance hält. Jemand, der den Blick auf das Ganze behält, für Orientierung sorgt und Rahmenbedingungen schafft, damit Selbstorganisation und Autonomie möglich sind und Leidenschaft zu Ergebnissen führt. Das bestätigte mir auch Florian Michajlezko, der Gründer der erfolgreichen Schulranzenmarke ergobag: *„Mein größtes Learning war die Gewissheit, dass es die Menschen sind, die über Erfolg und Misserfolg einer Idee entscheiden."* (s. Kap. 12)

Selbst die Berliner Philharmoniker holen sich teure Dirigenten wie Sir Simon Rattle nicht nur aus Spaß und Interesse und auch nicht nur als Publikumsmagnet ins Haus. Natürlich könnten diese talentierten Musiker, die zu den besten ihrer Klasse weltweit gehören, Strawinskys „Le Sacre du Printemps" auch ohne Rattle fehlerfrei spielen. Die Berliner Philharmoniker aber wissen, dass sie mit einem Weltklassedirigenten wie Rattle ein neues Level erreichen können. Wie? Indem Rattle sie mit seiner Vision des Stückes vertraut macht, entsprechend orchestriert und damit etwas Einzigartiges schafft.

**Nehmen wir uns Zeit!**
Wie aber schaffen wir es, mit unseren Teams und Organisationen auf der Bühne zu tanzen wie Royston Maldoom mit seinen Jugendlichen? Oder Höchstleistungen zu bringen wie Simon Rattle mit den Berliner Philharmonikern? Oder ein Start-up fliegen zu lassen wie Florian Michajlezko? Ich hoffe, dieses Buch hat Ihnen einige Impulse dazu geliefert. Jetzt gilt es, sie in Ihren Arbeitsalltag anzuwenden, sie unter womöglich nicht sehr begünstigenden Umständen auszuprobieren, Lernerfahrungen zu machen und die ein oder andere Durststrecke zu überwinden. Der für mich entscheidendste Faktor auf dieser Reise ist die Zeit: Die Zeit, die Sie sich nehmen, um an Ihrer Führungsvision zu arbeiten, um Ihr Verhalten zu reflektieren und immer wieder neu zu kalibrieren; die Zeit, um sich körperlich und mental fit zu halten, auf Erfolge wohlwollend zurückzublicken und Ihre großartige Aufgabe zu genießen! Die wesentlichen Fähigkeiten für Ihre Führungsaufgabe, die bringen Sie mit – sonst wären Sie keine Führungskraft geworden. Die Zeit allerdings, die müssen Sie sich nehmen. Dazu möchte ich Sie ermutigen – nehmen Sie sich Führungszeit und sehen Sie es nicht als Belohnung, sondern als Ihre Pflicht! Eine Pflicht, die wir nicht delegieren können!

**Führungskräfte, die die Welt braucht**
Ich bin froh und dankbar, dass Sie dieses Buch gelesen haben. Dass Sie sich die Zeit dafür genommen haben! Unsere Arbeitswelt braucht nämlich Führungskräfte wie Sie! Führungskräfte, die gestalten und damit Verantwortung für eine neue, bessere Arbeitswelt übernehmen möchten. Führungskräfte, die erkannt haben, dass die Wirtschaftlichkeit ihres Unternehmens von der Motivation und der Leistungsfähigkeit ihrer Mitarbeiter abhängt und daher beschlossen haben, diese Mitarbeiter in den Fokus ihrer Arbeit zu rücken: für Orientierung zu sorgen, ihnen Rahmenbedingungen zu bieten, Informationen zur Verfügung zu stellen, bilaterale Kommunikation zu gestalten, echte Beziehungen zu pflegen und die Unternehmenskultur zu prägen. Dialogorientierte Führungskräfte, die wie Royston Maldoom von der Frage getrieben sind: „How can they reach their full potential?" Lassen Sie uns immer mehr zu dieser Führungskraft werden!

Wenn Ihnen mein Buch für diesen wertvollen Dienst Impuls sein kann, dann bin ich sehr glücklich. Möchten Sie das Gelesene vertiefen, hinterfragen oder ergänzen? Sehr gern – Sie erreichen mich unter newleadership@titzmann-ot.de. Ich freue mich auf Ihre Kontaktaufnahme!

Alles Gute für Sie!

# Literatur Epilog

1. „Le Sacre du Printemps" (zu Deutsch: „Die Frühlingsweihe") ist ein Ballettstück von Igor Strawinsky.
2. In diesem 2003 durchgeführten Projekt erarbeiteten die Berliner Philharmoniker gemeinsam mit rund 200 Jugendlichen und dem Choreografen Royston Maldoom eine Choreografie zu Strawinskys „Le Sacre du Printemps" und führten diese in Berlin auf. Daraus entstanden ist auch der prämierte Dokumentarfilm „Rhythm it is". Das gemeinnützige Projekt wollte Jugendlichen mit sozial schwierigen Hintergründen die Möglichkeit bieten, Grenzen und Ängste zu überwinden und am Ende auf einer großen Bühne zu stehen.
3. Grube, Thomas. Sánchez Lansch Enrique (2004): Rhythm Is It! You Can Change Your Live in a Dance Class (Film), Berlin: Boomtown Media Production.
4. Grube, Thomas. Sánchez Lansch Enrique (2004): Rhythm Is It! You Can Change Your Live in a Dance Class (Film), Berlin: Boomtown Media Production. Minute 45:02–45:18
5. Grube, Thomas. Sánchez Lansch Enrique (2004): Rhythm Is It! You Can Change Your Live in a Dance Class (Film), Berlin: Boomtown Media Production. Minute 59:08–59:25

GPSR Compliance

The European Union's (EU) General Product Safety Regulation (GPSR) is a set of rules that requires consumer products to be safe and our obligations to ensure this.

If you have any concerns about our products, you can contact us on

ProductSafety@springernature.com

In case Publisher is established outside the EU, the EU authorized representative is:

Springer Nature Customer Service Center GmbH
Europaplatz 3
69115 Heidelberg, Germany

www.ingramcontent.com/pod-product-compliance
Lightning Source LLC
LaVergne TN
LVHW020330260326
834688LV00037B/963